AF598965

Le souffle de mes ancêtres

Jean Bolaseke Mbokoko

Le souffle de mes ancêtres

LE LYS BLEU
ÉDITIONS

ISBN : 979-10-422-2123-2

Aux miens, quand je ne serai plus là, je serai toujours là.
Et à la mémoire de Y'André, Ya Monaza et Nsansi.

Introduction

C'était l'aube, combat de jour et de nuit. Les marchands de canons et d'hommes firent irruption dans la forêt de mes ancêtres. Un oiseau mystique, le coucou, effrayé par la présence de ces hommes, s'envola à tire-d'aile et rejoignit le village pour avertir son chef. Plongés dans un sommeil profond et lointain, le chef du village et tous ses habitants n'entendirent guère les cris stridents du coucou ni les chants du coq qui annoncent habituellement l'arrivée du jour. Armés de mitraillettes, ces hommes venus d'ailleurs les encerclèrent soudainement dans un piège. Ce fut la terreur, un autodafé à grande échelle. Beaucoup de mes ancêtres périrent lors de cette invasion. Mais, des siècles après, leur souffle continue de résonner à mes oreilles, comme s'ils voulaient me dire de ne pas les oublier. C'est à eux que je dédie ce livre qui évoque des faits qui ont marqué et qui continuent de marquer ma vie spirituelle, mes croyances et mes incroyances et qui, par la même occasion, me permet de faire voyager le lecteur dans le monde invisible et de lui faire découvrir des parcours mettant en évidence la relation des vivants avec les esprits des morts.

La première édition de ce livre est parue en 2017. Cette deuxième édition a dû s'étoffer pour tenir compte des remarques et des réactions qui m'ont été livrées lors de la première édition. Mon livre serait, pour certains, la résultante d'une espèce de folie littéraire qui pousserait l'auteur que je suis à plonger dans l'invention d'un monde imaginaire et, pour d'autres, un sujet d'occupation frivole et d'amusement, lorsqu'il ne lie point à Satan et à ses démons. Une autre opinion consiste à attribuer les phénomènes spirites et paranormaux relatés dans mon livre au charlatanisme et à la pseudoscience, par la raison que le scepticisme et l'approche scientifique font admettre la nécessité de démontrer de tels phénomènes.

Pour ma part, que l'on soit d'accord ou pas avec moi sur tel ou tel aspect abordé dans ce livre, qu'on y croie ou qu'on n'y croie pas, m'importe peu. La chose la plus importante, voire la plus excitante, pour moi, est de pouvoir parler dans ce livre de façon décomplexée des phénomènes étranges et des manifestations d'outre-tombe qui caractérisent mes relations avec les esprits de mes ancêtres.

En outre, je pense que la liberté d'opinion semble être notre trésor universel. On a le droit de croire ou pas aux phénomènes d'incorporation qui permettent aux défunts de prendre possession de l'organe d'un sujet endormi et de s'entretenir avec ceux qui les avaient connus sur la terre. On a le droit de croire ou pas aux apparitions de l'au-delà telles que les fantômes et les revenants. On a le droit de croire ou pas aux cas de maisons hantées. On a le droit de croire ou pas à la prémonition que Aristote attribue à une capacité innée de l'âme. On a le droit de rêver ou pas de la défaite de l'impérialisme monothéiste face au retour en force de la mystique que le XVIIIe siècle, celui des Lumières, avait tenté d'éradiquer dans les sociétés occidentales, par exemple, pour asseoir le règne du rationalisme. On a le droit de penser ou pas que le corps n'est qu'un accessoire de l'esprit, une enveloppe, un vêtement dont l'esprit se débarrasse quand il est usé, c'est-à-dire à la mort. De plus, l'ennui naquit un jour de l'uniformité.

C'est pourquoi la deuxième édition de mon livre n'est pas dictée par un sentiment d'hostilité ou d'une quelconque malveillance à l'égard de quiconque aurait posé le sceau du doute sur le témoignage de mes relations avec les esprits de mes ancêtres. Au contraire, je suis heureux d'avoir été à même de constater que beaucoup de gens ont pu, à la lecture de la première édition de mon livre, trouver quelques repères dans leur quête, parfois éperdue de spiritualité, pour certains, et la consolation que la mort ne nous éloigne nullement de nos proches disparus. De la même manière, en écrivant ce livre, j'ai le sentiment d'accomplir un devoir séculaire avec l'aide et l'inspiration de mes ancêtres qui sont mes guides de l'espace, les maîtres de ma vie, et qui n'auraient laissé aucune trace écrite de leur propre histoire. Aucune vérité ne pouvant être interprétée par le mensonge, je récuse l'idée que l'histoire de mes ancêtres soit écrite par ceux-là mêmes qui les auraient envahis et vaincus. Aucun lion, si naïf soit-il, n'accepterait que l'histoire de sa chasse soit écrite ou racontée par les chasseurs de lions. Il était donc temps que je prenne la plume avec l'encre faite de larmes et du sang de mes ancêtres pour enlever le voile sombre qui cache la richesse de leur histoire et de leur culture depuis des siècles.

Ce n'est pas un hasard si mon livre s'intitule « Le souffle de mes ancêtres ». Certains peuvent trouver cet intitulé étrange, car il parle de souffle pour des gens qui sont déjà morts. Oui, le souffle de mes ancêtres est tout sauf une notion abstraite ou fantaisiste, car ce souffle existe bel et bien. Il existe dans la mesure où personne ne meurt. On change tout simplement de vie. La mort n'est que le passage d'une vie matérielle à une vie immatérielle, une vie fluidique. À la mort, le corps comme matière est abandonné par l'âme qui, elle, continue de vivre. On ne parle plus d'âme, mais plutôt d'esprit. Les esprits ont donc un souffle puisqu'ils vivent comme nous, les êtres humains encore en vie, mais immatériellement, invisiblement. Si les chrétiens pouvaient m'autoriser à me référer au chapitre XII de la 1re épître de Saint Paul aux Corinthiens où il parle, entre autres choses, du corps spirituel. Je cite : « L'homme est mis en terre comme un corps animal et il ressuscitera comme un corps spirituel ; de même qu'il y a un corps animal, il y a un corps spirituel ».

Au regard de mon parcours universitaire et scientifique, certains auraient voulu connaître le mobile qui m'aurait poussé à écrire un livre sur mes ancêtres. C'est vrai que, à première vue, il n'y a aucun lien entre ma profession et ce livre qui porte sur le spiritisme et le paranormal. Mais c'est en me reliant au monde invisible, et ce, depuis mon plus jeune âge, que je trouve le calme d'esprit et la force morale pour affronter les réalités de la vie sur terre. Ce monde invisible est celui de mes ancêtres qui représentent pour moi ce que les racines sont pour un arbre. Faire l'éloge de mes ancêtres au travers d'un vibrant témoignage sur leurs interventions et leurs apparitions dans ma vie quotidienne est un devoir à leur égard, mais également une manière de montrer à qui veut y croire ou entendre que la mort ne nous éloigne nullement de nos proches disparus. En d'autres termes, j'ai écrit « Le souffle de mes ancêtres » pour leur rendre hommage, les remercier d'être à l'origine de mon existence à laquelle ils apportent soutien et protection.

Mais qui se cache derrière le mot ancêtre ? Le Petit Larousse définit l'ancêtre comme étant « une personne de qui quelqu'un descend, un ascendant plus éloigné que le grand-parent ». En réalité, la notion d'ancêtre est beaucoup plus large que cette définition sommaire. On peut distinguer trois catégories d'ancêtres.

La première catégorie est composée d'ancêtres mythiques. Par exemple, chez les Bolia et les Ntomba[1], il existe deux ancêtres mythiques : Bolambila, un homme, et Ambawanga, une femme. De leur union naquit une série de paires de jumeaux, qui reçurent le nom de Mbo pour les garçons et de Mpia pour les filles.

La deuxième catégorie d'ancêtres est représentée par les ancêtres de l'ethnie, puis du clan, du lignage ou de la dynastie. Par exemple, Lyanja est l'ancêtre des Mongo[2] et Lomponde Iyeli, celui des Ntomba.

Nous rencontrons, dans la troisième catégorie d'ancêtres, ceux du village puis de la famille. Les ancêtres du village sont des patriarches, des notables et les hommes de pouvoir. Tel est, par exemple, le cas du souverain Bongo Ngombe Bwekoka La Ntula du village Boliompeti[3]. Les ancêtres de la famille sont ses arrière-grands-parents ainsi que leurs ascendants. De façon générale, est ancêtre du village ou de la famille toute personne ayant des descendants aptes à lui assurer un culte, autrement dit à entretenir sa mémoire par des prières, des rites et des libations grâce auxquels elle survit. C'est dans ce cadre que ses grands-parents peuvent également être considérés comme ses ancêtres. Quoi qu'il en soit, l'on ne peut acquérir le statut d'ancêtre qu'après la mort. Toutefois, l'accès à ce statut est interdit à des personnes atteintes de folie au sens propre, aux enfants morts jeunes et aux malfaiteurs notoires qui ont causé du tort à la communauté.

---

[1] Deux principales ethnies dans le pourtour du lac Maï-Ndombe en République démocratique du Congo. En règle générale, les Bolia occupent la rive nord et nord-est du lac tandis que les Ntomba sont au sud.

[2] C'est un peuple qui comprend plusieurs communautés ethniques : Bolia, Bokote, Bongandu, Ekonda, Nkundo, Mbole, Ndengese, Ntomba, Nkutu, Kole, Sengele.

[3] Aux alentours de Inongo, le chef-lieu de la province de Maï-Ndombe en République démocratique du Congo.

Certaines personnes éprouvent de la peur à l'égard des ancêtres. C'est une peur légitime, qui trouve sa source dans la peur que nous avons tous de façon générale à l'égard de la mort et des défunts. Cette peur s'explique par le caractère lugubre et terrifiant qu'on a toujours prêté à la mort, mais aussi à l'ignorance de la mort qui n'est que le passage d'une existence à une autre, d'après la philosophie africaine. Il convient de noter que les Africains sont les seuls à avoir poussé à un degré extrême la mutation du cadavre impur et inerte en esprit sacré et actif, transformant ainsi l'image négative du mort en image positive de l'ancêtre[4].

Je me souviens d'une de mes étudiantes d'origine antillaise qui était venue me voir pendant la pause pour me confier qu'elle était allergique aux ancêtres, car, d'après sa religion, la chrétienne, les ancêtres appartiennent au royaume des démons et, par conséquent, si elle les invoquait, elle pourrait se retrouver dans les bras de Satan. Je lui demandai de m'expliquer comment elle est née sans passer par ses parents biologiques et comment ces derniers sont à leur tour nés sans passer par les leurs et ainsi de suite. Elle me répondit qu'il fallait laisser les morts tranquilles là où ils sont. Cette étudiante ignorait que sa religion tout entière, le christianisme, s'appuyait sur des faits d'apparition et de manifestation des morts et que les premiers chrétiens communiquaient avec les esprits des morts et qu'ils recevaient d'eux des enseignements.

En ce qui me concerne, de même qu'il est impossible de voir les étoiles sans la nuit, il est impossible de savoir d'où je viens sans me référer à mes ancêtres. Aucun d'eux n'ayant séjourné dans le ventre d'Ève après que celle-ci aurait rencontré Adam en plein jardin d'Éden, je ne suis donc pas le descendant de ce couple biblique. À chaque arbre, ses racines. Mes racines ne sont ni à Jérusalem, ni à la Mecque, ni au Vatican. Elles sont chevillées à l'Afrique, une terre sainte et sacrée pour toute l'humanité, car c'est là que l'être humain apparut pour la première fois sur la terre et c'est également en Afrique que naquirent mes ancêtres au premier rang desquels se trouve mon grand-père maternel, Grand-père Léon.

---

[4] Lilyan Kesteloot, *Introduction aux religions d'Afrique*, Éditions Alfabarre, 2009.

Mon grand-père maternel est un de mes éminents ancêtres à qui j'ai l'honneur de consacrer les deux premiers chapitres de mon livre. Je porte son nom : pour cause. Quand je jouissais du droit de cité dans le ventre de ma mère, mon grand-père prédit que celle-ci allait accoucher d'un garçon, que celui-ci allait naître avec une cicatrice sur la paupière gauche et porter son nom. En effet, à ma naissance, on remarqua la présence de cette fameuse cicatrice sur ma paupière gauche, et mon grand-père maternel n'hésita point à m'adopter tant sur le plan spirituel qu'au niveau mystique. J'entretins une relation fusionnelle avec lui jusqu'à sa mort physique et, depuis, cette relation est toujours d'actualité.

Pour des raisons judicieuses, les noms de certains lieux et personnes cités dans ce livre ont été remplacés par des noms d'emprunt. Mais cela n'enlève rien à l'authenticité des faits auxquels ces lieux et personnes sont associés.

Jean Bolaseke Mbokoko

1
Grand-père Léon : le pou, le serpent et l'hippopotame

Welo et Mbondo étaient mari et femme depuis deux ans, en 1897. Tout se passait bien dans le couple, mais l'enfant que Welo et Mbondo désiraient n'arrivait pas. Mbondo était malheureuse à cause de cette situation qui suscitait des interrogations sur sa capacité à concevoir. Elle redoutait également que cette situation offre un bon prétexte à Welo d'épouser une deuxième femme qui soit à même de lui donner un enfant. Mbondo pensait que sa supposée stérilité était due au mauvais sort que lui auraient jeté les hommes dont elle repoussait les avances avant de succomber à celles de Welo. À cause de sa situation, Mbondo essuyait assez régulièrement des moqueries de la part de ses anciens malheureux prétendants, mais aussi de la part de certaines femmes et mères du village. Lors d'une soirée festive dans le village, une d'entre elles n'avait rien trouvé de mieux que de proférer à l'encontre de Mbondo quelques grossièretés qui déclenchèrent l'hilarité de l'ensemble du village. Mbondo décida alors de quitter le village pour aller se réfugier auprès d'un mystérieux vieil homme du village voisin, dont un des descendants épousa plus tard ma tante paternelle. Welo approuva la décision de sa femme et il l'accompagna en guise de soutien chez le vieil homme.

En comparaison de l'ambiance que Mbondo et son mari avaient laissée dans leur village, le contact avec le vieil homme fut serein et leur séjour dans son village à ses côtés paisible. Le vieil homme les hébergea avec une générosité immédiate. Cependant, durant leur séjour qui dura environ un mois, le vieil homme soumit Mbondo à un rituel peu ordinaire. Tous les jours, à des heures variables, Mbondo fut obligée de chercher des poux sur la tête du vieil homme alors que celle-ci était aussi dégarnie qu'une coquille d'œuf. Mbondo trouvait ce rituel aussi éprouvant que ridicule et elle pensait que le vieil homme se jouait d'elle. Mais elle n'osait pas le dire au vieil homme qui se tordait de rire face au désarroi de sa protégée. Le rire du vieil homme était sonore et, quand il riait, il tapait en même temps sur ses cuisses avec une violence de battoir, ce qui effrayait la jeune femme. Quant à Welo, le mari, il était un spectateur silencieux et taiseux, mais qui, dans son for intérieur, se posait beaucoup de questions sur l'état de santé mentale du vieil homme.

Leur calvaire, du moins le calvaire de Mbondo, prit fin le jour où elle avait enfin trouvé un pou sur la tête du vieil homme. Ce dernier déclara au couple que ce pou était le cadeau que les ancêtres avaient offert à Mbondo pour récompenser la patience dont elle avait fait preuve en cherchant pendant un mois des poux sur un crâne rasé. N'importe quelle personne douée d'un entendement normal aurait pu penser que le vieil homme divaguait. Tel ne fut pas le cas. Au contraire, le vieil homme remplit le couple de joie en précisant que ce pou était le symbole spirituel de l'enfant qu'il désirait. Il pria toutefois Welo et Mbondo de garder le secret jusqu'à la naissance de l'enfant. Il leur recommanda de retourner dans leur village sur la pointe des pieds pour éviter de se faire remarquer après un mois d'absence non justifiée. Quelques mois plus tard, mon grand-père maternel vint au monde, vigoureux, hurlant à pleins poumons. Lorsque Welo, le père, suspendit le bébé à ses deux pouces pour tester ses premiers réflexes, on entendit les cris des coucous, les oiseaux mystiques, à proximité de la forêt, un violent orage creva alors que le ciel était d'un bleu discipliné par un soleil remarquablement ardent. Au final, le test révéla que tout était parfait pour le bébé prénommé Léon.

Grand-père Léon venait d'arriver du village. Comme à l'accoutumée, mon père le reçut avec une bouteille de « lotoko », l'alcool à base de maïs fermenté. Il but une gorgée puis il réclama à manger à sa fille, ma mère. Pourtant, ce n'était pas dans les habitudes de Grand-père Léon de se plaindre d'avoir faim, même lorsqu'il avait vraiment l'estomac dans les talons.

D'une manière générale, Grand-père Léon affichait une indifférence manifeste face à des choses de la vie, fussent-elles bonnes ou mauvaises. Car, il m'avait toujours dit, « l'homme ne doit jamais laisser apparaître ses émotions, sinon ce serait une forme de faiblesse ».

Après le dîner, il décida d'aller dans sa chambre, du moins la mienne, enfin celle que je partageais avec mon grand frère. Le voilà installant sa centaine de kilos de muscles sur notre lit, lequel n'était pas assez long pour accueillir son mètre quatre-vingt-dix de taille. Il prononça quelques paroles incantatoires :

Ngeli ombaka bomini basanga bonto ominaki bana ndwendoki.

Ce qui signifie : « un seigneur de guerre qui boit de l'alcool dans le canon de son fusil ».

Quelques minutes avant qu'il ne se laisse bercer par les prémices du sommeil, il m'appela pour que je vienne m'allonger à ses côtés. J'hésitais à y aller, car mes copains m'attendaient dans la rue pour jouer.

— Vas-y, c'est ton grand-père qui te réclame, insista ma mère.

— C'est ton grand-père, ton homonyme qui t'appelle, il doit sûrement avoir des choses à te dire, renchérit ma mère.

J'eus l'impression que Mère se doutait de quelque chose. J'exécutai en allant rejoindre Grand-père Léon dans « sa » chambre. En entrant ici, je trouvai le sol submergé de vomi. Soudain, j'appelai Mère au secours. Mère s'apprêta à nettoyer le sol, mais Grand-père Léon le lui interdit :

— C'est mon homonyme qui doit enlever mon vomi, rétorqua-t-il.

Mère essaya de ramener Grand-père Léon à la raison en lui faisant comprendre que j'étais trop jeune pour subir ce genre de traitement.

— Je sais, mais c'est comme ça ! rétorqua à son tour Grand-père Léon.

Après cette corvée, Grand-père Léon me demanda de m'allonger à ses côtés. Je l'entendais ronfler bruyamment. Je pensais qu'il dormait déjà. Au moment où je voulus me dérober pour aller rejoindre mes copains, il m'attrapa par la main.

— Tu croyais que je dormais ? me demanda-t-il.

Je compris que je devais faire le deuil du jeu avec mes copains, du moins pour cette soirée de la fin des années 60. Grand-père Léon me dévoila son secret, plutôt ses secrets. Quand il mourra, je serai à l'étranger, au pays des Blancs. Je ne serai donc pas à ses côtés pour l'enterrer. Néanmoins, il viendra me prévenir en rêve. Autre chose : il possédait des « oiseaux » enfermés dans une malle. Quand il mourra, c'est un de ses fils et/ou moi qui aurons l'autorisation d'ouvrir cette malle. Après l'ouverture de celle-ci, chacun de ses enfants aura à récupérer sa part « d'oiseaux ».

Parmi ses petits-enfants, je fus le seul qui était choisi pour prendre part à cet héritage spirituel. Il m'interdit de révéler ce secret à âme qui vive. Grand-père Léon voulait simplement me protéger d'une éventuelle crise de jalousie de la part d'un de ses enfants. Je promis de garder le secret et je tins ma parole jusqu'à sa mort.

Juste une question : comment peut-on prétendre garder des oiseaux enfermés dans une malle ? Quel message Grand-père Léon voulait-il faire passer au travers de l'image d'oiseaux enfermés dans une malle ? Certes, après sa mort, je n'eus pas l'occasion et l'honneur d'ouvrir sa fameuse malle, mais j'appris qu'il n'y avait pas grand-chose dans cette malle hormis quelques vêtements et une cravate abîmés par le temps et les mites. Je récupérai, en guise de souvenir, la cravate lors de mon pèlerinage dans le village où Grand-père Léon est mort et enterré.

Grâce à ma rencontre avec Madame Kerulen à Paris, j'obtins des réponses précises à mon questionnement au sujet de cette fameuse malle. Madame Kerulen était originaire de la Bretagne. Elle était voyante et médium de grande renommée.

Un jour, une voisine de palier m'invita chez elle pour me présenter une de ses amies. Quand cette dernière me vit, elle se mit à parler de moi et de mon entourage comme si elle nous avait toujours connus. J'aurais pu soupçonner ma voisine de palier de lui avoir mis la puce à l'oreille, mais en réalité ces révélations venaient des capacités médiumniques de Madame Kerulen. Je pris aussitôt rendez-vous avec elle une semaine plus tard. À peine j'étais entré dans son cabinet qu'elle m'affirma qu'elle voyait plusieurs personnes disparues autour de moi. Elle me décrivit Grand-père Léon de façon sensationnelle, avec des détails sur ce qu'il avait été et avait fait de son vivant. Elle pointa sa force physique et sa force de caractère, sans oublier, chose qui me frappa le plus, ses relations avec les serpents et les hippopotames. Elle me parla aussi de cette fameuse malle.

Grand-père Léon était doté d'une force physique redoutable, pour certains, surnaturelle. Il ne pouvait pas se permettre de frapper un de ses enfants, sinon c'était le coma ou la mort. Mon oncle, Blaise Belando, un de ses fils, aurait fait des bêtises au point d'excéder Grand-père Léon. Celui-ci le corrigea en l'empoignant au visage avec son index. Oncle Blaise Belando s'écroula, il perdit connaissance, il eut brutalement de la diarrhée, il s'évanouit.

Grand-père Léon était ivre et, soudain, il entra en transe. Il se mit à pousser des beuglements d'hippopotame. À entendre ces beuglements, on avait l'impression d'avoir un hippopotame à côté de soi. Bien abreuvé de *lotoko*, il proféra des incantations guerrières :

— Au point où j'en suis, une balle ou une flèche ne peut me transpercer le corps. Ngeli Ombaka ! scanda-t-il son nom de guerre.

Il recommença :

— Au point où j'en suis, aucun fauve, lion, léopard, guépard, aucun serpent, boa, cobra, ou autre espèce dangereuse, ne peut m'intimider ni s'approcher de moi…

Comme pour le défier, mon père lui rétorqua :

— Moi, je suis l'enfant de Dieu, je ne crois pas un mot à ce que tu racontes !

Pour répondre au défi lancé par mon père, Grand-père Léon brisa aussitôt la dalle de béton se trouvant dans le salon de la maison familiale avec le poids de son pied. Il brisa également une dizaine de noix de palme avec son pouce et son index. Il menaça de dessoucher un grand avocatier qu'on avait dans la parcelle. Ma mère, prise de panique devant de telles démonstrations, intervint pour le supplier d'arrêter, puisque cela pouvait aller beaucoup trop loin.

Personne ne put découvrir par quel procédé Grand-père Léon faisait de tels prodiges. Même moi, qui étais pourtant son confident, je n'ai pas pu lui soutirer la moindre explication de ces démonstrations. Cependant, il vint tout me révéler après sa mort, dans un des rêves les plus longs et les plus enrichissants que j'aie faits de toute ma vie.

Grand-père Léon se distingua lors de son combat avec un énorme crocodile appelé *Ndii* chez les Bolia et Ntomba.

Avec d'autres habitants du village, Grand-père Léon alla à la pêche pédestre. Le principe de pêche était le suivant : on se mettait à la recherche d'un marigot puis, une fois trouvé, on en mesurait la profondeur avec un long bâton pour s'assurer qu'on pouvait rester debout dans l'eau sans se noyer. Puis on descendait à pied pour couper les herbes et les enfoncer dans l'eau afin d'étouffer les poissons. Cette technique obligeait ainsi les poissons à remonter à la surface de l'eau et une fois remontés, les pêcheurs les assommaient à l'aide de coups de bâton ou de machette. Cette technique de pêche s'appelle *bopaaki* chez les ethnies précitées.

Tout le monde était dans le marigot. Mon oncle, Koré, l'aîné des garçons de Grand-père Léon, posa son pied sur un étrange tronc d'arbre qui aurait été enfoui durant des lustres dans l'eau. C'est ce que pensait oncle Koré. S'il avait su ! Soudain, le fameux tronc d'arbre se mit à bouger et oncle Koré comprit vite qu'il avait posé son pied sur la tête d'un énorme crocodile. Celui-ci ne lui donna guère le temps de se sauver et il l'attrapa par la cuisse gauche. Oncle Koré appela au secours en vain. Tous les pêcheurs quittèrent le marigot et laissèrent l'oncle « entre les mains de la bête ».

Du haut où ils étaient, les pêcheurs assistèrent au « spectacle » qui rappelait le temps où les rois livraient leurs prisonniers de guerre aux bêtes féroces dans leurs arènes. Grand-père Léon arriva au secours de son fils, l'instinct paternel l'emportant sur la peur du danger. Il se jeta à l'eau et il attrapa le crocodile par la tête ; il tenta d'ouvrir sa gueule pour libérer la jambe d'oncle Koré de sa prise.

Le combat dura environ trois quarts d'heure. Pendant ce temps-là, oncle Koré hurlait de douleur. Grand-père Léon utilisait toute sa force tout en invoquant les esprits des ancêtres. Le crocodile, quant à lui, faisait comprendre à mon grand-père que c'était lui qui menait le combat et qu'il n'avait aucunement l'intention de lâcher sa proie. Comme tout crocodile ayant mordu, il ne desserrerait plus les dents. Les autres villageois assistaient de loin au « spectacle ». Tous les réflexes et élans de solidarité furent mis sous le boisseau.

Tout bascula lorsque mon père arriva en renfort. Il se jeta à l'eau, et, avec sa machette, il parvint à couper la queue de ce crocodile. C'est ainsi que Grand-père Léon put ouvrir la gueule de la bête et tirer son fils d'affaire. La jambe d'oncle Koré n'avait pas été endommagée jusqu'à l'os, sinon il aurait perdu cette jambe et il serait mort.

Grand-père Léon et mon père emmenèrent oncle Koré de toute urgence chez l'infirmier pour lui prodiguer les premiers soins avant de le rapatrier au village. Ironie du sort : entre-temps, un des oncles de ma mère donna aux villageois l'ordre de récupérer la dépouille du crocodile et de la dépecer pour une escale dans la casserole avant de l'envoyer à l'estomac humain. Pourtant, ni cet oncle ni les villageois n'avaient daigné venir au secours de mon oncle quand il avait la jambe dans la gueule du crocodile.

C'en était trop pour Grand-père Léon. Il lança un appel à quiconque aurait reçu une part de viande de ce crocodile. Il demanda que chacun ramène sa part de viande dans le *lingomba*[5] pour refaire le partage. Grand-père Léon prétexta que le partage n'était pas assez équitable. Après avoir récupéré tous les morceaux de viande, Grand-père Léon appela mon père et l'enjoignit de les diviser en deux parties égales puis d'en garder une pour eux et d'en jeter l'autre dans la rivière. Mon père exécuta sans broncher.

— C'est complètement débile ce que tu fais, protesta l'oncle de ma mère à l'adresse de mon grand-père.

---

[5] La case à palabre.

Grand-père Léon réagit avec une virulence inouïe, d'autant que cet oncle, par son statut, aurait dû secourir son neveu sans se poser la moindre question. Conformément au système matriarcal, l'oncle maternel aurait dû risquer sa propre vie pour sauver celle de son neveu. Si mon grand-père et mon père ne s'étaient pas jetés dans l'arène, oncle Koré serait déjà mort et dans le ventre du crocodile. Ce fut ce comportement de l'oncle de ma mère et celui des villageois en général qui irritèrent mon grand-père et qui le mirent dans une rage de colère l'ayant poussé à prendre la décision de jeter une partie de la viande de crocodile dans la rivière au lieu de la laisser à l'appétit des gens qui n'avaient rien fait pour tirer oncle Koré de l'ornière dans laquelle il était. De plus, Grand-père Léon menaça de réduire l'oncle de ma mère en bouillie s'il ne quittait pas immédiatement le campement de pêcheurs. Ayant pris au sérieux cette menace, cet oncle se résolut à quitter ce campement.

Grand-père Léon était d'autant plus déçu par l'oncle de ma mère qu'il était lui-même connu pour défendre en toutes circonstances ses neveux, comme le veut la coutume. Et, au-delà de la coutume, il était hostile à toute forme d'injustice.

Un de ses neveux, oncle André Ntula, et sa femme, venaient d'annoncer leur divorce. Les familles des époux prirent rendez-vous dans la case à palabre pour discuter des modalités du divorce. Elles butèrent sur le partage de biens. La famille du mari était représentée par mon grand-père. Le beau-père d'oncle André Ntula décréta unilatéralement que tous les biens devaient revenir à sa fille « pour compenser les souffrances que son mari lui avait fait subir durant leurs années de mariage ». Pour Grand-père Léon, cette décision était, ni plus ni moins, un véritable pied de nez à l'encontre de la famille du mari qu'il était censé représenter et défendre dignement. La réaction de Grand-père Léon ne se fit pas attendre. Il demanda à son neveu, oncle André Ntula, de garder tous les biens du couple pour, disait-il, corriger son beau-père et compenser la force physique que sa fille aurait héritée de son mari, oncle André Ntula.

Pour la petite histoire, oncle André Ntula, le neveu de mon grand-père, fut le fils aîné d'Ipoka. Celui-ci était considéré comme l'homme le plus fort de toute la province de Bandundu, pour ne pas dire de toute la RDC. Il était pressenti pour faire partie de la garde rapprochée de l'ancien président de la République, Joseph Kasa-Vubu dont certains collaborateurs connaissaient Ipoka et relataient au président ses exploits. Ipoka était donc le beau-frère de mon grand-père, car il était l'époux de la cousine de ce dernier. Avec ma grand-tante, Ipoka eut neuf enfants.

Tous les neuf enfants, y compris leur descendance ou progéniture, ont, bien qu'à des degrés divers, hérité de la force physique d'Ipoka qui la tenait lui-même de son père et ainsi de suite. Il est loisible à chaque héritier Ipoka de transmettre le pouvoir à son conjoint pour *x* et *y* raisons. Par exemple, on imagine mal que la femme d'un des héritiers d'Ipoka se fasse tabasser par quelqu'un, fût-il un homme ou une femme.

Le beau-père ne savait pas encore ce qui allait lui arriver. Il se leva tout en bombant le torse, comme pour narguer et défier Grand-père Léon aux yeux de tous les habitants du village. C'est la chose qu'il ne fallait pas faire, surtout à mon grand-père. Ce dernier lui demanda avec insistance de sortir de la case à palabre, à défaut, il viendrait l'y contraindre par la force. Le beau-père exécuta. Alors que ce dernier était debout au milieu de la cour, Grand-père Léon poussa des cris incantatoires pour provoquer la pluie. À peine fini ces invocations mystiques, le ciel s'assombrit brusquement puis la pluie tomba abondamment. Grand-père Léon interdit au beau-père de se mettre à l'abri. Il lui ordonna de rester debout et immobile jusqu'à ce que l'ordre lui soit donné de déguerpir. Le type assistait, impuissant, à sa propre humiliation devant les siens et les autres habitants du village. Il recevait toute la pluie sur lui pendant que Grand-père Léon le surveillait avec une impitoyable sévérité. Le chef du village, qui avait aussi des pouvoirs mystiques, protesta contre cette situation humiliante pour le beau-père. Il menaça d'arrêter la pluie. Grand-père Léon le lui déconseilla, car, en brandissant cette menace, le chef du village lui déclarait ouvertement la guerre, guerre dont l'issue était incertaine pour les deux parties et surtout pour le chef du village, car Grand-père Léon était tout à fait capable d'utiliser une « arme » très destructrice que personne, à part lui, ne posséderait dans le village.

Par exemple, Grand-père Léon ne fermait jamais sa maison à clé même lorsqu'il s'absentait pour un long moment. Sa maison n'avait jamais été cambriolée. Il y avait des serpents les plus venimeux qui « montaient la garde ». Ces serpents étaient invisibles, mais ils devenaient visibles pour le cambrioleur. Et si celui-ci s'obstinait à commettre son forfait, il recevrait immédiatement la piqûre mortelle. En réalité, personne n'osait s'aventurer ne serait-ce que dans la cour où se trouvait la maison de Grand-père Léon.

Une famille entière avait failli être décimée après que le père avait volé du poisson dans les filets de Grand-père Léon.

Un matin, Grand-père Léon prit sa pirogue pour aller inspecter ses filets. Il s'aperçut tout de suite que ses vieux filets avaient été relevés avant son arrivée par quelqu'un d'autre. Il rentra au village bredouille, mais très empli de colère. À son arrivée au village, il lança le *mbéki*, un communiqué oral et public, à quiconque aurait relevé ses filets de lui ramener les poissons volés. Auquel cas, le voleur et toute personne qui aurait mangé ces poissons mourraient d'une morsure de serpent. Le voleur choisit de faire la sourde oreille, et pour cause : reconnaître publiquement un tel forfait puis rendre le butin à sa victime est la pire des choses qui soit demandée à quelqu'un, fût-il courageux et dénué de toute vergogne, surtout dans un petit village où tous les habitants se connaissaient et tout se savait.

Aussitôt, le voleur et toute la famille présentèrent tous les symptômes des personnes mordues par un serpent venimeux. C'est comme cela que le voleur fut démasqué. N'eût été l'intervention de Mbembe, le petit frère de Grand-père, qui avait l'antidote, toute cette famille aurait succombé à la morsure de serpent. Mbembe avait pris l'initiative de sauver cette famille, car il savait qu'elle allait se heurter à la psychorigidité de son grand frère, qui n'avait pas l'habitude de revenir sur sa décision. Avant de préparer une onction curative, *ékaté*, Mbembe attacha à tous les membres de la famille une ficelle en liane autour du poignet afin de bloquer mystiquement la propagation du venin. Puis il leur donna à tour de rôle par la voie orale la fameuse onction. Ils se mirent tous à vomir abondamment avant de tomber à même le sol. Ils étaient tous dans un état de demi-inconscience. Mbembe profita de ce moment pour leur prodiguer des massages très précisément là où se trouvait la marque de morsure. Heureusement que les membres de la famille du voleur étaient les seuls à avoir mangé les poissons volés. Que se serait-il passé si d'autres personnes avaient participé au festin ? Mbembe aurait-il eu le temps de soigner tout le monde ?

Un Pygmée, lui, n'eut pas eu cette chance. Grand-père Léon était allé à une veillée mortuaire, *matanga,* accompagné de ses neveux. En général, lors d'une veillée mortuaire, les gens se livrent à des danses et à des chants traditionnels pour honorer la mémoire du défunt. Les conteurs racontent la vie du défunt en insistant sur certains faits dans lesquels il se serait distingué de son vivant. Il arrive aussi que les conteurs se tournent vers l'assistance pour réclamer des démonstrations miraculeuses, paranormales ou surnaturelles, généralement réalisées sous l'emprise de l'alcool ou de la drogue. Un Pygmée faisait partie de l'assistance. Il se leva pour déclarer sa capacité à dompter les serpents :

— Ici, je suis le seul maître des serpents. Le serpent ne rigole pas et il n'a pas d'amis. Tout le monde a peur de lui. Avec son venin il peut tuer un éléphant, un lion, un être humain. Le serpent, c'est moi et personne d'autre ici que moi.

Après avoir fait cette déclaration, il reçut une large ovation de la part de l'assistance qui scandait son surnom :

— Cobraaaa... cobraaaa... cobraaaa...

La violence des tam-tams décupla. Les hurlements de l'assistance redoublèrent. Le Pygmée mit sa langue dans la gueule du serpent. Puis il la retira avant d'enfoncer la tête du serpent dans sa bouche. L'effroi mordit aux viscères. Un esprit retors aurait pensé à l'illusion. Pourtant, c'était la réalité. Le Pygmée était dans un autre monde, un monde invisible, celui dont l'accès est interdit aux profanes et aux non-initiés.

Le serpent qu'il tenait était bel et bien la réalité, mais une réalité provoquée par le monde des esprits.

Il se dirigea vers Grand-père Léon en dansant l'*iboki*, une danse sacrée, ensorcelante, comme pour le défier. Il s'écria :

— Lève-toi, petit joueur, tu es mon maître certes, mais je suis le tien sur le plan mystique ; je suis plus fort que toi. Tu peux me battre physiquement parce que tu es costaud et fort, l'homme le plus fort de cette contrée. Mais moi je peux te battre à plates coutures sur le plan mystique. N'oublie pas que nous, les Pygmées, nous sommes les premiers habitants de la forêt. La forêt est notre maison, tandis que vous les Bantous, votre maison se trouve au village ou en ville. Je peux te mettre plus bas que terre.

Chose étrange, car en temps normal, les Pygmées sont des gens plutôt discrets et qui n'ont pas l'habitude d'exhiber publiquement et ostensiblement leurs prouesses. Agissait-il sous l'emprise de l'alcool ou sur les ordres de quelqu'un d'autre qui en voulait éventuellement à Grand-père Léon et qui voulait l'humilier par son intermédiaire ? Face à ces provocations, Grand-père Léon resta aussi inflexible qu'indifférent, du moins en apparence. Le Pygmée décida alors de regagner sa place, sous les applaudissements de l'assistance qui scanda à nouveau son surnom :

— Cobraaaa… cobraaa… cobraaa…

De son côté, Grand-père Léon, affalé sur une chaise longue, dormait profondément ou feignait de dormir. Soudain, il se réveilla, comme sous un électrochoc.

— Préparez-vous à un combat meurtrier ! proclama Grand-père Léon.

— Mais quel combat ? lui demanda son entourage.

— Pendant mon sommeil, les ancêtres m'ont montré que le Pygmée préparait une tentative d'assassinat contre moi. Ce sont eux qui m'ont réveillé pour que je puisse me tenir prêt au combat. Comme je n'ai pas cédé à ses provocations, le Pygmée va aller encore plus loin. Il va m'envoyer son serpent tueur. Si vous voyez un serpent se dresser devant vous, ne paniquez pas et, surtout, ne le tuez pas. Je vais m'en occuper.

Dans les minutes qui suivirent les déclarations et recommandations de Grand-père Léon, un serpent surgit devant lui, en position d'attaque. Grand-père Léon s'adressa à « l'ennemi » :

— Je sais qui tu es et d'où tu viens. Je ne t'ai rien fait qui t'autorise à venir me narguer devant mes enfants et mes ancêtres. Sache que je mourrai de tout sauf de morsure de n'importe quelle espèce animale venimeuse. En revanche, toi, tu mourras de mon crachat qui est plus venimeux que ton venin.

Après ces quelques mots, Grand-père Léon envoya du crachat au serpent qui se mit immédiatement à rouler avant de s'éteindre. Le Pygmée qui incarnait ce serpent succomba quelques heures plus tard à la morsure d'un serpent que ni lui ni personne d'autre n'avait vu, ce qui étonna plus d'une personne, puisque le prétendu maître des serpents était censé être immunisé contre leur venin. Le Pygmée mourut aussi à cause de l'orgueil mal placé. Il avait caché la vérité sur son état à ses proches lorsqu'il fut saisi de malaise dû à la morsure de serpent. Or, s'il avait dit la vérité, on aurait pu tenter de le sauver. Mais qui l'aurait sauvé en dehors de mon grand-père ? Toutefois, on imagine mal Grand-père Léon accepter de guérir quelqu'un qui avait tenté de le tuer.

Pour Grand-père Léon, cet épisode avait le mérite de décourager quiconque voulait imiter le Pygmée.

Le serpent était un des animaux totémiques de Grand-père Léon. Quand un serpent s'approchait de lui, ce serpent sentait l'odeur d'un autre serpent de la même espèce sur Grand-père, mais aussi il voyait celui-ci en serpent et non en un autre être vivant. Il était donc interdit à Grand-père Léon de tuer un serpent ou de le manger. En revanche, les serpents mystiques, comme celui envoyé par le Pygmée pour tuer, étaient considérés comme des ennemis avec lesquels Grand-père Léon se montrait impitoyable. Il reste à savoir comment Grand-père Léon transformait sa salive pour en faire un crachat venimeux au point de tuer un serpent également venimeux. Y avait-il un lien secret qui unissait Grand-père Léon et la nature ? Est-il qu'il invoquait systématiquement ses ancêtres en les appelant par les noms de deux serpents connus pour leur dangerosité. *Lobengo,* un serpent vert qui vit souvent en hauteur dans les arbres et qu'on a du mal à voir car sa couleur se confond avec celle des feuillages. *Ibamba*, est considéré comme un serpent mystérieux. On pourrait en déduire que les ancêtres de Grand-père Léon avaient ces deux serpents comme animaux totémiques.

L'hippopotame était aussi un des animaux totémiques de Grand-père Léon. Ce dernier eut une altercation avec des hippopotames dont je me souviens encore comme si c'était hier. Enfant, j'étais dans la pirogue conduite par Grand-père Léon. Nous traversions la rivière Bolongolulé pour aller couper le bois de chauffage. Soudain, nous vîmes six hippopotames positionnés en travers de la rivière, comme s'ils nous barraient le passage. Grand-père Léon me demanda de quitter la pointe de la pirogue où j'étais assis pour m'asseoir à la place du milieu. Il m'ordonna de bien tenir les bords de la pirogue et, surtout, de ne pas faire de gestes brusques.

J'entendais Grand-père Léon marmonner dans une langue qui m'était totalement inconnue, probablement la langue des esprits, avant de s'adresser aux hippopotames en ces termes :

— Je ne sais pas ce que vous foutez là ! Cette rivière appartient à tout le monde et vous n'avez donc pas le droit de m'y interdire le passage ! Si vous ne partez pas de là où vous êtes, je vais appeler les braconniers au secours.

Les six bêtes restèrent inflexibles et nous fixaient. Puis Grand-père Léon renchérit :

— De ma vie, je n'ai jamais vu d'animaux aussi moches que vous et dont la viande est aussi délicieuse que lorsqu'on la mange avec de la banane plantain ! Je pense que vous me cherchez noise ou vous voulez vraiment jouer avec moi. Je vous demande, une dernière fois, de partir de là sinon vous aurez affaire à moi !

Ce qui était déconcertant c'est le fait que Grand-père Léon parlait aux hippopotames comme s'il s'adressait à des êtres humains, et ce, avec une petite dose de provocation ainsi qu'une assurance et une familiarité qui dépassaient l'entendement. On dirait qu'il parlait à des gens qu'il connaissait de longue date. Pourtant, il s'agit bel et bien des bêtes parmi les plus dangereuses du monde aquatique. Enfant, je n'avais vraiment pas conscience du danger auquel Grand-père Léon nous exposait en tenant tête aux hippopotames qui étaient dans leur milieu naturel.

Constatant que les hippopotames refusaient de céder à ses injonctions, Grand-père Léon avança la pirogue comme pour forcer le passage et il donna un violent coup de pagaie à un des hippopotames qui l'esquiva en enfonçant sa tête dans l'eau. Grand-père Léon se retourna pour tenter d'administrer un coup de pagaie à un autre hippopotame, mais ce dernier fit, comme le premier, une esquive en enfonçant sa tête dans l'eau. Grand-père Léon semblait être possédé. J'entendais son souffle tellement fort qu'il s'apparentait aux bruissements du vent. Puis tous les hippopotames disparurent pour réapparaître quelques mètres plus loin, toujours en position de barrage.

Grand-père Léon se tourna vers moi pour me dire :

— *Homo* (homonyme), ces hippopotames sont la manifestation des esprits de nos ancêtres. Ils ne nous veulent pas de mal sinon ils nous auraient attaqués. Ils sont là pour nous empêcher de continuer notre chemin, peut-être parce qu'il y a un danger qui nous guette ou un décès dans notre famille.

Mais quel danger ? Qui est mort ? Nous retournâmes au campement de pêcheurs où nous apprîmes le décès d'un des oncles maternels de Grand-père Léon. Une délégation attendait Grand-père pour l'accompagner au village où se passaient les funérailles. Cette délégation fit comprendre à Grand-père Léon qu'il risquait d'arriver après l'enterrement. Grand-père Léon était fou de rage :

— Comment est-ce possible ? Qui se permettrait d'enterrer mon oncle sans que je ne voie sa dépouille ?

Un des membres de la délégation, qui n'était rien d'autre qu'un des neveux de Grand-père Léon, expliqua à ce dernier que d'autres membres de la famille du défunt avaient décidé de procéder à la mise en bière immédiate à cause de la chaleur qui accélérait la décomposition du corps.

— La famille c'est moi ! répliqua Grand-père Léon.

Nous prîmes place à bord d'une grande pirogue affrétée par le chef du village en direction du village où se déroulaient les funérailles. Mais, chose étrange, impossible de remettre la pirogue à l'eau à cause de l'excès de poids de Grand-père Léon qui menaçait de faire couler la pirogue dans les eaux profondes de Bolongolulé. Au vu de sa corpulence, Grand-père Léon devait peser une centaine de kilos. Mais dès lors qu'il monta dans la pirogue, son poids sembla avoir quadruplé. Me rappelant certains faits que mes parents nous racontaient au sujet de Grand-père Léon, je compris vite que ce dernier n'était plus dans son état normal. Il était saisi de *nyama,* des forces provenant de certains de ses animaux totems – dont l'hippopotame, l'éléphant, le lion, le léopard – qui agissaient invisiblement sur son corps et son mental selon les circonstances. La métamorphose de Grand-père Léon fut le signe de son entrée en communication avec les esprits et, surtout, avec l'esprit du défunt. Grand-père Léon lança un défi aux lois physiques et naturelles :

— De toute façon, quel que soit le temps que prendra notre voyage, son corps [en parlant du défunt] restera intact, ne tombera pas en décomposition, la chaleur sera torride partout sauf autour de sa dépouille. De toute façon, il va tellement pleuvoir que l'on ne pourra pas l'amener au cimetière. Il [en parlant du défunt] m'attendra pour que je lui dise un dernier au revoir.

Il fallait que les pagayeurs et d'autres gens qui connaissaient bien les traditions apaisent Grand-père Léon par des chants mystiques et sacrés afin qu'il retrouve son poids normal et que la pirogue puisse flotter sans risque de chavirer. Quelque temps après, nous voilà en pleine rivière Bolongolulé. Les pagayeurs étaient à pied d'œuvre. Dans la pirogue, il y avait un griot, chanteur de *ndjemba*, chant traditionnel des Ntomba, une des ethnies du pourtour du lac Maï-Ndombe. Le griot invoquait et encensait les esprits vivant au fond de la rivière pour qu'ils protègent la pirogue et ses occupants de tous les dangers qui pouvaient surgir pendant la traversée. Le griot chantait aussi à la mémoire du défunt, à l'honneur de Grand-père Léon et à la gloire de toute son ascendance. Ces chants donnaient du courage aux pagayeurs qui redoublaient d'efforts pour accroître la vitesse de la pirogue. En même temps, ils contribuaient à apaiser Grand-père Léon pour qu'il ne fasse pas de « bêtises » en pleine navigation. En regardant Grand-père Léon discrètement, je remarquai que ces chants lui faisaient du bien, d'autant plus que le chanteur encensait très élogieusement son ascendance. C'est comme cela que je pris connaissance de l'arbre généalogique d'une partie de ma famille et, surtout, du mystère qui entourait un de mes aïeux qui s'appelait Nkaa[6] Bolongongo.

Ce dernier fut l'arrière-grand-père de Grand-père Léon. Pendant la guerre contre une autre tribu, il reçut une pluie de flèches empoisonnées et il succomba à ses blessures. Sa dépouille disparut aussitôt des lieux de combat pour réapparaître quelques heures plus tard dans le cimetière ancestral de son village situé à 40 km du champ de bataille. Quand une partie des villageois se rendirent au cimetière après avoir été alertés par les cris de l'oiseau mystique, le coucou, ils retrouvèrent sa dépouille soigneusement allongée au pied d'un grand arbre. Les gens ne virent aucune trace des blessures ni de sang sur son corps qui était intact malgré la chaleur. Ils ramenèrent toutefois la dépouille au village pour consacrer au défunt des funérailles à la hauteur du rang qu'il occupait dans le village dont les parents, Nkaa Bolikoli (père) et Ngo[7]Loboko (mère) étaient les fondateurs. Lors de son enterrement, les gens entendirent les beuglements d'hippopotames dans le lac, dans les ruisseaux et dans les rivières aux alentours, voire dans les mares. Bref, partout où il y avait un cours d'eau. Après l'enterrement, une pluie diluvienne et orageuse s'abattit sur le village et sur toute la contrée. C'était le signe de la communion du défunt avec les forces de la nature, mais également le signe de son entrée dans le royaume des ancêtres.

[6] Ancêtre.
[7] Sa majesté.

À notre arrivée dans le village, la cour avait été désertée par la foule et les proches du défunt à cause de la pluie, comme l'avait prédit ou provoqué Grand-père Léon. La dépouille était à l'abri dans une des plus grandes maisons du village. Les gens en voulaient à Grand-père Léon, car, en provoquant la pluie, il avait retardé l'enterrement. Mais personne n'osait exprimer clairement et ouvertement son mécontentement à Grand-père Léon. D'ailleurs, lorsque Grand-père Léon arriva dans la cour, la pluie s'arrêta. Le ciel, dégagé des nuages qui l'assombrissaient, retrouva sa couleur bleue et le soleil fit sa réapparition.

Les gens revinrent à la cour, certains avec leurs chaises et tabourets ou des troncs d'arbre. Les larmes se remirent à couler à flots, hommes, femmes et enfants, tout le monde, pleuraient. Plus loin, les hommes parmi les plus forts (physiquement) du village se mirent à jouer à nu-pieds au football avec un ballon peu ordinaire. Ce ballon était une pierre d'environ cinquante centimètres de diamètre. Ils jouaient sans se blesser ni pousser de cris de douleur. Mais on savait que ces gens-là étaient dans un autre monde. Car, en temps normal, il est difficile de trouver des personnes jouant au football avec une grosse pierre à la place d'un ballon en cuir, par exemple. D'autres personnes faisaient la lutte. Leur combat ressemblait à celui des éléphants, car à l'endroit où se déroulait le spectacle la terre était profondément retournée. Les belles-filles du défunt arrachaient tous azimuts les sticks avec leurs dents. Sous le rythme endiablé du tam-tam, une des filles du défunt se jeta dans un grand feu que l'on avait allumé pour l'occasion. Elle se mit à danser l'*iboki*, au milieu des flammes sans se brûler. Aucun des vêtements qu'elle portait ne prit non plus feu.

Cette fille poussa des beuglements de buffle puis elle ordonna à quiconque savait chasser d'aller tuer un buffle pour « nourrir les ancêtres » et nourrir également toutes les personnes qui étaient venues assister la famille du défunt. Quelques braves types entrèrent dans la forêt et n'eurent aucun mal à trouver du gibier. Ils trouvèrent un buffle mâle qui avait l'air totalement inoffensif et désorienté. Pourtant, en temps normal, le buffle est plutôt un animal d'une agressivité et d'une férocité redoutables. Il attaque par surprise en fonçant tout droit sur sa cible. Sa colère peut l'entraîner jusque dans le village où il peut tout saccager. Dans quelles circonstances ce buffle s'était-il retrouvé à proximité du village au point de se laisser tuer ? Plus tard, j'appris que ce buffle était attiré par les esprits des ancêtres pour honorer la demande de la fille du défunt qui était habitée par l'esprit de son père. Pour préserver l'honneur de la famille, il fallait éviter que les gens se plaignent d'avoir faim durant toute la période des cérémonies mortuaires. Le choix du buffle par l'esprit du défunt et celui des ancêtres n'était pas neutre : le buffle fut une fameuse provision de viande pour la population du village qui était venue pleurer un des siens et pas des moindres, on le surnommait Tête-marteau.

Toutes ces démonstrations de force avaient un double objectif : d'une part, honorer la mémoire du défunt, et de l'autre rappeler que celui-ci faisait partie des gens les plus forts (physiquement) du village et de la contrée. Oui, je l'ai connu, cet homme dont la démarche nonchalante dissimulait la puissance de son coup de tête et de son coup de poing. D'ailleurs, à ce propos, il avait tué d'un seul coup de tête un type qui voulait le défier en public. La puissance de son coup de tête lui avait valu le surnom de Tête-marteau.

Grand-père Léon ne pleurait pas et ne participait à aucune démonstration de force. Cependant, il tournaillait autour de la dépouille de son oncle tout en faisant des grincements de dents qui résonnaient désagréablement aux oreilles des gens qui étaient près de lui. À chacun de ses pas, ses pieds s'enfonçaient dans la terre, laissant de grands trous. Son visage était tellement fermé que ses sourcils, à la forme de ceux de Brejnev, le défunt président de l'ex-URSS, se joignaient au beau milieu de son front grave.

Quelque temps avant de mettre la dépouille dans le cercueil, Grand-père Léon intima à deux de mes oncles l'ordre de me tenir complètement à l'écart des cérémonies, du moins jusqu'à la fin du processus d'enterrement. Ils m'enfermèrent dans une des pièces de la maison familiale. La raison qui fut évoquée était que Grand-père Léon redoutait que l'esprit du défunt vienne m'habiter et me transmettre ainsi des pouvoirs qui allaient être un lourd fardeau pour l'enfant que j'étais, eu égard à de très bonnes relations que j'avais avec l'oncle de mon grand-père, de très bonnes relations auxquelles venait s'ajouter ma forte sensibilité aux traditions familiales.

Malgré mon jeune âge, j'allais aider l'oncle de mon grand-père après l'école. J'allais chercher de l'eau dans un puits ou au lac. Puis je mettais l'eau à chauffer avant d'aller l'aider à se laver. Il m'arrivait de tenter de le porter sur le dos quand il avait vraiment des difficultés à marcher. Parfois, il arrivait que je tombe avec lui parce qu'il était très lourd par rapport à mon poids. J'entendais sa respiration d'hippopotame. Plus nous avancions, plus Tête-marteau respirait difficilement. Je réalisais combien ma présence à ses côtés était nécessaire. La plupart de ses petits-enfants l'avaient presque abandonné sous l'influence du pasteur de leur église qui leur avait claironné que leur grand-père était un sorcier dont il fallait à tout prix s'éloigner. D'ailleurs, ils m'exhortaient à adopter la même attitude qu'eux à l'égard de leur grand-père ; à défaut, ce dernier mangerait mon âme pour avoir de la longévité.

Pendant qu'il était malade, Tête-marteau demanda à me voir, mais Grand-père Léon avait tout fait pour que cette rencontre n'ait pas lieu.

Malgré toutes les précautions que Grand-père Léon prit pour m'éviter tout contact avec son oncle durant l'enterrement, celui-ci devint un de mes meilleurs amis de l'au-delà. Depuis qu'Il est mort, je le vois assez souvent en rêve, où il vient me parler de sa nouvelle vie (d'esprit) et, de façon générale, de la vie après la mort. La plupart de ses témoignages sur l'au-delà, tout comme ceux des autres disparus sont régulièrement confirmés par mes propres expériences et par celles vécues par d'autres personnes que j'ai personnellement rencontrées ou connues par l'intermédiaire des médiums ou des reportages sur les phénomènes dits paranormaux ou surnaturels. Voici une partie des témoignages que « Tête marteau » m'adressa en rêve :

« Personne ne meurt. On ne fait que changer de vie. Quand on meurt, on ne quitte pas la vie sur terre. On est sur terre, mais on y vit autrement qu'avec son corps physique et matériel. On vit avec les vivants, ceux qui ne sont pas encore morts. Nous, on les voit, mais eux ne nous voient pas. Nous pouvons intervenir dans la vie des vivants dans la mesure du possible. Je dis dans la mesure du possible parce que notre pouvoir n'est pas illimité. Certains des nôtres reprennent la vie humaine à maintes reprises tant qu'ils n'auront pas fini d'accomplir leur devoir sur terre. C'est la réincarnation. Beaucoup de gens se demandent si Dieu existe. Nous aussi, là où nous sommes, nous nous posons la même question et nous n'avons pas de réponse autre que ce que tout le monde sait. Dieu existe pour certains et pour d'autres il n'existe pas. Même ici, dans l'au-delà, le débat sur l'existence de Dieu fait rage. En ce qui me concerne, je n'ai pas vu Dieu ni son royaume. Par contre, j'ai été très bien accueilli par les miens, mes ancêtres, ma femme, mes enfants qui m'ont précédé dans l'au-delà. L'au-delà n'existe pas dans le ciel. De même, le paradis n'existe pas. L'au-delà est tout simplement la partie invisible de l'univers terrestre.

De là où nous sommes, nous voyons tout ce qui se passe dans le monde des humains, comme il vous arrive à vous de nous voir en rêve ou par d'autres canaux. Par exemple, je vois que tu as des difficultés financières. Je n'ai pas grand-chose à te donner si ce n'est cette pièce de dix francs français. Je suis allé voir ton oncle dont la femme attend un bébé. C'est une partie de moi qui est dans le ventre de cette femme. Elle accouchera d'un garçon et je veux qu'on lui donne mon nom et mon prénom. C'est un ordre et tu diras à ton oncle de l'exécuter immédiatement ».

La pièce de dix francs français que Tête-marteau m'avait donnée se transforma concrètement en une succession de coups de chance. Le jour suivant ce rêve, je ramassai un petit porte-monnaie contenant deux cents francs français au-dessus d'une cabine téléphonique à la gare RER B d'Antony, un billet de cinq cents francs français flottant sur la haie d'un hôtel où je travaillais en tant qu'homme de chambre, dix mille deutsche marks en liquide, un passeport et une pièce d'identité allemands dans une des chambres dudit hôtel. Après avoir trouvé cette grosse somme d'argent avec les papiers de son propriétaire présumé, je courus vite montrer le butin à mon collègue qui travaillait au premier étage de cet hôtel. Il me conseilla de garder cet argent pour moi. Mais ma conscience me poussa à le remettre à la réception de l'hôtel qui me donna cinquante francs français pour récompenser mon honnêteté. Quatre ans après, j'appris que le propriétaire de cet argent n'était jamais revenu à l'hôtel pour le réclamer.

Quant à la femme de mon oncle, non seulement elle attendait un bébé, mais aussi elle avait accouché d'un garçon, comme Tête-marteau me l'avait prédit en rêve. On donna ainsi à l'enfant son nom et son prénom.

Tête-marteau vint me soutenir également au moment où je vivais les pires déboires de ma vie sur le plan administratif et matériel. La préfecture de l'Essonne venait de me donner l'ordre de quitter le territoire français dans un délai d'un mois alors que je n'avais commis aucune infraction qui pouvait justifier une telle mesure. Au contraire, je travaillais très bien à l'école (l'université) malgré mes difficultés financières. Mais, peut-être, les autorités françaises n'avaient pas apprécié que je fasse la grève de la faim avec quelques camarades de notre mouvement associatif pour obtenir la régularisation des « sans papiers » alors que moi-même je n'avais en tout et pour tout qu'un récépissé renouvelable tous les trois mois. Dans un rêve, Tête-marteau me donna une feuille de papier et un stylo (rouge) pour que j'écrive au « chef des Blancs » afin de régulariser ma situation. « Tes ancêtres et moi-même t'aiderons au mieux de nos capacités », me rassura-t-il.

J'écris aussitôt à Pierre Joxe et à Laurent Fabius, respectivement ministre de l'Intérieur et Premier ministre sous le premier septennat du président François Mitterrand. Dans cette lettre, j'exposai de façon détaillée ma situation et je demandai aux deux intéressés de bien vouloir m'aider à éviter que je ne sois expulsé de France. Dix jours après, je reçus la lettre de Pierre Joxe par laquelle il me demandait d'aller à la préfecture d'Évry récupérer ma carte de résident de dix ans. Sans l'intervention personnelle de Pierre Joxe, je ne sais pas ce que je serais devenu. Mais l'intervention de mes ancêtres n'avait-elle pas précédé, voire influencé, du moins mystiquement, celle de Pierre Joxe ? De plus, aurais-je eu moi-même l'idée d'écrire à ce dernier si Tête-marteau ne me l'avait pas recommandé en rêve ?

2
Ma relation avec Grand-père Léon après sa mort

Depuis que Grand-père Léon est mort, nos relations se sont renforcées au point que nous nous voyons et communiquons avec une certaine régularité. Nous communiquons assez souvent au travers des rêves, mais parfois, par des signes tangibles grâce au spiritisme : déplacements d'objets, craquement de meubles, claire audience. Quand j'ai besoin de lui, je l'appelle et il vient. Mais je ne l'appelle pas pour un oui ou un nom, n'importe quand et n'importe comment. Car, en tant qu'esprit, il n'a pas à m'obéir au doigt et à l'œil. La preuve en est qu'il lui arrive de ne me répondre que tardivement, lorsque l'objet de l'appel n'a pas un caractère urgent ou grave.

Dans un rêve, je vis Grand-père Léon comme je l'avais connu de son vivant, avec tout de même un détail qui m'abasourdit. Il avait quatre jambes, deux jambes en bas comme chez tous les êtres humains et deux autres jambes collées sur ses deux épaules et tournées vers le ciel. Je lui demandai de m'expliquer la présence de ces jambes sur ses épaules. Voici son récit :

« En effet, j'ai deux jambes comme toi. Par contre, les deux jambes que tu vois posées sur mes épaules ne sont pas des jambes normales. Ce sont des ailes qui me permettent de me déplacer d'un endroit à l'autre, un peu comme un oiseau. Mais notre vitesse de déplacement est incalculable (…). J'ai fait le tour de tous mes enfants et petits-enfants, partout où ils se trouvent, en quelques secondes, encore que dans l'au-delà l'intemporalité rythme notre vie et nos mouvements (…). Je suis attristé de voir que tes oncles, par exemple, m'ont complètement oublié. Pour eux, je suis mort et je n'existe donc plus. Ils vont jusqu'à se débarrasser de tout l'héritage spirituel que je leur ai laissé. Pourtant, cet héritage contient des pouvoirs qui protègent et qui ont toujours protégé la famille depuis la nuit des temps. Tes oncles n'invoquent même plus mon nom dans leurs discussions. C'est triste. Tous mes amis ici se moquent de moi puisque, eux, ont la chance d'avoir des vivants qui ne les oublient jamais, qui prient pour eux, qui leur parlent comme s'ils étaient physiquement vivants. Tu diras à tes oncles, à tes tantes et à ta mère que leur père que je suis n'est pas mort comme ils s'obstinent à le croire. Ceux qui s'écarteront du chemin tracé par mes soins et par ceux de nos ancêtres deviendront très vulnérables face à toutes les menaces qui les guettent. »

À mon réveil, j'eus eu l'impression d'avoir réellement parlé avec mon grand-père. Sans tarder, j'envoyai immédiatement une longue lettre à mes oncles pour leur faire part des regrets et mises en garde de leur défunt père. Mais je n'obtins de leur part que de l'indifférence et du mépris à peine voilés. Ils étaient tous devenus de fervents chrétiens pentecôtistes obéissant au doigt et à l'œil de leurs pasteurs respectifs. Un des oncles, Blaise Belando, me confia d'ailleurs que son pasteur l'avait débarrassé des « trucs ancestraux » en le lavant avec une eau salée qui aurait des pouvoirs purificateurs. Après cette cérémonie dite de purification, oncle Blaise Belando tomba malade et mourut peu de temps après.

Quelques années plus tard, un autre oncle, Itupa, qui était considéré comme l'héritier spirituel de Grand-père Léon, vit une série de phénomènes malheureux au sein de sa petite famille.

Pendant qu'oncle Itupa était en mission, un de ses fils fut mordu par un serpent très venimeux. Au même moment, à quelques centaines de kilomètres où il se trouvait, oncle Itupa eut la sensation d'avoir été piqué par quelque chose à cause d'une douleur inopinée sur son mollet gauche. En touchant le siège de la douleur avec sa main, il sentit le rampement du serpent le long de son bras. Il comprit vite qu'un de ses proches était mordu par un serpent, mais sans savoir qui c'était. Comme le faisait Grand-père Léon, il bloqua à distance, par des mots incantatoires et au travers desquels le nom de Grand-père Léon fut cité trois fois, la propagation du venin dans le corps de la victime. En effet, après deux semaines d'absence, il retourna dans son village où il trouva un de ses fils, vivant, en train de se balader avec le venin d'un serpent blotti à l'endroit où celui-ci l'avait mordu. Il lui prodigua quelques soins puis il lui demanda d'aller lui montrer l'endroit où l'attaque du serpent avait eu lieu. En arrivant à l'endroit en question, oncle Itupa trouva le fameux serpent en vie, mais totalement immobile, dans un total état paralytique. Ce phénomène s'explique par le fait que le serpent, un des animaux totems de Grand-père Léon, ayant enfreint les lois ancestrales en mordant l'un des descendants directs de ce dernier, était condamné à mourir. C'était comme si ce serpent s'était mordu lui-même. Il ne mourut pas tout de suite après avoir commis sa bavure parce que, de son côté, oncle Itupa n'avait pas non plus respecté ces mêmes lois en prenant ses distances vis-à-vis des pouvoirs que son père lui avait légués. Cette attitude de l'oncle Itupa avait pour conséquence de diminuer l'impact de ses pouvoirs sur le serpent. Ne pouvant plus tuer le serpent en lui crachant dessus, comme le faisait son père, Grand-père Léon, oncle Itupa procéda d'une autre manière : il étouffa le serpent en lui couvrant la tête de terre.

Un autre fils de l'oncle Itupa, Lokoli, faillit perdre la vie dans un accident de moto. Il faisait du « taxi-moto » pendant les grandes vacances pour se faire un peu d'argent de poche. Tout se passait bien jusqu'à une nuit où il prit un fantôme sur sa moto. Au bord d'une rue dans une ville située à une centaine de kilomètres de Kinshasa, Lokoli, qui cherchait désespérément un client en partance pour Kinshasa, fut arrêté par un homme aux allures mondaines. Il était bien habillé, en costume et cravate, il portait une très jolie mallette et il dégageait une agréable odeur de parfum. Jusque-là, tout semblait normal à Lokoli. Il était persuadé que ce client était un homme riche et qu'il allait donc lui payer très généreusement la course. Mais une question le taraudait : que faisait ce monsieur dans un coin aussi perdu et à une heure aussi tardive ? Il était vingt heures. Il n'osait pas lui poser la question. De lui-même, le client lui témoigna que sa voiture était tombée en panne alors qu'il se rendait à Kinshasa pour prendre part à une soirée festive. C'est pourquoi il était obligé d'emprunter un « taxi-moto » pour éviter d'arriver très en retard à cette fête.

Ces arguments semblèrent convaincre Lokoli et dissiper les doutes qu'il avait sur ce monsieur. Allez ! C'est parti ! Le client s'installa à l'arrière et Lokoli démarra la moto. Sur le chemin, le client prenait soin de tenir le conducteur pour éviter de perdre l'équilibre dans les virages et par souci de sécurité. Il avait posé sa mallette entre Lokoli et lui. Sur le chemin, les deux hommes échangèrent quelques mots :

— Jeune homme, qu'est-ce qui te motive à faire ce boulot ? Ça te plaît ? lui demanda le client.

— Je fais ce boulot par nécessité, car mes parents n'ont pas suffisamment de moyens pour me payer les études à l'université, répondit Lokoli.

— Tu n'as pas peur de prendre des clients la nuit ? rétorqua ce mystérieux monsieur.

— Je n'ai pas le choix et ce d'autant plus que la nuit ça paye bien. Après tout, je suis l'enfant de Dieu. Le Christ est avec moi tout comme il est avec vous, répondit Lokoli.

— Amen, répondit le client.

Puis il ajouta :

— Le Christ ne protège pas les kamikazes.

— Je ne suis pas un kamikaze, parce que je vous rends service. Sans moi, ou plutôt sans ma moto, vous auriez peut-être raté votre rendez-vous.

— C'est vrai. Maintenant, il faut augmenter la vitesse parce que je risque d'arriver très en retard.

Après cette conversation, Lokoli accéléra la vitesse de sa moto pour satisfaire la demande du client. Puis tout à coup, il percuta violemment un piéton qui surgissait de nulle part. Sa moto fut projetée en l'air. Lokoli tomba dans le bas-côté. Quant au piéton, il n'était rien d'autre que l'homme que Lokoli avait pris sur sa moto et qui était pourtant assis à l'arrière. Le choc était tel que l'homme en question fut gravement blessé. Mais comment ce client, qui était assis à l'arrière de la moto, accolé au dos de Lokoli et le tenant de ses deux mains autour de la taille, avait-il pu se retrouver en même temps devant la moto au point de se faire percuter par celle-ci ? Les quelques témoins présents au moment de l'accident se mirent à la recherche de la victime. En vain. Tous les abords de l'endroit où s'était produit l'accident furent ratissés pour retrouver la victime. Sans succès. C'est ainsi que Lokoli réalisa qu'il avait transporté sur sa moto un fantôme. Gravement blessé à la jambe, on l'amena à l'hôpital pour qu'il reçoive les premiers soins. Son état ne nécessitant pas qu'il soit hospitalisé, Lokoli rentra à la maison, mais tout de même secoué par le fait d'avoir pris un fantôme sur sa moto.

Quand j'appris la nouvelle, je rendis visite à Lokoli pour lui remonter le moral, mais également pour tenter d'en savoir un peu plus sur son histoire avec le fantôme. Une histoire qui m'avait rappelé une des miennes que j'avais vécue quand j'étais gamin.

Comme d'habitude, pendant les grandes vacances, je ne pouvais pas me dispenser d'aller retrouver Grand-père Léon au village, pendant que mes copains restaient en ville et qu'ils profitaient à fond de tous les loisirs que le monde urbain offrait à tous les gamins de mon âge : le cinéma, les activités sportives telles que la boxe et le karaté, sans oublier, bien sûr, l'*Ibofa*, un jeu de simulation de la guérilla. Dans une petite brousse, avec une bande de copains, nous jouions à l'*Ibofa* en nous référant à Pierre Mulele, le plus grand chef révolutionnaire que la RDC ait connu, dans les années 1964. Pour pratiquer l'*Ibofa*, nous formions deux groupes dont l'un représentait l'armée régulière et l'autre l'armée rebelle. Un grand frère du quartier, Mokongo Zéro, devait contrôler et superviser les opérations pour éviter tout dérapage ou accident. C'était lui qui sifflait le début et la fin de la « guerre ». Nous fabriquions nous-mêmes nos « armes » : des flèches en bambou, des lance-pierres et, côté bombe, du piment en poudre. Le groupe qui perdait la « guerre » devait s'acquitter d'un tribut au profit du groupe vainqueur. Ce tribut était en nature, généralement de la nourriture dérobée malicieusement aux parents.

Pendant les grandes vacances, je sacrifiais aussi un de mes autres loisirs préférés, la guitare et le chant, que j'allais écouter et apprendre tantôt chez Grand[8] Moro tantôt chez Grand Accident. Ces deux grands frères du quartier avaient en commun de fumer régulièrement du chanvre, mais ils se gardaient toujours de nous le proposer. Au contraire, ils nous interdisaient formellement de toucher au chanvre. Ils justifiaient leur addiction à cette drogue par le fait qu'elle était leur source d'inspiration dans le domaine de la musique.

Contrairement à Grand Moro, Grand Accident était aussi un expert en technique de combat. Il était le roi des esquives. Il gagnait tous ses combats de rue grâce à une meilleure analyse des forces et faiblesses de son adversaire, mais aussi grâce à une bonne dose de ruse. Grand Accident qui n'avait jamais pratiqué de sport de combat était un fin stratège en la matière. Aurait-il lu *L'art de la guerre* de Sun Tzu dans une autre vie ? Je me rappelle son combat avec Vieux Taureau, une sorte d'avant-goût du combat qui opposa Mohamed Ali et Georges Forman à l'ex-stade du 20 mai à Kinshasa en 1974. Vieux Taureau avait une redoutable force de frappe. De plus, avant de se battre, il s'adonnait à un rituel peu ordinaire : il mastiquait des lames de rasoir et des débris de verre qu'il avalait par la suite sous les applaudissements d'un public friand de ce genre de démonstrations. Il envoyait une avalanche de coups à Grand Accident, mais celui-ci en esquivait la plupart, pour ne pas dire tous, grâce à son extrême agilité. Sa minceur était son atout et son meilleur allié – contrairement à la corpulence de catcheur qu'avait Vieux Taureau – car elle offrait à Grand Accident une souplesse dans ses déplacements, chose qui énervait orageusement Vieux Taureau. Et, plus il s'énervait moins, ses violents coups étaient précis. Grand Accident lui logeait quelques droites bien précises, mais lesquelles n'étaient pas aussi puissantes que

---

[8]Le préfixe grand n'a rien à voir avec la taille de ces deux personnes. Il est utilisé pour marquer le respect lié à leur âge plus élevé que le mien. Ils étaient nos aînés et aucun gamin ne pouvait se permettre de les appeler par leur simple prénom ou surnom. Cette coutume ancestrale est d'actualité dans toute la République démocratique du Congo, que ce soit au village ou en ville. Parfois, le mot « Grand » est remplacé par « Yaya » en lingala, une des langues nationales de la RDC.

les coups de Vieux Taureau. À un moment donné, ce dernier parvint à toucher Grand Accident à l'abdomen. Heureusement pour lui que ce coup fracassant n'atterrit ni au visage ni à la mâchoire sinon il aurait été mis KO. Grand Accident tomba tout de même par terre et, au moment où Vieux Taureau s'apprêtait à se jeter sur lui pour l'achever, Grand Accident lui envoya de la terre à la figure. Ce qui gêna considérablement Vieux Taureau dans son élan démolisseur, car sa visibilité était réduite à néant. Grand Accident profita de l'occasion pour se sauver et le combat prit ainsi fin.

C'étaient tous ces jeux, loisirs et événements que je plaquais pour aller vivre pendant deux bons mois dans une hutte enfumée aux côtés de mon grand-père dans un campement de pêcheurs. Mais ici, je ne m'ennuyais que rarement puisque Grand-père Léon m'abreuvait assez régulièrement de ses enseignements moraux et philosophiques, lorsqu'il ne me demandait pas de lui traduire de lingala en français ou de français en lingala certaines émissions qu'il suivait à la radio. Il en retirait une fierté maximale devant d'autres villageois puisque maître William, qui était moniteur d'école, confirmait objectivement la qualité et la justesse de mes traductions. Cette petite évasion champêtre s'arrêta brusquement après que j'eus vu un fantôme « en chair et en os ».

Alors que mon séjour dans le campement de pêcheurs allait bon train, Grand-père Léon et oncle Koré s'absentèrent pour quelques jours. Ils allèrent au village chercher des provisions qui commençaient à manquer au campement. Je restai avec l'épouse d'oncle Koré. Quand j'avais envie de faire mes petits besoins la nuit, je devais réveiller soit Grand-père Léon, soit oncle Koré pour qu'ils m'accompagnent à l'extérieur. Il m'était formellement interdit de sortir seul la nuit « pour des raisons de sécurité », disait Grand-père Léon. Appréhendait-il quelque chose ? Avait-il peur que je me retrouve face à face avec un hippopotame ou une bête féroce ou encore que je me fasse attraper par un boa ? Pendant leur absence, je fus, une nuit, saisi par une forte envie d'uriner. La femme d'oncle Koré dormait profondément et il était hors de question que je la réveille et, pour des raisons de pudeur, qu'une femme m'accompagne pour faire pipi dehors. Je décidai donc de sortir seul. Il était environ deux heures du matin. Tout le monde dormait à cette heure-là. Le feu qui brille au milieu de la cour et autour duquel les pêcheurs viennent se retrouver pour parler de tout et de rien après une journée éprouvante de travail, était complètement éteint. Du côté de la rivière régnait également un calme presque total. La nuit dans la jungle, ou plus exactement au bord d'une rivière qui traverse la jungle offre une sensation d'un monde néant et béat, un monde qui semble être occupé par les maîtres du vide et du silence, les esprits. Je n'allais pas tarder à en rencontrer un, mais sous sa forme ostensiblement humaine, un fantôme.

Alors que je me dirigeais vers l'herbe pour faire mes petits besoins, j'aperçus, notamment grâce à l'éclairage lunaire, un homme debout comme un arbre au beau milieu de la cour. Il était tellement grand de taille qu'il fallut que je lève au maximum mon menton pour tenter d'apercevoir sa tête. À mesure que je fixais mes regards dans la direction où était figée cette entité, je voyais celle-ci fondre peu à peu, de la tête aux pieds, se dissoudre et disparaître. Saisi de peur, je fus obligé de regagner la hutte à reculons. Puis, je réveillai la femme de mon oncle pour lui raconter ce que je venais de vivre dehors. Elle sortit immédiatement de la hutte pour aller alerter le chef de campement. Ce dernier prit au sérieux mon récit, mais sans manifester le moindre étonnement. Il nous apprit que l'entité que j'avais vue était le fantôme d'un pêcheur qui était mort par pendaison, à la fin des années 1950, après avoir été injustement accusé de vol. Selon le chef de campement, le défunt revenait une fois par an et presque à la même période à l'endroit même où il avait été exécuté, comme pour exprimer son mécontentement et clamer son innocence. D'autres personnes avant moi l'avaient déjà vu et en avaient fait une description similaire à la mienne. Le chef de campement me recommanda de quitter ce campement pour éviter que je ne rencontre des ennuis. Cependant, il se garda de fournir la moindre information sur ce qui était arrivé aux personnes qui avaient rencontré cette entité avant moi. Quand Grand-père Léon et oncle Koré revinrent du village, ils décidèrent d'écourter mon séjour dans le campement. Ils me firent embarquer à bord d'une baleinière en partance pour la ville de mes parents. Avant de partir, Grand-père Léon me mordit légèrement l'auriculaire sans me donner la moindre explication de son geste. J'en déduisis que c'était pour me protéger d'une éventuelle mésaventure avec le fantôme. Grand-père Léon était au courant du sort qui était réservé aux personnes ayant rencontré ce fantôme avant moi, mais il ne voulait pas me le dire, très probablement pour me protéger psychologiquement.

En arrivant chez Lokoli, je trouvai sa mère, Marie Belo, en train de prier, la bible à la main pour, dit-elle, « remercier Dieu et Jésus d'avoir sauvé Lokoli du danger satanique dans lequel il s'était trouvé ». Et si Dieu et Jésus n'y étaient pour rien dans le « sauvetage » de Lokoli ? Et si c'était l'œuvre de nos ancêtres ? me demandai-je dans mon for intérieur.

La mère de Lokoli interdisait formellement à ses enfants d'invoquer leurs ancêtres. Elle associait la référence aux ancêtres à la sorcellerie et au satanisme. Lors de notre discussion, elle me fit vigoureusement savoir que « tant que ses enfants et sa petite famille resteraient au service de la bible, rien ne pourrait leur arriver ». Pourtant, cette femme qui s'enfermait hermétiquement dans l'édifice du christianisme et qui reniait et diabolisait ainsi ses ancêtres est née et avait grandi dans le sanctuaire même du fétichisme et des traditions ancestrales. Son grand-père, Engambi Ibolé, était un féticheur et guérisseur de grande renommée. Les gens venaient de tous les coins du pays pour le consulter. Il les soignait gratuitement, chose qui était rare et qui le reste encore dans un pays où tout est monnayable notamment à cause de la misère. La notoriété d'Engambi Ibolé avait même attiré l'attention du défunt président Mobutu qui n'hésita point à lui demander un service « spécial » en 1978. Le vieil homme, qui n'était jamais sorti de son village où il vivait entouré de ses six femmes et de ses innombrables petits-enfants, reçut du jour au lendemain une invitation de la part du président Mobutu, une invitation accompagnée d'un mot d'ordre précis : totale discrétion ! Quand Engambi Ibolé rencontra le président Mobutu à Kinshasa, il apprit de la bouche même de celui-ci qu'il devait se rendre à Bruxelles pour une mission spéciale et confidentielle « pour le compte de la République ». Il fit comprendre en vain au président qu'il n'était pas partisan d'un saut dans l'inconnu. Jusqu'à ce qu'il débarque à Zaventem, il ne savait rien à propos de l'objet de sa mission. Il allait vivre un enfer niché au milieu d'une île paradisiaque.

Le président Mobutu le couvrit de beaucoup de cadeaux contre l'obligation de tuer par les fétiches son opposant politique, Daniel Mpetialengo, qui était réfugié politique à Bruxelles. Engambi Ibolé maîtrisait parfaitement la technique de la foudre, par exemple, mais les lois ancestrales lui interdisaient formellement de s'en servir pour nuire à autrui, sauf en cas de légitime défense. Or, il n'était pas en guerre ni en conflit avec Daniel Mpetialengo. Il n'avait rien à lui reprocher. Le conflit de ce dernier avec Mobutu ne l'intéressait pas. La géopolitique n'était pas la tasse de thé d'Engambi Ibolé. De plus, Daniel Mpetialengo n'était pas facile à cuire, tant sur le plan physique que mystique. C'est ce que Engambi Ibolé fit comprendre à Mobutu.

Quand je rencontrai Daniel Mpetialengo dans une banlieue parisienne à sa demande, je remarquai qu'il boitait légèrement. Je lui demandai de bien vouloir me dire si son handicap était ou non lié à la tentative d'assassinat dont il avait fait l'objet de la part des hommes de main de Mobutu. Je compris vite que le simple fait d'évoquer cet épisode le mettait hors de lui. Mais, par respect pour son invité que j'étais et dont il avait besoin pour une mission spéciale en Angola, il accepta de répondre à ma question. En effet, selon lui, lorsque les agents de Mobutu firent irruption dans son appartement, l'un d'eux ouvrit le feu sur lui, mais il réussit à s'échapper en disparaissant de la pièce où il était encerclé. Il réapparut plus loin d'ici, mais « l'atterrissage » fut difficile. Il serait brutalement tombé, ce qui expliquerait son léger handicap à la jambe.

Malgré l'insistance de Mobutu, Engambi Ibolé se refusa à tenter quoi que ce soit contre Daniel Mpetialengo. Il prétexta que les conditions pour la réalisation d'une telle opération n'étaient pas réunies. On aurait dû lui expliquer clairement les choses quand on était venu le chercher dans son village, lui dire clairement que le président avait besoin de lui pour tuer Daniel Mpetialengo par la sorcellerie ou les fétiches. Ne sachant pas la nature de sa mission, il n'avait pas pu s'y préparer en conséquence. La vérité est qu'il ne voulait pas se compromettre vis-à-vis de ses ancêtres dont les lois interdisent formellement d'user de ses pouvoirs surnaturels à mauvais escient. En catimini, c'est comme cela qu'il expliqua son refus de céder aux exigences du grand timonier Mobutu. Comme on dit en Afrique, « l'écureuil a beau être petit, il n'est pas l'esclave de l'éléphant ». Mobutu, l'éléphant, décida alors d'écraser Engambi Ibolé, l'écureuil, qui ne voulait pas se soumettre à ses Fourches caudines.

Après sa mission avortée, Engambi Ibolé retourna discrètement dans son village où il mourut peu de temps après. Avant sa mort, ses proches remarquèrent un changement considérable de comportement chez lui : propos incohérents, perte de mémoire, fugues à répétition, crises de folie. Mobutu ne l'avait-il pas fait empoisonner afin de le punir pour avoir refusé de l'aider à se débarrasser de Daniel Mpetialengo par des fétiches ? Et si c'étaient les ancêtres d'Engambi Ibolé qui lui avaient jeté un mauvais sort afin de le punir pour avoir quitté son village et couru après l'invitation de celui qui était considéré comme l'incarnation du mal zaïrois, Mobutu ? Si tout arrive à point à celui qui sait attendre, tout peut également arriver à celui qui enfreint les lois ancestrales.

Marie Belo, la mère de Lokoli, s'était totalement détournée de la foi ancestrale pour épouser la foi chrétienne, comme bon nombre de Congolais, du moins en apparence. Au cours de notre discussion, elle alla jusqu'à revendiquer ses liens de parenté avec Adam et Eve. Selon Marie Belo, ces derniers étaient nos ancêtres. Comment peut-on aller jusqu'à revendiquer une ancestralité importée et qui est, de surcroît, enfouie sous une chape de légendes et de superstitions soigneusement entretenues par l'Église catholique romaine et chrétienne en général ?

Le point de vue de Marie Belo n'est malheureusement pas une singularité dans la communauté noire. Acculturée par des siècles d'esclavage, de traite et de colonisation, cette communauté vit, dans sa grande majorité, avec un poumon artificiel du point de vue de la religion. Ce poumon est le monothéisme, qui, pendant huit siècles, a étouffé la pensée de notre communauté, opprimé sa conscience, immolé sa liberté de culte et de croyance au nom et sur l'autel de l'unité de foi.

Avant de prendre congé d'elle, après de longues heures de discussions parfois houleuses, je m'employai à faire comprendre à la mère de Lokoli une chose très simple. Je ne suis pas offusqué de la voir pratiquer sa religion d'adoption, la religion chrétienne. Mais j'apprécierais également de la voir se servir de symboles et de gestes religieux inspirés de nos traditions pour ne pas oublier nos ancêtres dont le sang coule dans nos veines. Elle me répondit : « Au nom de Jésus, sans effet ! » Et je lui rétorquai par une phrase que mon père avait l'habitude de nous répéter : « Aucun arbre ne peut se tenir debout sans ses racines ». Quelques mois plus tard, Marie Belo, la mère de Lokoli, la petite-fille d'Engambi Ibolé, fut tuée par la foudre. Alors qu'elle rentrait du champ avec une bassine remplie de légumes et de fruits sur la tête, la foudre lui tomba dessus et ne lui donna aucune chance. Elle fut tuée sur le champ.

Quand j'appris cette effroyable nouvelle, j'appelai aussitôt mon oncle Itupa pour le soutenir moralement. J'en profitai pour lui dire que sa foi chrétienne ne devrait pas lui interdire de recourir à la médecine traditionnelle. Celle-ci permettait à Engambi Ibolé, le grand-père de Marie Belo, de concevoir et confectionner des paratonnerres ancestraux, qui protégeaient non seulement les maisons, mais aussi les personnes, prises collectivement ou individuellement, contre la foudre. Et si sa petite-fille, Marie Belo, avait gardé sur elle ce dispositif, ne serait-elle pas encore présente avec nous ? Et si oncle Itupa lui-même ne s'était pas distancé des connaissances de la médecine traditionnelle que Grand-père Léon lui avait léguées, sa femme ne serait-elle pas encore présente avec nous ? Grâce à ces connaissances, Grand-père Léon guérissait les gens et les protégeait contre les morsures de serpents venimeux et contre la foudre. Et si oncle Itupa avait pris soin de rester en contact avec son défunt père, ce dernier ne l'aurait-il pas prévenu des dangers qui guettaient sa petite famille ?

Comme je l'ai souligné plus haut, je ne m'offusque point au fait que Marie Belo ait, de son vivant, épousé la foi chrétienne. Mais ce que je n'appréciais pas dans sa démarche, c'est le fait d'avoir interdit à ses enfants, mes cousins et mes cousines, de s'intéresser à l'histoire de notre famille et à celle de nos ancêtres et d'avoir revendiqué au nom de la famille biologique à laquelle j'appartiens nos supposés liens de parenté avec Adam et Eve. Sans vouloir remettre en cause la liberté de culte et de croyance dont pouvait user Marie Belo, je considère que rien ne l'autorisait à tenir un discours inapproprié au sujet de mon ascendance familiale, à laquelle elle avait associé deux personnages bibliques issus des légendes et des superstitions soigneusement entretenues par l'Église catholique romaine et chrétienne en général.

Je ne cherche pas à provoquer ni à offenser mes sœurs et frères chrétiens lorsque je parle de légendes et de superstitions au sujet d'Adam et d'Eve. Cependant, je trouve inadmissible que Dieu ait créé Adam et Eve, c'est-à-dire l'homme et la femme, à la condition qu'ils ne s'instruisent pas. Il est encore moins admissible que Dieu ait, pour une seule désobéissance, condamné la postérité de ce couple et l'humanité entière à la mort et à l'enfer. Que penserait-on d'un juge qui condamnerait Gabriel de Belgique né en 2003 sous prétexte qu'il y a 200 ans, un de ses ancêtres, le Roi Léopold II, avait commis des crimes contre l'humanité en l'actuelle République démocratique du Congo ? Nul n'est responsable des fautes d'autrui, s'il n'y a pas participé. C'est cependant le rôle odieux que les chrétiens attribuent à leur juge suprême, à leur Dieu. On peut en conclure que Dieu chrétien c'est le mal. De mon humble point de vue, cela est inacceptable, indigne de tout chrétien qui croit à la justice divine et à la bonté du créateur. C'est dans ce contexte que je rejoins tous ceux qui, comme moi, pensent qu'Adam et Eve ainsi que le péché originel qu'ils auraient commis sont des légendes, car Dieu ne peut pas se faire bourreau de ses propres créatures.

Pour toutes ces raisons, je ne peux pas me considérer comme étant descendant d'Adam et d'Eve, ni d'ailleurs d'Abraham, de Moïse, de Joseph ou de Jésus. Leur sang ne coule pas dans mes veines et je n'ai aucun lien biologique ni culturel ni même spirituel avec eux. Pourquoi ne pas dire, si l'on veut pousser le raisonnement plus loin, que ce fut plutôt le sang de mes aïeux qui coulaient dans leurs veines ne serait-ce que parce qu'il est scientifiquement prouvé que l'Afrique est le berceau de l'humanité ?

Pendant des années, ce fut Grand père Léon qui préparait depuis l'au-delà mes voyages à l'étranger, qui me recommandait l'itinéraire à prendre et qui assurait ma sécurité. Quand je me retrouvai dans un des cachots les plus scabreux d'un pays africain, je vis Grand-père Léon de façon furtive à mes côtés et j'entendis sa voix qui me rassurait. Quelques minutes après, un officier de garde ouvrit la porte du cachot et m'appela pour m'annoncer ma remise en liberté... D'autres fois, sans l'appeler, Grand-père Léon vint de lui-même pour me demander d'intervenir moralement ou physiquement au profit des personnes avec lesquelles je n'avais aucun lien particulier. C'est ainsi que je pus, par exemple, faire obtenir des papiers à certaines personnes qui vivaient en situation irrégulière en France – en les accompagnant dans leurs démarches – et aider plus d'une femme qui n'arrivait pas à avoir d'enfant à concevoir en les mettant en contact avec les forces de la nature.

En ce qui concerne ce dernier point, je me souviens d'une femme, Madame Cézor, secrétaire pédagogique dans une des universités parisiennes où j'enseigne. Cinq années après son mariage, elle n'arrivait pas à avoir d'enfant, et ce, malgré les traitements qu'elle recevait de la part de la médecine moderne. Alors que j'ignorais tout de sa vie privée, d'autant plus qu'elle était très réservée pour en parler et que nos relations étaient strictement professionnelles, je la vis une nuit en rêve. Elle était toute nue dans mon salon avec ses deux mains posées sur son ventre qui était gros, comme si elle attendait un bébé. Je lui demandai de me dire ce qu'elle faisait chez moi. Elle me répondit qu'elle était là pour me montrer qu'elle était enceinte. Je lui demandai de m'expliquer en quoi sa grossesse me concernait. Elle me répondit en soulignant qu'en réalité, elle n'attendait pas un bébé puisqu'elle ne pouvait pas en avoir. La forme bombée de son ventre n'était rien d'autre que l'expression de son envie d'avoir un enfant qui sorte de ses entrailles. On lui aurait dit que je pouvais l'aider à concevoir, non seulement parce que j'en aurais le pouvoir, mais aussi parce que mon appartement abriterait un « nid d'enfants ». C'était la vraie raison pour laquelle elle était venue chez moi. Le lendemain matin, je la vis à l'université, mais je me gardai de lui raconter ce rêve. Comme à l'accoutumée, nous ne parlâmes que du boulot. Après avoir fait le même rêve à plusieurs reprises, j'en déduisis que je devais en parler à Madame Cézor. Je l'appelai au téléphone de chez moi et je lui racontai sans nuances le fameux rêve. Sa réaction fut aussi positive qu'inattendue. Elle me confirma qu'elle n'avait jamais pu tomber enceinte et qu'elle avait tout essayé sans succès. Par contre, elle ne comprenait pas pourquoi elle était venue se confier à moi en rêve. J'eus la réponse quelques jours plus tard.

Toujours en rêve, je vis Grand-père Léon qui vint me demander de donner aux femmes en mal d'enfants une part d'oiseaux qu'il m'avait laissés en héritage, spirituellement. Ces oiseaux symbolisaient des enfants en grand nombre. Ayant remarqué que je n'étais pas favorable à une famille atomique, Grand-père Léon m'avait fait comprendre que je devais libérer ces oiseaux et les envoyer nicher ailleurs, c'est-à-dire auprès des femmes ne pouvant pas avoir d'enfant. C'était donc son esprit qui aurait envoyé madame Cézor vers moi afin que je puisse l'aider à concevoir. Grand-père Léon me montra le procédé et aussitôt je le proposai à madame Cézor qui l'utilisa sans la moindre hésitation. Au bout de deux semaines, Madame Cézor tomba enceinte. Mais un autre problème surgit. Il s'agissait d'un vrai problème pour le couple et d'un faux problème de mon point de vue. L'échographie dévoila le sexe du futur bébé. C'était une fille. Or, Monsieur Cézor voulait un garçon à la place d'une fille. Pour lui, cette grossesse était une déception et il se mit à chamailler sa femme nuit et jour comme si c'était elle qui avait décrété que le futur bébé serait une fille. Le climat au sein du couple, qui aurait pu être apaisant et jovial, devint peu à peu maussade.

Une nuit, je fis un rêve où je vis un œuf sortir des entrailles de madame Cézor puis se briser. Il y avait beaucoup de sang qui coulait. Puis je vis une petite fille métisse, vêtue d'une robe blanche, sortir de la coquille d'œuf. Elle s'adressa à moi en ces termes :

— Monsieur, je suis allée dans le ventre de madame Cézor, mais son mari ne veut pas de moi parce que je suis une fille. Pourtant je suis belle et gentille. J'ai donc décidé de retourner là d'où je viens.

Après avoir fait ce rêve, j'émis l'hypothèse selon laquelle Madame Cézor avait fait ou allait faire une fausse couche. J'eus la confirmation après avoir raconté le rêve à l'intéressée. Elle me fit part de la réaction de son mari et de l'ambiance qui prévalait dans leur foyer. Quelques mois plus tard, je revis la petite fille en rêve. Elle me dit :

— Monsieur, je reviens vers vous pour vous dire que j'ai changé de sexe en devenant un garçon. Je vais retourner dans le ventre de madame Cézor. Si ce couple me renvoie de nouveau, je ne retournerai plus jamais chez eux.

Le matin même, j'appelai madame Cézor au téléphone pour lui raconter ce rêve. Je lui dis qu'elle allait tomber enceinte d'un garçon sous peu. En effet, madame Cézor tomba enceinte quelque temps après, mais elle refusa de connaître le sexe du futur bébé, et ce, jusqu'à l'accouchement. C'était pour se préserver de la situation qu'elle avait connue précédemment si jamais l'enfant était de sexe féminin. Ce jour-là, le soleil brillait de toute sa splendeur à Paris, où il faisait beau et chaud. Un petit garçon naquit, enfin, chez les Cézor. Il sera l'aîné d'une fille et d'un autre garçon que le couple eut après lui.

Mesdames Soraya, une femme iranienne de confession musulmane, Bianka, une femme congolaise de confession chrétienne, Khoro, une femme malienne de confession musulmane, Rachel, une femme française de confession juive (etc.), étaient dans la même situation que madame Cézor, Antillaise de confession chrétienne. Je les avais aidées dans les mêmes conditions que madame Cézor. Mais toutes ces femmes avaient en commun de n'avoir jamais prononcé le mot « merci » à mon égard, une fois que leur situation avait été débloquée.

Selon les circonstances, Grand-père Léon peut se présenter à moi sous la forme d'un de ses animaux totems, comme cela fut le cas il y a quelques années, lorsque je reçus la visite d'un hippopotame à la plage du village Lobéké, situé au bord du lac Maï-Ndombe. Je rentrais du village où je venais de me recueillir sur la tombe de Grand-père Léon. Il faisait nuit et notre embarcadère était accosté à la plage en attendant que le jour se lève, car naviguer la nuit dans une totale obscurité était une entreprise très périlleuse.

Alors que je faisais fumer quelques poissons à moitié frais que j'avais ramenés du village, pour éviter tout risque qu'ils soient avariés, je vis venir du lac un hippopotame qui se dirigeait vers moi et qui s'arrêta à environ un mètre de l'endroit où j'étais assis. Pris de peur et de panique, j'appelai de toutes mes forces au secours. La bête fit tout simplement demi-tour et s'engloutit majestueusement dans le lac. La panique était générale. Certains passagers, ayant perdu le contrôle de leurs émotions, coururent en direction du lac, dans la même direction que la bête, laissant derrière eux la terre ferme.

J'attendis d'arriver à Paris pour raconter par écrit cet événement à mes parents. Je n'eus pas le temps de le faire puisque, entre-temps, mon père m'avait envoyé un message de la part d'un oncle, Epomba, auprès de qui mon défunt grand-père se serait indigné de ma réaction lorsqu'il était venu se montrer à moi au travers de l'hippopotame.

Le fait de soutenir que ma relation avec mon grand-père maternel est toujours d'actualité pourrait inspirer la peur ou susciter le doute.

Je m'adresse d'abord à toutes et à tous ceux qui brandissent le spectre de la peur des morts. Quand mon grand-père maternel, Grand-père Léon, pour ne parler que de lui, était vivant, je n'avais pas peur de lui et il m'aimait beaucoup. Pourquoi dois-je l'oublier une fois qu'il est mort ? Pourquoi dois-je cesser de l'invoquer dans mes prières ? Pourquoi dois-je m'abstenir de parler de lui et avec lui ? Pourquoi dois-je avoir peur de lui, peur de rêver de le rencontrer, même physiquement ? Pourquoi doit-il cesser de m'aimer ? Je voudrais qu'on m'explique la ou les raisons pour lesquelles nous devrions avoir peur de nos proches disparus et des morts en général.

À celles et à ceux qui partent du principe de la négation de tout ce qui n'est pas matériel, je répondrais que nier la survivance de l'âme après la mort n'est pas prouver que les esprits des morts n'existent pas. Le doute que certains émettent sur la survivance de l'âme après la mort puise son origine dans l'ignorance de la véritable nature des esprits dont on se fait généralement une idée très fausse, car on se les présente à tort comme des êtres abstraits, sinon inventés par l'imagination superstitieuse de l'être humain, ce qui n'est pas le cas.

S'il est inutile d'entreprendre de démontrer les propriétés de la lumière à celui qui ne voudrait pas recevoir la lumière, il n'en demeure pas moins qu'il est nécessaire de souligner combien il est naturel que l'esprit de mon défunt grand-père maternel, un être qui m'a aimé pendant sa vie, vienne auprès de moi, qu'il désire communiquer avec moi et qu'il se serve pour cela des moyens qui sont à sa disposition. Par exemple, Grand-père Léon avait emprunté un corps vivant, celui d'un hippopotame, son animal totem, pour manifester sa pensée comme un muet peut se servir d'un parlant pour se faire comprendre.

3
La femme-hippopotame

La femme-hippopotame était mon arrière-grand-mère, Mbondo, la mère de mon grand-père maternel, Grand-père Léon. Qu'est-ce qui lui valait une telle appellation ? Mon arrière-grand-mère était une dompteuse d'hippopotames et d'arbres. Elle en avait reçu l'initiation dès son jeune âge par son père qui fut un guerrier aux mysticismes anachroniques. Elle était aussi « gardienne » de la faune et de la flore de son village. Par exemple, quand la terre manquait de fertilité, les villageois se tournaient vers elle pour demander son intervention, laquelle était assez souvent salutaire. Elle avait le don de communiquer avec ses dieux et ses ancêtres. Elle avait le don de provoquer la pluie ou de l'arrêter selon les circonstances. Elle avait le don d'attirer des poissons à des endroits précis pour permettre aux pêcheurs de bénéficier d'une excellente pêche. Bref, elle avait le don de provoquer la générosité de la nature quand cela était nécessaire. Se transformait-elle en hippopotame pour qu'on l'appelle la femme-hippopotame ?

Un soir, les pêcheurs regagnèrent leur campement, après une longue et dure journée de travail aux abords de la rivière Bolongolulé. Toutes les pirogues étaient à quai sauf celle de Mbembe, le puîné des enfants de mon arrière-grand-mère, qui, visiblement, manquait à l'appel. Ne le voyant pas arriver alors qu'il faisait déjà nuit, les habitants du campement commencèrent à s'en inquiéter.

Tout le monde se posait la question de savoir où était passé Mbembe.

Toutes les hypothèses et pistes furent avancées. Pour certains, Mbembe s'était fait attaquer puis tuer par un crocodile ou un hippopotame ou par tout autre animal aquatique dangereux. Pour d'autres, Mbembe avait tout simplement été victime d'une altercation qui aurait mal tourné à ses dépens, d'autant que les pêcheurs avaient l'habitude de régler leurs comptes en duel loin du campement. Mbembe aurait aussi pu se perdre dans cette jungle aquatique où l'on ne peut compter que sur la chance ou son instinct pour retrouver son chemin.

Un gros nuage d'incertitude envahit les esprits de tous les habitants du campement. Le chef de ce dernier ordonna à tous les hommes adultes de reprendre leurs pirogues pour aller à la recherche de Mbembe. Les plus courageux et téméraires partirent seuls et les autres en groupes. Chaque personne ou groupe avait une mèche allumée à la main pour éclairer le passage et permettre à Mbembe de les voir de loin. Les gens l'appelèrent à haute voix :

— Mbembe… Mbembe, où es-tu ? Réponds si tu nous entends ! Ta mère est inquiète pour toi. Si tu ne peux pas parler cogne la pagaie contre le bord de ta pirogue, nous t'entendrons.

Malgré tous ces appels, Mbembe ne répondait point. Pourtant, il les entendait et il n'était pas loin du campement. Il s'était caché quelque part, bien entendu, pour une bonne raison. Mbembe avait capturé un bébé hippopotame pendant que sa mère s'était éloignée de lui. Il l'avait ligoté et mis dans sa pirogue afin de le ramener vivant au campement. Il voulait réaliser son plan en toute discrétion, car il craignait qu'il soit attaqué par d'autres personnes qui auraient l'intention de lui ravir son trophée. Il avait prévu d'arriver au campement très tardivement pendant que tout le monde dormait.

Toutes les personnes qui étaient parties à sa recherche finirent par rentrer au campement sans avoir réussi à retrouver Mbembe. Quelle déception pour la famille de Mbembe et surtout pour sa mère, la femme-hippopotame.

Tard la nuit, pendant que tout le monde dormait, Mbembe finit par arriver au campement. Il accosta discrètement sa pirogue. Il sortit le bébé hippopotame de la pirogue puis alla l'attacher derrière la case de sa mère, la femme-hippopotame. Mais la présence de la bête attira quelques chiens qui voulaient l'attaquer. Leurs aboiements réveillèrent la plupart des habitants du campement qui découvrirent la grande surprise du siècle dont Mbembe était l'auteur. Tout le campement était en ébullition. Mbembe était considéré comme un pêcheur hors norme, un héros qui avait remporté la victoire contre l'ennemi sans avoir livré le moindre combat. Mais cet enthousiasme ne fut que de courte durée.

Entre-temps, la mère du bébé hippopotame, ne retrouvant pas son petit à l'endroit où elle l'avait laissé, se mit furieusement à suivre les traces de son bébé probablement par l'odorat. Elle débarqua au campement, au petit matin, à l'heure où les pêcheurs s'apprêtaient à aller vaquer à leurs occupations. Lorsque les habitants aperçurent la bête, ils se réfugièrent tous dans les arbres, car la mère hippopotame menaçait de les attaquer, d'autant que les cases des pêcheurs étaient situées à quelques mètres du rivage. La seule personne qui refusa de bouger était mon arrière-grand-mère. Elle savait que la mère hippopotame était prête à tout pour récupérer son petit. Cette dernière n'arrêtait pas d'ouvrir largement sa gueule et d'envoyer de l'eau en l'air pour montrer sa colère et sa détermination.

À un moment donné, mon arrière-grand-mère se leva et avança tout doucement vers la plage. Et elle se retrouva face à face avec l'hippopotame, avec seulement une distance de cinq mètres qui les séparait.

— Ma chère, qu'est-ce que tu peux être moche quand tu t'énerves ! dit-elle en s'adressant à la bête.

Aussitôt, la bête se retourna plusieurs fois dans l'eau et envoya de nouveau de l'eau en l'air. Comme si elle avait compris les propos tenus par mon arrière-grand-mère.

Cette dernière continua sa provocation, certains diraient sa domination :

— Tu penses que tu m'impressionnes ? Tu ne m'impressionnes pas du tout et il est temps que tu arrêtes ton cirque !

Cette fois-ci, l'hippopotame sortit de l'eau et se dirigea vers l'endroit où était mon arrière-grand-mère qui resta par ailleurs inflexible, immobile. Mais l'hippopotame ne la chargea pas puisqu'il s'arrêta à quelques pas de là où se trouvait mon arrière-grand-mère.

— Je sais que tu es venue chercher ton petit. Moi aussi je suis une mère, je compatis à ta douleur, mais ton petit est vivant. Si tu veux que je te le rende, il faut retourner vite dans l'eau. N'oublie pas que tu prends des risques énormes en t'exposant comme tu le fais, déclara mon arrière-grand-mère.

La mère hippopotame retourna à reculons dans l'eau, mais elle laissa sa tête figée à la surface. Mon arrière-grand-mère s'éclipsa, le temps d'aller détacher le bébé hippopotame. Ce dernier rejoignit sa mère immédiatement et les deux s'engloutirent dans l'eau sans se retourner.

Après cet événement, les habitants regagnèrent le campement. Mais mon arrière-grand-mère leur recommanda de laisser leurs pirogues à quai pendant deux jours pour respecter la volonté des ancêtres qui lui avaient donné la force de dominer l'hippopotame et pour éviter d'éventuelles attaques de la part de ce dernier.

Un de mes petits frères, Bata Falanga, vécut aussi une expérience rocambolesque avec un hippopotame. Expérience qui donnera à la femme-hippopotame l'occasion de montrer sa communion avec les forces de la nature et ses ancêtres.

Bata Falanga était comme une grosse pierre qu'on jette dans l'eau, c'est-à-dire, ne sachant pas nager, s'il était tombé dans l'eau, il se serait immédiatement noyé. Pourtant, Père avait tout fait pour que tous ses enfants dont Bata Falanga sachent nager. Dès l'âge de cinq ans, Père nous apprenait à nager. Et comment ? Il nous emmenait en pirogue jusqu'au milieu de la rivière, une rivière deux fois plus large que la Seine. Puis il nous jetait par-dessus bord tout en veillant à ce que nous ne nous noyions pas. Père connaissait les dangers qui nous guettaient en nous soumettant à une telle épreuve. Mais il nous répétait sans cesse que c'était pour notre bien, pour nous habituer à nous familiariser avec l'environnement naturel.

Or, l'environnement naturel ici représenté par la rivière était, comme tout environnement, source d'opportunités et de menaces. Les opportunités se caractérisaient par le fait que les rivières où nous allions pêcher étaient très poissonneuses. Quant aux menaces, elles pouvaient provenir de la présence des crocodiles, des boas, des hippopotames ou des serpents aquatiques venimeux. Nous nagions donc très près de la pirogue de Père qui était prêt à intervenir en cas de besoin, disait-on ou croyait-on. Pendant que nous nagions, il nous arrivait parfois de sentir se glisser entre nos jambes des drôles de choses dont nous ne savions pas distinguer la nature. S'agissait-il de poissons, de serpents, ou autres espèces aquatiques ? Il nous arrivait d'être poursuivis par les beuglements de plus en plus rapprochés des hippopotames, mais nous n'y portions qu'une attention limitée par la présence rassurante de Père à nos côtés. De toute façon, le moindre sentiment de peur dans un tel contexte aurait favorisé des accidents tels que la noyade.

Bata Falanga et Bola étaient à bord de leur pirogue en train de pêcher à quelques centaines de mètres de la rive du lac, lorsque leur pirogue fut violemment retournée par un hippopotame. Les deux occupants furent éjectés dans l'eau et désormais à la merci de l'hippopotame. La pirogue ne subit heureusement aucun dommage, mais elle fut propulsée à quelques centaines de mètres du lieu de l'attaque par le vent et des vagues provoquées par les mouvements rotatifs de l'hippopotame. À la plage, où s'étaient amassés quelques amis et membres de la famille, s'élevèrent des cris de désarroi : « Bata Falanga et Bola ont été tués dans une attaque d'hippopotame ! ». Agitant frénétiquement les doigts devant leurs lèvres ouvertes, ces gens dégageaient des sons aussi vigoureux que divers pour avertir ceux qui étaient restés de l'autre côté de la rive du danger causé par la présence d'un hippopotame en colère. De toute façon, il fallait être vraiment fou pour oser remettre sa pirogue à l'eau afin d'aller secourir Bata Falanga et Bola. De plus, l'extrême obscurité de la nuit rendait toute opération de recherche ou de sauvetage difficile.

Mais Grand-père Léon décida de braver le danger, il descendit dans l'eau, jusqu'à la taille. Certaines personnes pensaient qu'il allait se « transformer » en hippopotame pour aller se battre avec l'hippopotame présumé tueur. Grand-père Léon descendit dans l'eau pour demander à ses ancêtres de venir au secours de son petit-fils, Bata Falanga, et de son oncle, Bola :

— Ô mes ancêtres ! Vos esprits habitent depuis la nuit des temps cet endroit sacré, Nkol'émpéka, où un des vôtres vient d'attaquer mon petit-fils et mon oncle. Au moment où je vous parle, j'ignore s'ils sont vivants ou morts. Ô mes vénérables ancêtres ! Je ne comprends pas qu'un poisson puisse comploter contre l'eau et qu'un arbre puisse trahir la forêt.

Grand-père Léon, qui avait déjà eu une altercation avec des hippopotames en pleine rivière, était moralement ravagé par l'idée que l'hippopotame, un de ses animaux totémiques, qui était censé reconnaître les siens parmi les humains, pût se livrer à une telle bévue.

Bola, fatigué par ses quelques soixante-seize balais, n'avait pas assez de force pour nager afin d'échapper aux affres de l'hippopotame. Bata Falanga, du haut de ses dix-sept balais, pouvait lui au moins esquisser quelques brasses, mais malheureusement il n'avait jamais su nager de sa vie. Logiquement, ils étaient condamnés à mourir par la noyade ou par un coup de mâchoire de la part de l'hippopotame. Mais, contre toute attente, un miracle se produisit. Bata Falanga signala sa présence dans un coin reculé de la plage sans savoir comment il avait fait pour arriver jusque-là. Les gens accoururent à la hâte dans la direction où se trouvait Bata Falanga. Ils le retrouvèrent sain et sauf avec toutefois une petite blessure au mollet.

— Qui t'a ramené à la plage et où est Bola ? demanda-t-on à Bata Falanga.

— Je ne me souviens de rien. Tout ce dont je me souviens, c'est qu'un hippopotame qui surgissait de nulle part a projeté notre pirogue en l'air et que nous sommes tombés dans l'eau, et après je ne me souviens plus de rien, répondit Bata Falanga.

— Mais où est Bola ? insistèrent les gens.

Soudain Grand-père Léon arriva et posa à son tour des questions à Bata Falanga :

— Dis-moi exactement ce qui s'est passé quand tu étais dans le lac avec Bola, je veux tout savoir.

— Je ne me souviens de rien grand-père, répondit Bata Falanga. J'ai senti quelque chose de lisse se frotter à ma peau ; après je ne me souviens plus de rien. Quand je me suis retrouvé à la plage, j'ai eu l'impression de me réveiller après un long sommeil, ajouta-t-il.

Alors que les questions de Grand-père Léon prenaient les allures d'un interrogatoire, les gens virent une pirogue sans conducteur échouer en se faufilant dans les hautes herbes de la rive à une cinquantaine de mètres de l'endroit où se trouvait Bata Falanga. Quelques personnes se détachèrent de la petite foule qui entourait Bata Falanga pour aller vérifier ce qui se passait autour de cette pirogue fantôme. Ils découvrirent Bola allongé au milieu de la pirogue dans un état de demi-inconscience.

— Bola est ici ! crièrent les personnes qui étaient parties à la rencontre de cette pirogue.

Quand Bola reprit connaissance, il demanda où il était et pourquoi il y avait autant de monde autour de lui. Le vieil homme était manifestement encore sous le choc et un peu perdu. De plus, il se plaignait d'avoir des démangeaisons qui lui picotaient désagréablement le corps. Ces démangeaisons étaient probablement dues au contact avec l'hippopotame. Ce dernier est un mammifère herbivore qui aurait pris Bola dans sa gueule afin de le remettre dans la pirogue qu'il avait pris le soin de ne pas déchiqueter. On prêta aussi à cet hippopotame le fait d'avoir ramené Bata Falanga, qui ne savait pas nager, à la rive. La plaie sur le mollet de Bata Falanga pouvait en être la preuve.

Après cet événement, les choses rentrèrent dans l'ordre, les gens regagnèrent leurs huttes plantées sur la plage. Bata Falanga, Bola et Grand-père Léon, eux, choisirent de rentrer définitivement au village. Ils rentrèrent plutôt à pied qu'en pirogue, ne sachant pas si l'hippopotame rôdait encore ou non dans les parages. L'aube approchant, la femme-hippopotame, mon arrière-grand-mère maternelle, réveilla son fils, Grand-père Léon, et lui demanda avec empressement d'inviter tous les notables du village dans la case à palabres, car elle avait quelque chose d'important à dire au sujet de l'hippopotame. Aussitôt dit aussitôt fait ! Tout le monde était là et en alerte maximale. La femme-hippopotame arriva. D'un air grave, elle prit tout de suite la parole :

— Les choses que je vais vous dire ne sont pas des légendes, mais des vérités qui traversent des siècles dans notre famille. Comme vous le savez tous, l'hippopotame est notre animal totem, car il incarne une partie des esprits de nos ancêtres. Cette nuit, j'ai reçu la visite de Bangambuyé, ma défunte tante, que certains d'entre vous ici ont peut-être connue. Elle est venue me voir pour s'excuser de son attitude à l'égard de Bata Falanga et Bola. Elle est excédée d'être souvent dérangée chaque fois qu'elle vient manger avec son petit. Cette nuit-là, ils avaient faim, mais ils ne pouvaient pas manger, car le seul endroit où l'herbe est abondante, c'est là où les pêcheurs du village ont élu domicile, dans les hautes herbes de la rive. C'est tout cela qui a provoqué sa colère, mais elle n'avait pas l'intention de tuer Bata Falanga et Bola puisqu'elle les a tout de suite reconnus en tant que ses descendants. Elle m'a bien fait comprendre qu'elle les aurait massacrés s'ils avaient été des étrangers. J'ai accepté volontiers ses excuses tout en lui donnant rendez-vous vers dix heures du matin à l'endroit où elle avait attaqué Bata Falanga et Bola.

En effet, Grand-père Léon envoya un message à tous les pêcheurs pour leur demander de laisser leurs pirogues à quai jusqu'à nouvel ordre et tant pis pour ceux d'entre eux qui feraient la sourde oreille.

Ne pouvant pas parcourir de longues distances à pied du fait de son grand âge, la femme-hippopotame se fit transporter dans le *tipoye*, une chaise à porteurs, par quatre de ses arrière-petits-fils jusqu'à la plage Bélèke, le lieu où avait eu lieu l'attaque d'hippopotame. Restés depuis la réception du message de Grand-père Léon dans une immobilité presque complète, les pêcheurs du coin s'empressèrent de sortir de leurs huttes pour accueillir par des champs mystiques et guerriers celle qu'ils considéraient comme leur chef spirituel, mon arrière-grand-mère. Cette dernière descendit du *tipoye* et demanda qu'on l'aide à s'asseoir sur un tronc d'arbre à moitié enfoui dans le sable au bord du lac. Puis, en levant sa main, elle demanda à l'assistance d'observer un silence absolu. Elle menaça de représailles sévères toute personne qui tenterait de photographier, d'enregistrer ou de filmer l'événement. Puis elle prononça quelques mots incantatoires avant d'inviter l'hippopotame à se montrer comme convenu.

L'assistance retint son souffle face à un événement inédit. La femme-hippopotame tapa trois fois dans ses mains puis cria :

— On est prêts, montre-toi pour que les tiens te voient et qu'ils soient rassurés.

Brusquement, on vit surgir la tête monstrueuse d'un hippopotame à une cinquantaine de mètres de la plage. C'était un hippopotame femelle qui exhibait pendant quelques instants sa grimace ahurie devant une foule complètement hébétée et qui ne savait plus dans quel monde elle était. Le vol capricieux de l'oiseau mystique, le coucou, zigzaguant dans l'air alourdi, alerta mon arrière-grand-mère qui mit immédiatement fin au spectacle. Elle tapa à nouveau dans ses mains trois fois et la bête ouvrit grandement sa gueule, comme pour lui répondre, avant de s'engouffrer avec nonchalance dans les eaux sournoisement complices du lac Maï-Ndombe.

Mon arrière-grand-mère était aussi gardienne de la faune et de la flore qui entouraient le village. Quand elle était absente du village pour un long moment, les gens se plaignaient de mauvaises récoltes et de mauvaises prises dans les activités de pêche. Parallèlement, là où elle se trouvait c'était l'inverse qui se produisait. Elle se déplaçait spirituellement et mystiquement avec toutes les richesses naturelles du village dans sa corbeille. Lorsqu'on regardait à l'intérieur de celle-ci, on ne voyait rien hormis quelques broutilles telles qu'un ou deux pagnes, ses effets de toilette, sans oublier un balai appelé *Nsenswa,* un chasse-mouches, qui lui permettrait également de chasser les mauvais esprits ou de repousser des attaques mystiques. Mais cette corbeille, d'apparence vide, était lourde à soulever, comme si elle était remplie de cailloux. Il fallait l'intervention de deux gaillards pour la soulever et la déposer par terre. Pendant son séjour chez mes parents, par exemple, cette corbeille était déposée dans une pièce à part dont l'accès était interdit à toute personne, hormis sa propriétaire elle-même. Toutefois, s'il arrivait à mon arrière-grand-mère de tomber dans un état de déficience physique et/ou mentale ou de mourir, j'étais la seule personne qui était autorisée à entrer dans cette pièce et à prendre possession de cette corbeille.

Alors que je n'avais qu'une dizaine d'années, mon arrière-grand-mère tomba malade. Mes parents la firent venir du village pour l'amener à l'hôpital. Les médecins découvrirent qu'elle avait une maladie qui nécessitait qu'elle soit opérée d'urgence. Avant d'aller à l'hôpital, elle tint une petite réunion de famille pour nous donner quelques instructions :

— Je suis malade, comme vous le savez tous. Cette maladie n'est pas provoquée par la sorcellerie. Si c'était le cas, les médecins n'auraient rien trouvé lors du diagnostic qu'ils m'ont fait. C'est une maladie naturelle. Je vais me faire opérer, mais j'ignore si je vais y rester ou revenir à la maison. Mais dans tous les cas, et ne sachant pas ce que je vais devenir après cette opération, je vais vous donner quelques consignes à respecter et à faire respecter : je confie ma corbeille et son contenu à mon arrière-petit-fils ici présent (en parlant de moi) ; tout le monde aura le droit de venir me rendre visite à l'hôpital sauf lui. Comme il ne fait qu'à sa tête, il est capable de défier l'interdit et si c'était le cas, je mourrais immédiatement après que nos regards se seraient croisés. Pendant mon absence, si le chef coutumier de notre village vient le voir, il doit refuser de le rencontrer parce que ce chef profiterait de la situation pour tenter de voler cette corbeille en le tuant mystiquement. Il doit également s'abstenir d'aller se baigner dans le lac sinon les entités qui règnent au fond des eaux vont tenter de le happer pour s'emparer de cette corbeille. Il doit enfin éviter d'aller dans la forêt ou dans la brousse sinon il va rencontrer un léopard qui va tenter de le tuer pour s'emparer de la corbeille.

Pendant que mon arrière-grand-mère déroulait son chapelet d'interdits, je n'avais qu'une seule idée en tête : braver au moins un des interdits par simple curiosité.

Mon arrière-grand-mère subit une opération avec succès selon les médecins, qui la gardèrent tout de même en observation pendant une semaine. De mon côté, j'étais malheureux de ne pas pouvoir lui rendre visite durant cette période. Un jour, je décidai d'aller la voir malgré les conséquences éventuelles de mon acte sur elle. Mes parents me rattrapèrent de justesse puisque j'avais déjà parcouru la moitié du chemin qui menait à l'hôpital. À mi-chemin, sur le pont mystérieux Ndjal'enkanda, je croisai mes parents qui venaient de l'hôpital. Impossible de me sauver à moins de me jeter par-dessus le pont pour échapper à la prise de mon père. Ce dernier m'attrapa et m'amena *manu militari* à la maison. Peu de temps après, je pris la décision d'aller chercher du réconfort auprès d'une des tantes de ma mère, tante Julienne Mboli.

Pour aller chez tante Julienne Mboli, il fallait que je traverse un petit pont qui reliait nos deux quartiers. Cet endroit était couvert d'une petite brousse. J'avais complètement oublié que mon arrière-grand-mère m'avait interdit de m'aventurer dans la brousse. Voilà qu'en bravant cet interdit, et ce bien qu'involontairement, je me retrouvai face à face avec un énorme léopard, qui était en position d'attaque. L'animal poussait des rugissements pendant qu'il me fixait du regard. Ses yeux étaient anormalement gros et étincelants. J'avais tellement peur que j'étais sur le point de vider ma vessie dans ma culotte. Je me retins de justesse puis j'eus l'idée de parler télépathiquement à mon arrière-grand-mère en insistant sur mon innocence dans cette affaire. En allant voir tante Julienne Mboli pour me consoler, j'avais complètement oublié que je devais traverser un petit pont au milieu d'une petite brousse. Alors que je n'avais pas encore terminé mes invocations, je reçus un violent coup à la nuque et je tombai en syncope. Lorsque je revins à moi, je m'étais trouvé entre les bras de mes parents qui étaient entourés de quelques voisins du quartier. Je demandai à mes parents de m'expliquer dans quelles circonstances je m'étais trouvé entre leurs bras alors que j'étais en train de traverser le pont pour aller rendre visite à tante Julienne Mboli. Mon père me répondit :

— D'abord, il était dix-neuf heures quand on t'a retrouvé évanoui effectivement au bord de la rivière ; tu aurais pu tomber dedans et te noyer. Ensuite, les enfants de ton âge n'ont pas à traîner dehors à cette heure-là pour quelque raison que ce soit. Enfin, il t'était interdit de mettre tes pieds dans la brousse tant que ton arrière-grand-mère restait à l'hôpital.

Je racontai à mes parents ma rencontre avec le léopard puis le violent coup que j'avais reçu à la nuque.

Entre-temps, mon arrière-grand-mère demanda une sortie anticipée de l'hôpital par crainte que je ne commette encore de faux pas qui pourraient s'avérer irréparables. Ce qui fut fait. Elle fut rentrée à la maison à la joie et au bonheur de toute la famille. Quand elle me vit, elle me remercia d'abord puis me félicita d'avoir su bien protéger ses affaires, sa corbeille. Mais lorsque l'on évoqua mon aventure avec le léopard, elle confirma que j'avais pris un gros risque en bravant, bien qu'involontairement, un des interdits auxquels elle m'avait soumis. Quant au coup que j'avais reçu à la nuque, elle affirma que c'étaient les ancêtres qui avaient agi pour m'éviter un affrontement spirituel avec le léopard. Ce dernier n'était pas là pour assouvir sa gourmandise de carnivore, mais pour prendre mon âme. En me donnant un coup à la nuque, les ancêtres avaient provoqué mon évanouissement afin de mettre mon âme à l'abri du léopard. Ce dernier n'avait rien à faire de ma chair (mon corps physique), d'autant plus que ce n'était pas un léopard naturel et normal. C'était un être humain qui s'était mystiquement transformé en léopard pour tenter de dévorer mon âme. Et s'il avait réussi son coup, il aurait alors pu s'emparer tranquillement de la corbeille sacrée de mon arrière-grand-mère.

Cette personne était un voisin, un grand frère du quartier, qu'on appelait respectueusement Grand Katangais. Il était cordonnier et célibataire. Il louait une chambre qui donnait sur l'extérieur dans la maison du cousin de mon grand-père maternel. Il était le président fondateur d'une équipe de football junior, Vendas Club. Mon grand frère était gardien dans cette équipe, tandis que moi j'étais attaquant dans l'équipe adverse, Anglebert, fondée par le copain de Grand Katangais, Grand Dégazin.

Tout le monde, ou presque, craignait Grand Katangais. Rares étaient les personnes qui osaient lui déclarer la bagarre. Après un match qui opposait Vendas Club et une autre équipe, Basampumbe, une bagarre éclata entre les supporters des deux équipes. Les supporters de Basampumbe, dont la plupart avaient un comportement semblable à celui des hooligans européens, poursuivirent Grand katangais pour l'agresser. Ils l'accusaient d'avoir fait triompher son équipe par des fétiches plus forts que ceux de leur équipe. Dans sa fuite, Grand katangais se dirigea vers la petite brousse qui longeait le lac. Nous, joueurs et supporters de Vendas Club, choisîmes de fuir en direction de nos habitations. Nous avions peur pour Grand Katangais, car les Basampumbe ne reculaient devant rien, même pas devant une cohorte de policiers. D'ailleurs, ces derniers avaient peur d'eux, peur de les affronter, peur de les interpeller, tout simplement. Grand Katangais ne pouvait donc compter que sur lui-même et peut-être sur son supposé léopard.

Quelque temps après, des témoins virent les supporters qui étaient à la poursuite de Grand Katangais battre en retraite, dans une débandade totale, courant dans tous les sens. L'un d'eux, Simon Nkand'otuobé[9], considéré comme le caïd du groupe, le meneur des troupes, entra le premier dans la petite brousse. Il en sortit aussi vite qu'il était entré. Il déclara avoir perdu la trace de Grand Katangais une fois que celui-ci était entré dans la petite brousse ; en revanche, il avait entendu des rugissements de léopard très près de lui. Pendant que tout le monde s'interrogeait sur le sort de Grand Katangais, nous le retrouvâmes chez lui, dans sa petite chambre, en train de faire tranquillement la sieste. Nul ne sut par quel procédé il était rentré chez lui alors qu'il s'était réfugié dans la petite brousse aux abords du lac et qu'il ne pouvait en sortir sans se faire repérer, puisqu'il devait

[9] Ce qui signifie « Tête brûlée ».

impérativement traverser la grande avenue, baptisée le boulevard Mobutu, qui séparait la petite brousse des habitations.

Grand Katangais mourut une semaine après que j'avais vu un léopard sur le chemin me conduisant vers la maison de tante Julienne Mboli. Il avait été condamné à mort par le tribunal invisible de mes ancêtres dès lors que nos regards s'étaient croisés. L'exécution de cette sentence survint une semaine plus tard pour la simple raison que Grand Katangais et ses avocats de l'au-delà avaient le droit de faire appel de cette décision, appel qui fut rejeté. Avant de s'éteindre, Grand Katangais confessa sur sa tentative de prendre mon âme par des moyens mystiques afin de s'emparer de la corbeille sacrée de mon arrière-grand-mère.

Grand Katangais était un Mombala[10] d'un village proche de la ville de Bandundu. Il ne savait donc rien sur les traditions et les coutumes Bolia et, surtout, sur celles de ma famille. Même s'il avait réussi son coup, il n'en aurait jamais profité, car mes ancêtres ne l'auraient jamais reconnu en tant que gardien de la faune et de la flore de mon village. Comme dit un dicton africain : « À chaque marigot son crocodile ». Il était inconcevable que Grand katangais vienne régner spirituellement sur les terres qui n'étaient pas les siennes ni celles de ses ancêtres. Quiconque aurait transgressé les lois ancestrales subirait le même sort, ou presque, que celui de Grand Katangais.

Un oncle de la famille de mon arrière-grand-mère, Engo, avait joué avec le feu en voulant concéder à deux richissimes Belges une partie de la plage de mon village pour créer une activité de tourisme vert. Contre quelques broutilles, oncle Engo était sur le point de signer un contrat de vente avec ces deux Belges alors qu'il était illettré et analphabète. Cela rappelle les années 1885 où le Roi des Belges, Léopold II, s'était emparé de vastes territoires de l'actuelle République démocratique du Congo en faisant signer aux chefs de village de l'époque un acte de vente inaliénable, et ce, contre quelques objets sans valeur tels qu'un miroir, une tenue militaire usée, etc. Je

[10] Membre de l'ethnie Bambala qui vit entre le Kwango et le Kwilu dans l'ancienne province de Bandundu en République démocratique du Congo.

fus saisi de cette affaire par les membres de la famille qui m'avaient envoyé un courrier à cet effet. J'en étais furieux, car c'était pour moi la répétition de l'histoire coloniale qui avait causé tant de tragédies dans ma famille et au Congo en général.

Quand un colon belge, surnommé Bopéna polélé par la population locale ou plutôt en lingala Ntolo polélé[11], débarqua dans le village de ma mère, il posa deux actes horribles et inhumains. Il fit réquisitionner toutes les femmes du village qui allaitaient leurs bébés pour qu'elles allaitent également ses bébés animaux de compagnie et ceux d'autres Blancs qui l'accompagnaient. Ma mère, comme d'autres bébés humains du village, partagea alors le sein de sa mère avec les bébés singes et antilopes des Blancs. Nous sommes dans les années 1930 !

Bopéna polélé arracha également une des tantes de ma mère à son mari. Il obligea cette tante de l'accompagner dans ses tournées à l'intérieur des terres congolaises. Il ramena, six mois plus tard, cette tante au village avec une grossesse à la clé. Il ordonna à son mari de reprendre sa femme et de prendre soin d'elle ainsi que du futur bébé. Il menaça son mari de pendaison s'il ne respectait pas ses injonctions. En effet, cette tante donna naissance à une fille métisse. Les Anciens projetèrent de l'éliminer par la sorcellerie ou par l'empoisonnement. Ce projet arriva jusqu'aux oreilles de Bopéna polélé. Il réagit en menaçant de faire tuer tous les hommes du village puis de vendre leurs femmes et leurs enfants à d'autres tribus qui feront d'eux des « esclaves ». Ce fut comme cela que la petite métisse eut la vie sauve et grandit au milieu d'autres enfants du village jusqu'à l'âge adulte. Grand-père Léon fut une des rares personnes qui s'insurgèrent ouvertement contre ce type de traitement. Bopéna polélé le fit arrêter et, curieusement, il l'épargna des coups de fouet en public qui étaient la punition habituelle et élémentaire que pratiquaient les Belges contre les Congolais récalcitrants. Grâce à l'intervention d'une des cousines de Grand-père Léon qui faisait partie du cheptel de maîtresses de Bopéna polélé, ce dernier accepta de le libérer peu de temps après.

---

[11] Ce qui veut dire en français, le torse nu.

C'étaient tous ces pans de l'histoire familiale qui me rendirent furieux contre oncle Engo qui voulait céder une partie de la plage des ancêtres contre très probablement une bicyclette, un pagne de trois mètres pour sa femme et quelques billets de banque, un peu comme à l'époque coloniale. La sentence des ancêtres ne se fit pas attendre ! Oncle Engo, qui était jusque-là en bonne santé, tomba subitement malade. Il avait des crises d'asthme aiguës avec des ballonnements. Tous les autres villageois l'abandonnèrent à son triste sort, une réaction impensable dans un village où tous les habitants sont parents. À mon arrivée dans ce village, je décidai, contre l'avis de tout le monde, d'aller rendre visite à cet oncle que les autres villageois avaient fait déménager dans un coin reculé du village, à la lisière de la forêt. Il fut surpris de me voir, car il s'attendait à ce que je le mette également en quarantaine, comme l'avaient fait d'autres membres de la famille. Il me demanda pardon pour le forfait qu'il avait commis. Sous le coup de la colère, je lui dis d'aller au diable, plus précisément d'aller demander au pasteur de son église – qui n'était pas totalement étranger à son forfait – de le guérir. Oncle Engo versa abondamment des larmes… Or, d'après nos traditions, les larmes d'un oncle dans de pareilles circonstances ne pouvaient en aucun cas enthousiasmer le neveu que je suis. Au contraire, elles m'inspirèrent plutôt de la tristesse et de la mélancolie.

Je décidai alors d'adopter une autre attitude à l'égard de l'oncle Engo. J'engageai une discussion avec lui pour savoir la ou les raisons pour lesquelles il avait voulu vendre une partie de la plage de nos ancêtres. Au travers de sa réponse, je réalisai que la seule motivation de l'oncle Engo était l'appât du gain accompagné d'un minimum d'ignorance et d'irrationalité savamment entretenues par le pasteur qui servait discrètement d'intermédiaire entre lui et les acquéreurs potentiels belges. Je lui fis l'imposition des mains en invoquant mes ancêtres et surtout ma défunte arrière-grand-mère qui était la gardienne de la faune et de la flore du village. Je lui demandai d'acheter une bouteille de *longwelo*, vin de palme, pour donner à boire aux ancêtres et ainsi apaiser leur colère. Comme il n'avait pas d'argent, ce fut moi qui lui donnai de quoi s'acquitter de cette amende. Je pris la bouteille et renversai les trois quarts de son contenu sur la terre en faisant des signes de croix. En vertical, étaient représentés les ancêtres de la lignée paternelle d'oncle Engo et en horizontal, ceux de sa lignée maternelle. C'est une symbolique ancestrale millénaire qui n'a rien à voir avec les signes de croix et les rites chrétiens et qui est antérieure au christianisme. Après cette cérémonie, oncle Engo s'était définitivement rétabli.

Dans une contrée voisine, les choses ne se passèrent guère de la même manière. Une société d'exploitation forestière d'origine portugaise eut le culot d'aller couper des arbres dans une forêt sacrée, défiant ainsi les lois ancestrales et ignorant carrément l'existence de la famille héritière de cette forêt. Depuis la nuit des temps, il avait toujours été formellement interdit de couper un quelconque arbre dans cette forêt ou de pratiquer la chasse. Cette forêt avait toujours été considérée comme la demeure des ancêtres. C'est là où les esprits des ancêtres se réunissaient pour délibérer sur certaines situations que les villageois et leur chef n'arrivaient pas à résoudre dans le monde réel. C'est également l'endroit où les initiés, les féticheurs et les guérisseurs se donnaient rendez-vous avec les esprits de leurs ancêtres, l'endroit où les futurs guerriers faisaient leur parcours initiatique, on pourrait dire une sorte de Mecque où les initiés faisaient le pèlerinage.

Lorsque plusieurs personnes s'affrontaient pour accéder à la fonction de chef de tribu, elles devaient se retirer dans cette forêt pendant neuf jours sans eau et sans nourriture, ni de quoi se protéger des mauvaises conditions climatiques ou des piqûres d'insectes, bref de tous les dangers d'une forêt vierge. Certains candidats malheureux y laissaient leur peau, d'autres en sortaient physiquement et moralement très affaiblis et mouraient peu de temps après. Quant au candidat heureux, le vainqueur, il en sortait indemne, mais légèrement commotionné par un coup de griffe qu'il aurait reçu de la part d'un léopard incarnant les esprits des ancêtres. C'est pourquoi on le retrouvait évanoui et saignant du nez. Les esprits des ancêtres profitaient de l'évanouissement du vainqueur pour lui indiquer l'endroit où il devait faire installer son palais et pour lui remettre tous les pouvoirs inhérents à son règne. Quand le vainqueur reprenait connaissance, il devait subir d'autres épreuves pour prouver que les ancêtres l'avaient choisi pour devenir chef de tribu. Par exemple, un chef Bolia, Ilanga I lokototo Bolawengi Nyate, qui est un de mes oncles maternels, avait grimpé d'une seule main à un tronc de palmier sans branches d'une dizaine de mètres de hauteur. Pourtant, un tel exercice exige une adresse particulière que seul un grimpeur expérimenté possède. De plus, un grimpeur expérimenté se sert tout de même de ces deux mains et d'un harnais de sécurité afin de réduire au maximum le risque de chute. Une fois que le chef avait réussi cette épreuve, il devait en passer une autre. Il devait boire à la régalade une calebasse remplie d'eau à laquelle on avait ajouté à son insu une grande quantité de piment fort. Ce qui fut troublant c'est le fait que ce chef Bolia ne manifesta aucun signe de malaise après avoir bu cette eau horriblement pimentée.

Une forêt qui conserve autant de mystères devait être à tout prix préservée, mais la société d'exploitation forestière préféra violer toutes les lois ancestrales garantissant la protection de cette forêt pour soumettre celle-ci à la loi du profit. Les grumes arrachées à cette forêt furent d'abord rassemblées avec des grumes provenant d'une autre forêt sur la rive avant d'être déposées sur la barge où des montants les maintenaient sur place. Ces rondins de bois étaient tellement bien disposés que des centaines de passagers s'installèrent dessus. Ce jour-là, les conditions météorologiques étaient excellentes. Le lac était d'un calme paisible et le ciel bleu brillait d'un beau soleil. Le capitaine profita de ce beau temps pour engager son bateau dans la navigation. Pendant que le bateau battait pavillon en direction d'Inongo, un grave accident se produisit. Toutes les grumes se déversèrent dans les eaux endormies du lac Maï-Ndombe sans raison apparente. Le bilan fut terriblement lourd : une centaine de personnes trouvèrent la mort, noyées ou écrasées par le poids des grumes. Il n'y avait ni vent ni courant marin qui auraient pu modifier la stabilité du bateau. Les rondins de bois étaient bien disposés sur la plateforme du bateau. Ce dernier n'était pas non plus surchargé. Rien ne pouvait donc présager ni justifier un aussi effroyable accident. La seule explication plausible résidait dans la colère des ancêtres, selon les chefs traditionnels et les mages que j'ai rencontrés quelques mois après l'accident. On remarqua d'ailleurs un phénomène étrange lors de cet accident : les grumes provenant de la forêt non interdite flottaient sur le lac, contrairement aux grumes coupées dans la forêt sacrée et interdite qui furent toutes englouties dans le lac.

Dans un autre village de mes parents, un homme, père de famille, venait de rentrer d'une longue campagne d'évangélisation avec son pasteur. À son arrivée dans le village, il trouva son père assis dans la case à palabres et entouré de quelques voisins du village. Selon la tradition, il devait saluer son père en se prosternant à ses pieds. Il ne le fit pas alors que son père attendait ce rituel sous les regards hébétés et stupéfaits d'autres villageois présents au moment des faits. Le père lui demanda de donner la ou les raisons pour lesquelles il ne voulait plus se soumettre à cette règle ancestrale. Il répondit à son père, tout en brandissant la bible, que la seule personne devant laquelle il devait dorénavant se prosterner c'était le Seigneur Jésus-Christ. Le père, vexé et humilié par le comportement de son fils, se leva et se prosterna devant les pieds de celui-ci. Après cet incident, le fils regagna aussitôt sa maison où l'attendait sa petite famille. Sa femme eut la sagesse de lui conseiller de retourner dans la case à palabres afin de présenter publiquement ses excuses à son père. Il s'exécuta sans broncher ni sourciller, conscient d'avoir franchi la ligne rouge. Mais il n'avait pas eu le temps d'aller jusqu'au bout du processus, car, à mi-chemin, il était envahi par de violents délires qui le conduisirent à déchirer la bible et à mâcher, au sens propre du terme, pratiquement toutes les feuilles du fameux livre saint. Jusqu'à ce jour, cet homme ne s'est pas encore remis de son état de folie.

Au Sénégal, les habitants du village Yoff, situé à 20 kilomètres de Dakar, avaient également essuyé le courroux des ancêtres après qu'ils avaient enfreint une des règles les plus sacrées de la religion ancestrale Lébou. Il existe des génies collectifs liés à la proximité maritime appelés *rab*. Ces génies exigent que les villageois leur consacrent des cérémonies annuelles pour l'abondance du poisson et la sécurité des pêcheurs. Ces cultes sont coûteux, car ils demandent d'importantes sommes d'argent pour acheter un ou plusieurs bœufs destinés au sacrifice, des litres de bouillie lactée, payer les officiants et les griots. Au cours d'une année, certaines familles responsables à leur tour de rôle furent contraintes de reporter ces cérémonies par manque d'argent. La colère des *rab* fut alors immédiate. Elle se traduisit par la raréfaction du poisson et une forte augmentation des décès dans le village concerné. On organisa d'urgence une cérémonie appelée *tuur* pour apaiser la divinité courroucée. Après cette cérémonie ayant donné lieu aux sacrifices d'animaux, les villageois entrèrent dans la mer pour effectuer des libations et des prières. Le lendemain, on constata sur la plage et sur plusieurs dizaines de mètres un immense échouage de poissons parmi lesquels deux cétacés de taille impressionnante. Ces phénomènes furent formellement constatés et photographiés par le laboratoire de civilisations et de littérature de l'Institut de recherche de l'Université de Dakar[12].

Les ancêtres sont les gardiens invisibles de la tradition. Ils deviennent hostiles, courroucés, dangereux, si on enfreint une loi ou on transgresse un interdit.

[12] Lilyan Kesteloot, op.cit.

4
L'homme-crocodile et oncle Epomba

Une nuit, je vis débarquer en rêve trois hommes et une femme. Ils déclinèrent tous leur identité. Je les reconnus par leur nom puisque mes parents nous avaient parlé d'eux dès notre plus jeune âge. C'étaient mes aïeux. Ils m'intimèrent l'ordre d'aller leur rendre visite à l'endroit où ils sont enterrés, au cimetière ancestral situé dans mon village maternel, à environ dix mille kilomètres de Paris, en République démocratique du Congo. Ce cimetière a la particularité d'être interdit à toute personne étrangère à la famille. À mon réveil, je pris cette injonction d'outre-tombe très au sérieux. Car, comme disait Fodé Diawara dans son livre intitulé « Le manifeste de l'homme primitif », nos ancêtres sont nos dieux, bien avant celui imposé par le christianisme et l'islam aux Africains généralement sous la contrainte du canon et de l'épée. Ils ont l'habitude de révéler à leurs descendants initiés certains secrets. Je décidai alors de me rendre dans mon village maternel, et ce, sans révéler à personne le but de ce voyage inopiné.

Pendant que je préparais mon voyage dans le secret le plus total à Paris, un de mes grands-oncles, Papa Bompaté, dit l'homme-crocodile, convoquait les habitants du village pour les informer de l'imminence de mon arrivée. Comment avait-il su que je venais dans ce village alors que j'avais gardé secret le projet de mon voyage ? L'homme-crocodile disposait de pouvoirs surnaturels qui lui donnaient la possibilité de réaliser un tel prodige. Ce n'est pas pour rien qu'on lui avait attribué l'acronyme de l'homme-crocodile.

Il était un plongeur hors pair et un nageur extraordinaire. Nulle part nous n'avons vu une personne qui soit capable de rester de longues heures sous une eau profonde et infestée d'animaux aquatiques tels que les hippopotames, les crocodiles, les boas et autres animaux, sans masque ni oxygène.

Les années 1960 étaient marquées par un florissant commerce de peaux de crocodile en RDC. Les commerçants sénégalais sillonnaient le lac Maï-Ndombe et ses rivières qui servent d'affluents, à la recherche de la précieuse marchandise.

En règle générale, leurs embarcations que l'on appelait à cette époque *Pénta* étaient surchargées et donc souvent très exposées au risque de chavirage. Le lac Maï-Ndombe est immense et comparable à un petit océan. Les rivières sont très profondes : lokoro, bolongonkilè, bolongolulé, bolongonsongo, sont des cimetières aquatiques en raison du nombre des victimes qu'elles ont causées et englouties depuis la nuit des temps.

Un marchand sénégalais perdit le contrôle de son embarcation d'autant plus qu'il naviguait la nuit. Son embarcation chavira et fut rapidement engloutie par les eaux profondes de la rivière. Seule la toiture de l'embarcation surnageait et le marchand sénégalais et son équipage s'en servirent pour nager vers la rive avec la hâte propre à ceux qui veulent échapper à la voracité des crocodiles. Ils atteignirent enfin la rive. Il n'y eut aucune victime parmi les membres de l'équipage. En revanche, ils avaient perdu tous leurs biens et marchandises. Cependant, le marchand sénégalais voulait à tout prix retrouver sa petite valise contenant tout son argent et quelques talismans. Les villageois l'aiguillèrent vers l'homme-crocodile en lui assurant que celui-ci pouvait l'aider à retrouver cette fameuse valise. Le « Ndingari[13] » était sceptique. Mais il finit par accepter de demander l'aide de l'homme-crocodile.

Après quelques hésitations et tergiversations de part et d'autre, l'homme-crocodile finit par accepter cette mission hautement périlleuse et à l'issue incertaine, du moins du point de vue des gens

[13] Le surnom attribué aux Sénégalais et aux ressortissants de l'Afrique de l'Ouest en général.

ordinaires et dépourvus de « quatre yeux ». Sans masque ni oxygène, l'homme-crocodile descendit dans la rivière et y resta un peu plus de deux heures ; puis il en sortit bredouille. Après cette première plongée, le commanditaire sénégalais se rendit bien compte du fait que l'heure n'était plus à la rigolade ni au doute et qu'il avait bel et bien affaire à un homme peu ordinaire. Il lui promit de le récompenser très généreusement s'il y retournait et, surtout, s'il lui ramenait sa valise. L'homme-crocodile retourna dans l'eau pour y rester plus longtemps que précédemment.

Il réussit à ramener quelques objets sans valeur, avec toutefois un petit détail que l'on pouvait distinguer sur son corps : une coupure sur l'arcade et quelques boursouflures. Il déclara avoir été victime d'une agression de la part des grands esprits vivant dans les lacs, fleuves et rivières (les *bilima*) et qui avaient confisqué cette fameuse valise. Ils lui avaient réclamé une offrande humaine en contrepartie de la restitution de la valise. L'agression s'expliquerait alors par le refus de l'homme-crocodile de céder à cette demande. Néanmoins, ils l'autorisèrent à ramener à la surface quelques objets pour prouver leur existence. Épuisé, l'homme-crocodile refusa d'y retourner pour la troisième fois. Mais le *Ndingari* n'avait pas encore dit son dernier mot.

L'arrivée de sa deuxième embarcation quelques heures plus tard changea le cours des choses. On y trouvait du pain, du sucre, des outils aratoires, des postes de radio, du café, du savon, tous les produits manufacturés qui étaient introuvables, ou presque, au village en dehors des jours du marché occasionnés par l'arrivée du bateau en provenance de Kinshasa. La tentation était d'autant plus grande pour l'homme-crocodile qu'il était démuni de tous ces produits provenant de la ville. Ce dernier finit par accepter de plonger une troisième fois et, peut-être, la dernière. C'est ainsi qu'il avait pu ramener la fameuse valise.

Je débarquai dans mon village maternel un dimanche matin. Mon arrivée fut précédée de celle d'un hippopotame venu se montrer en pleine journée à la plage alors qu'il y avait quelques pêcheurs qui marchandaient avec des commerçants à côté des pirogues remplies de poissons fraîchement pêchés. L'homme-crocodile lia d'office cet événement à l'imminence de mon arrivée. Alors qu'il avait perdu l'usage de sa vue, il sortit seul de sa maison et se dirigea tout droit vers la paillote devant laquelle j'étais debout et entouré par des membres de la famille, et, sans qu'il soit aidé de quelque manière que ce soit, il parvint à me donner une chaleureuse poignée de main. Puis, vint le moment de *lisolo* (échange ou palabre) au cours duquel l'invité doit répondre à une série de questions ayant trait au but de son voyage. J'expliquai le but de mon voyage en évoquant l'injonction que j'avais reçue de la part de mes ancêtres à Paris lors d'un rêve. J'en fis une description qui sembla convaincre les villageois, du moins les plus anciens d'entre eux. L'homme-crocodile et son cousin, Papa Mputu, étaient les gardiens du cimetière interdit. Ils avaient le devoir de me prévenir des dangers qui me guettaient si jamais cette injonction venant de l'au-delà n'était que le pur produit de mon imagination. Je ne changeai point de discours. Je restai affirmatif et convaincu par la pertinence de mon rêve. Ils me donnèrent tout de même quelques instructions. Je les pris d'autant plus au sérieux que je n'avais jamais mis mes pieds dans ce cimetière, même si j'étais informé notamment par mes parents des mystères qui entourent ledit cimetière.

— Fils, en allant, sur ton chemin, tu vas rencontrer des serpents ou les traces de leur passage ; lorsque tu vas emprunter le sentier qui mène au cimetière, si tu trouves le sentier envahi par des petites fourmis rouges, tu devras te résoudre à rebrousser le chemin, ce qui signifiera que les ancêtres ne t'attendaient pas.

J'acceptai ces recommandations, néanmoins je demandai la compagnie de quelques cousins proches, car j'appréhendais un peu la suite des événements. J'achetai une bouteille de Primus, la bière nationale, car la tradition veut que l'on donne à boire aux ancêtres lorsqu'on leur rend visite dans leur dernière demeure.

Nous voilà en route ! Sur la grand-route nous vîmes à quatre reprises les traces de passage de serpent. À l'entrée du sentier et tout au long de la marche, nous ne rencontrâmes guère de fourmis rouges sur le chemin. Un cousin de Grand-père Léon passa devant moi comme pour « ouvrir » la porte d'entrée du cimetière. En arrivant ici, il appela les ancêtres par leur nom et leur demanda de m'accueillir chaleureusement au regard de la distance que j'avais parcourue pour venir jusqu'à eux. Puis, il me demanda de m'adresser à eux et j'exécutai. Je demandai qu'on me montre la tombe de mon arrière-grand-mère, la femme-hippopotame, puisqu'il n'existe aucune plaque ni inscription indiquant les noms des défunts. La tâche fut difficile, car la plupart des tombes étaient envahies par l'herbe et des arbustes formant une forte végétation.

Après cette visite qui avait duré une demi-heure, je donnai à boire aux ancêtres en vidant une bouteille de bière sur leurs tombes et aux alentours. Aussitôt, l'odeur de la bière se répandit dans la forêt. J'eus eu la sensation d'avoir arrosé toute la forêt de la bière. Autre sensation : des vertiges, probablement dus à la fatigue et au manque de sommeil ; mon corps était dédoublé par la sensation d'un surpoids aux épaules, aux hanches et aux pieds. Mes jambes s'étaient alourdies au point d'avoir des difficultés à marcher. Je me plaignis tout de suite de ces sensations bizarres auprès de mes oncles. Ces derniers me rassurèrent en soulignant que toutes ces sensations qui m'habitaient n'étaient rien d'autre que le résultat de la transmission des pouvoirs d'outre-tombe.

Avant de quitter le village, l'homme-crocodile m'assura de sa compagnie :

— Je vais t'accompagner jusqu'à la ville où tu reprendras ton avion, puis, par mes regards, je t'ai transmis le pouvoir de dompter les crocodiles, mais je ne sais pas s'il en existe là où tu vis dans les pays des Blancs, me dit-il.

Il était environ dix-sept heures. Il fallait que je prenne congé de « l'homme crocodile » et de tous mes autres membres de la famille du village Bokama. Je devais passer la nuit sur une splendide plage, Bélèkê, où les habitants de Bokama bivouaquent pour faire la pêche pendant les trois mois de la saison sèche (juin, juillet, août). Puis, le lendemain, si les conditions météorologiques le permettaient, je reprendrais le canot pour retourner à Inongo. D'ici, je reprendrais l'avion pour Kinshasa… Pendant que je palabrais avec mes oncles et cousins dans le noir autour du feu de bois, je reçus un message de la part d'un oncle, Epomba, qui habitait à Bokotokili, un village situé à soixante-dix kilomètres de celui de l'homme-crocodile.

Oncle Epomba me demandait d'aller à sa rencontre dans son village avant de répartir pour Inongo. Mais il me prévint des conséquences sur nos relations futures d'un éventuel refus de ma part : il ne m'adresserait plus jamais la parole, en clair, il me maudirait. Car, il ne comprendrait pas que je n'aille pas à sa rencontre comme je l'avais fait pour d'autres membres de la famille dont « l'homme crocodile ».

Je fus alors confronté à une équation à plusieurs inconnus. Si je cédais à l'injonction d'oncle Epomba, je perdrais du temps et je risquerais donc de rater mon avion qui devait arriver à Inongo dans deux jours. Nous étions lundi. En revanche, si je refusais de répondre favorablement à sa demande, je m'exposerais à tous types de blocages, par exemple, une tempête et des orages qui rendraient toute navigation périlleuse, la panne de notre moteur hors-bord, un barrage d'hippopotames dont oncle Epomba avait également la maîtrise, ou encore de la diarrhée qui frapperait mon chauffeur, ou tout autre blocage physique ou spirituel.

Face à cette situation, je convoquai une réunion de famille pour trouver une solution. Le débat était libre et démocratique. Tout le monde y participait.

Lita, l'oncle le plus âgé, usa de son droit d'aînesse pour prendre la parole en premier. Il commença par s'adresser aux ancêtres :

— Nos chers ancêtres, c'est vous qui avez invité votre fils au cimetière interdit. N'eût été votre invitation, il ne devait pas se retrouver dans un coin aussi perdu qu'ici, loin, très loin de sa petite famille qu'il a laissée dans le pays des Blancs. Il nous demande de lui trouver une solution face à la situation que vous voyez, j'en suis sûr. Moi je m'adresse à vous pour vous demander votre assistance pour que la solution que nous allons lui trouver soit la plus juste possible.

Il tapa trois fois dans ses mains avant de céder la parole à tour de rôle aux membres de l'assistance.

— À mon avis, il faut absolument qu'il rentre directement à Inongo au moment où le lac est calme et les conditions météorologiques sont excellentes. Je ne veux pas qu'il rate son avion à cause des caprices d'un seul individu. De plus, notre fils est protégé par nos ancêtres et par l'homme-crocodile. Si quelqu'un ose gêner son retour à Inongo, cette personne aura affaire à eux, dit oncle Ebalé mbongé.

— Non, je ne suis pas de l'avis d'Ebalé mbongé. Epomba a les mêmes droits que l'homme-crocodile vis-à-vis de notre fils. En cherchant à les opposer l'un à l'autre, il cherche visiblement la « mort » de notre fils, car c'est lui qui sera la principale victime d'un affrontement mystique entre Epomba et l'homme-crocodile. Je suis pour une solution médiane, avança Baswa, un membre de la famille.

— Mais laquelle ? rétorqua Djobalard, un autre membre de la famille.

La discussion dura une bonne heure. Lita, l'oncle le plus âgé, reprit la parole :

— Je vous ai écoutés et entendus. Tous vos avis méritent d'être pris en considération. Mais je fais remarquer que nous avons perdu beaucoup de temps pour une question qui ne nous aurait pris que quelques minutes de discussion. Maintenant, le principal enjeu c'est d'éviter que notre fils ne soit pris en otage. Je vais donc trancher, si vous me permettez. Mais avant de trancher, j'aimerais savoir ce qu'en pense l'intéressé lui-même.

Je répondis en faisant comprendre à oncle Lita que mon sort était entre leurs mains et que ce qui m'importait, c'était le fait que je puisse regagner Paris sain et sauf et que je ne rate pas tous mes vols programmés d'avance et difficilement modifiables.

— Merci, mon neveu pour ta réponse, que je trouve sage. Tu as fait plus d'études que nous tous ici. Tu es plus instruit que nous tous ici. Mais ton humilité honore nos ancêtres et nous honore également. Voici ma décision : nous allons envoyer un messager auprès de l'homme-crocodile pour l'informer de ton intention d'aller rendre visite dare-dare à son cousin Epomba qui veut te voir probablement en raison de son mauvais état de santé. Cette formule te convient-elle ? me demanda oncle Lita.

— Oui, répondis-je, sans la moindre hésitation.

Deux heures plus tard, le messager revint au camp pour nous dire que l'homme-crocodile ne voyait aucun inconvénient que j'aille rendre visite à son cousin Epomba et qu'il me renouvelait sa protection et sa compagnie, comme il me l'avait promis.

Une autre question se posa toutefois : comment allions-nous naviguer en pleine nuit sans un repère autre que les indications directionnelles que les habitants du campement de pêcheurs nous avaient sommairement et vaguement données ?

— Vous traversez le tronçon qui sépare les deux plages qui sont perpendiculaires au lac puis vous tournez à droite, et vous allez tout droit, toujours tout droit, jusqu'à ce que vous aperceviez à l'horizon des lumières qui signalent le village où habite Epomba, nous expliqua-t-on.

Nous n'étions que trois dans le canot : Bokwé, mon cousin, qui était également le conducteur du moteur, Abana, mon neveu, et moi-même. Le canot était trop petit pour accueillir d'autres personnes qui auraient pu nous orienter et nous servir ainsi de guide.

Nous voilà partis. Nous traversâmes le fameux tronçon sans ambages. Alors que nous essayions de suivre les indications directionnelles qu'on nous avait données, notre moteur fut soudainement tombé en panne, au milieu du lac. Bokwé s'activa à inspecter les entrailles du moteur pour tenter de connaître l'origine de la panne. Je lui demandai d'enlever le moteur à l'arrière du canot et de le poser à l'intérieur. C'était par mesure de précaution, puisque si une pièce tombait dans l'eau, ce serait presque la fin de notre voyage, du moins dans ces conditions. Pendant que Bokwé faisait des manœuvres, j'aperçus grâce à l'éclairage de la pleine lune quatre silhouettes figées sur l'eau. Je compris tout de suite qu'il s'agissait d'hippopotames.

— Grand frère, nous sommes morts ! s'exclama Bokwé.

Mon neveu Abana tremblait de peur. Il tremblait de tout son corps, comme s'il avait un accès de fièvre. Il portait mon gilet de sauvetage de couleur rouge et il m'était difficile de lui demander de me le rendre. Et même s'il me l'avait rendu, ce gilet ne m'aurait servi à rien si ce n'était pour me rendre encore beaucoup plus vulnérable face à l'hippopotame qui n'aurait alors aucun mal à me déchiqueter. Par contre, je lui pris la pagaie qu'il tenait pour éviter qu'il ne fasse une mauvaise manœuvre en la cognant contre le bord de la pirogue. C'est la pire des choses puisque le bruit qui en sort est tellement sonore qu'il excite les hippopotames craintifs qui peuvent charger la pirogue.

Moi aussi, j'avais immensément peur, même si je ne le montrais pas, car à ces instants la vie et la mort se jouaient à chances égales. Je dis, d'une voix à peine audible, à Bokwé et à Abana de garder leur sang-froid. Les hippopotames nous observaient à une distance d'au moins cinquante mètres. Malgré la peur qui me nouait les intestins, j'eus finalement le réflexe de donner quelques conseils à mes deux coéquipiers.

— Bokwé et Abana, la mort nous guette ; elle est en train de frapper à notre porte, mais pour l'instant celle-ci est hermétiquement fermée. Elle ne s'ouvrira que si nos ancêtres le décident. Mais, sait-on jamais, ils peuvent aussi être pris au dépourvu. Vous m'entendez ?

— Oui, mais on va mourir de toute façon ! rétorqua Bokwé.

— Écoutez-moi bien. En cas de retournement de la pirogue, il ne faut pas nager en surface. L'hippopotame va vous repérer facilement puis il va vous happer avant de refermer sa gueule sur vous. Le seul moyen de vous en tirer, c'est de plonger et de nager sur une cinquantaine de mètres au fond de l'eau et pendant ce temps-là, l'hippopotame va s'acharner sur la pirogue.

— Grand frère, tu rigoles ! Il n'y en a pas qu'un, il y en a quatre. Tu entends ? Quatre hippopotames ! dit Bokwé.

— Je sais, mais en cas d'attaque, il faut vous sauver en procédant comme je viens de vous l'expliquer. Abana, tu dois te débarrasser de ce gilet de sauvetage qui est sur toi.

J'eus également eu la force de parler aux hippopotames comme si je m'adressais à des êtres humains :

— Hippopotame, l'animal totémique de mes ancêtres. Peut-être en m'adressant à vous, vous entendez votre propre voix. En me regardant comme vous le faites depuis que notre moteur est tombé en panne, peut-être vous voyez un des vôtres à travers moi. Car je suis le petit-fils de votre maître, Ngeli Ombaka, lui-même le fils de Ngo Mpemb'émbondo, la femme-hippopotame, elle-même la fille de Nkaa Mbotombali, lui-même le fils de Nkaa Bolongongo, lui-même le fils de Nkaa Bolikoli. Nous ne vous voulons pas du mal. Nous ne sommes pas des braconniers. Ne nous attaquez pas si tel était votre intention.

Les quatre hippopotames restèrent inflexibles, la tête à la surface et tournée vers nous. Entre-temps, Bokwé tentait de remettre le moteur en marche avec l'aide d'Abana. Le moteur finit par redémarrer au grand soulagement de tous les trois membres de l'équipage. Lorsque le moteur eut redémarré, les hippopotames s'engloutirent dans l'eau.

Dans mon for intérieur, je me posais plusieurs questions. Pourquoi ces hippopotames avaient-ils fait leur apparition juste au moment où notre moteur était tombé en panne ? Était-ce oncle Epomba qui nous les avait envoyés pour nous surveiller et nous protéger ? Était-ce une des manifestations de l'homme-crocodile qui m'avait promis de m'accompagner jusqu'à Inongo ? Était-ce le produit du hasard ? Pourquoi ces hippopotames s'étaient-ils tenus à distance au lieu de s'approcher de nous ?

Sur notre chemin, nous croisâmes un groupe de piroguiers. Bokwé ralentit la vitesse de la pirogue motorisée afin de leur demander si nous étions ou non dans la bonne direction pour aller dans le village d'oncle Epomba. Heureusement pour nous, nous étions dans la bonne direction, selon ces piroguiers.

Nous finîmes par arriver au village d'oncle Epomba aux alentours d'une heure du matin. Tout le village dormait, mais quelques habitants avaient été réveillés par le bruit du moteur. Nous aperçûmes de loin une lumière qui faisait des mouvements pendulaires. On nous montrait ainsi l'endroit où nous allions accoster, probablement pour éviter le risque d'une collision avec des pirogues qui étaient déjà à quai.

Sur le rivage du village Bokotokili, les quelques personnes présentes à notre arrivée nous aidèrent à tirer la pirogue au sec. D'autres partirent rapidement avertir oncle Epomba de notre arrivée.

— Mon neveu, merci d'être venu jusqu'ici, dans un coin aussi reculé et éloigné de Paris. Certaines personnes dans le village ont prédit que tu n'allais pas venir. Elles ont tout fait pour t'empêcher d'arriver à bon port. Votre moteur était tombé en panne, mais heureusement que cela s'est passé sur le territoire de vos ancêtres. Ils étaient là pour vous protéger et vous rassurer.

— Ils, c'est qui ? ai-je demandé.

— Tu ne vas pas me dire que vous n'avez pas vu d'hippopotames, rétorqua oncle Epomba.

Je compris, au travers de sa réponse, qu'il était derrière cette rencontre fortuite avec les hippopotames. Néanmoins, cette capacité à communiquer à distance avec les esprits et les ancêtres « transformés » en hippopotames restait un phénomène hautement énigmatique. Mais dans tout cela, où était l'homme-crocodile avec les promesses de protection qu'il m'avait faites ? Oncle Epomba avait-il agi seul ou en concertation avec l'homme-crocodile ?

Nous partîmes tous ensemble dans la maison d'oncle Epomba. Ce dernier m'avait déjà préparé une chambre, ce qui prouvait qu'il m'attendait et qu'il était sûr que j'allais venir. Au petit matin, il me demanda de le rejoindre dans son « cabinet », une petite pièce séparée de la maison principale, remplie de fétiches en tout genre. À l'entrée de cette pièce se trouvait un énorme nid de guêpes. Certaines guêpes zézayaient autour de mes oreilles, d'autres se posaient même sur mon front et mon nez. Terrifié, je n'osais même pas les chasser.

Oncle Epomba me charria :

— Tu as peur de mes soldats ? Ils sont contents de te voir, c'est pourquoi ils se posent un peu partout sur ta tête. Mais aucune de ces guêpes ne va te piquer. Elles ne piquent que les gens qui viennent ici avec de mauvaises intentions. Certains ont essayé de m'avoir par la magie ou la sorcellerie en prétextant de venir chercher de l'aide chez moi. Les guêpes ne leur ont donné aucune chance de sortir d'ici indemnes.

— Mais oncle, qu'est-ce qui se passe si une de tes guêpes pique quelqu'un ?

— Tout dépend de l'ampleur de la situation. Si quelqu'un me veut vraiment du mal, il n'y a qu'une guêpe qui va le piquer. C'est la guêpe la plus redoutable de toutes. Elle s'appelle « Missinger » (drôle de nom qui n'a pas de connotation locale).

— Mais comment fais-tu pour la reconnaître puisque toutes ces guêpes se ressemblent ?

— C'est toi qui le dis, mais c'est moi qui vois. Tout général est censé connaître et reconnaître ses soldats.

En effet, sous mes yeux, oncle Epomba appela ses guêpes par leur nom. De plus, grande fut ma stupéfaction lorsqu'il leur intima l'ordre de retourner dans leur nid. L'exécution fut immédiate !

Oncle Epomba était féticheur guérisseur. Par exemple, il avait la réputation de dispenser la force au travers de ses fétiches qui accroissaient la puissance d'un coup de poing, d'une gifle ou d'un coup de tête. Il pratiquait des incisions avec une lame de rasoir de l'avant-bras, du visage entre deux paupières, du milieu de la tête, des genoux… Puis il mélangeait au sang une poudre faite d'un broyat du poivre (*mondongo*), d'abeilles et d'araignées et bien d'autres composants. Cette application, parmi tant d'autres, conférait au nouvel investi, une force imparable dans une bagarre, dans un combat de boxe ou de catch.

Il s'agit d'un véritable dopage naturel et bio qui se distingue royalement des produits dopants chimiques que certains sportifs utilisent pour améliorer et accroître leurs performances physiques à l'occasion de grandes compétitions. Les produits dopants chimiques sont nocifs pour la santé et n'agissent que pour un temps bien limité. En revanche, la poudre fabriquée par oncle Epomba ne présente aucun risque pour la santé et agit indéfiniment sur l'organisme, et ce, sans que l'on détecte d'une quelconque manière sa présence dans le sang ou les urines de l'utilisateur, car son mode d'application relève du mysticisme. Mais cette poudre perd de sa puissance dès lors que son utilisateur brave volontairement ou involontairement certains interdits qui sont la condition même de l'efficacité et de la pérennité de ladite poudre. Par exemple, il est formellement interdit à l'utilisateur de la poudre de manger des végétaux et animaux utilisés pour fabriquer celle-ci.

Oncle Epomba excellait également dans les fétiches qui faisaient chavirer le cœur des femmes ou des hommes. Il était souvent consulté par des hommes et des femmes qui souhaitaient conquérir ou reconquérir leur âme sœur. Marie Kato, une fille qui avait la réputation d'envoyer balader tous les garçons qui tentaient de lui faire la cour était l'objet d'une démonstration de la puissance des fétiches d'oncle Epomba.

Un jour, mes trois copains et moi étions en train de puiser le plaisir d'assister oncle Epomba dans la préparation de ses diverses onctions. Il me demanda d'aller lui cueillir une feuille appelée *hébré*. Il passa neuf fois cette feuille sur ses lèvres puis il la coupa en petits morceaux et il en donna un à chacun de nous. Il nous demanda de la mettre sous notre langue et d'aller draguer une fille de notre choix. Le hasard fit qu'au même moment Marie Kato passait avec son cartable chic et ses sandales dont on disait que son père, un homme d'affaires richissime, les lui avait ramenées de Bruxelles. Marie Kato était orgueilleuse et arrogante ; elle regardait les garçons comme nous, dont les parents n'étaient pas fortunés, avec mépris et distance. Requinqués par le petit morceau d'*hébré* que chacun de nous avait glissé sous la langue, nous décidâmes de passer à l'attaque. Bertin Botuli, le plus courageux de nous quatre, appela Marie Kato sur un ton impératif contrastant avec la douceur qu'impose l'art de la drague.

— Bonjour toi, comment vas-tu ?

À notre grand étonnement, Marie Kato répondit poliment :

— Je vais bien, et toi ?

— Moi aussi je vais bien, répondit Bertin Botuli.

Puis la discussion s'engagea entre les deux ; on les voyait rigoler et faire des gestes de familiarité. Bertin Botuli franchit un grand pas lorsqu'il ordonna à Marie Kato d'aller lui chercher de l'eau dans un puits situé dans la parcelle même où nous étions. Marie Kato prit un seau et le remplit d'eau. Botuli lui enjoignit d'aller lui déposer ce seau dans la douche traditionnelle (*Kikoso*). Une autre requête de Botuli à l'adresse de la fille fut :

— Je n'ai pas de savon pour me laver, peux-tu aller m'en chercher un chez tes parents ?

Marie Kato partit en courant pour aller chercher du savon. Sur le champ, on pensa qu'elle était partie pour ne plus revenir. Mais quelque temps après, on la vit revenir en vélo avec un savon neuf, Asepso, qui était dans son emballage d'origine. Elle le donna à Bertin Botuli, lequel lui demanda de l'accompagner à la douche. Marie Kato exécuta. Elle fit preuve d'un suivisme moutonnier, elle avait perdu tout libre arbitre et tout discernement, comme si elle était droguée ou sous hypnose. C'est à ce moment-là qu'oncle Epomba intervint pour mettre un terme à cette expérience. Il demanda à Marie Kato de repartir après lui avoir dit merci pour sa « gentillesse ».

J'avais beau avoir assisté à des démonstrations de force spirituelle d'oncle Epomba, un frisson me parcourut l'échine lorsque je vis cet oncle arrêter la foudre. Comment un être humain peut-il maîtriser un phénomène naturel aussi puissant et destructeur qu'est la foudre ? Pendant qu'il pleuvait à Kinshasa, nous étions en train de déjeuner au salon avec oncle Epomba. Ce dernier sortit soudainement de table et se dirigea vers la porte d'entrée de la maison. Il se mit debout, les deux mains posées sur ses hanches, les yeux tournés vers le ciel, comme s'il observait quelque chose.

— Que personne ne sorte d'ici ! Tout le monde doit rester à l'intérieur de la maison ! nous recommanda-t-il.

Tout le monde comprit qu'il se passait quelque chose d'anormal. Entre-temps, « les dieux du ciel continuaient d'uriner », comme disaient autrefois les Indiens d'Amérique pour parler de la pluie. Il y avait des orages et des éclairs qui faisaient peur aux gamins et aux profanes que nous étions. Lors d'un orage, on vit passer un éclair comme s'il se dirigeait vers nous et au même moment oncle Epomba leva sa main et referma aussitôt le poing. Il déclara avoir attrapé la foudre envoyée contre notre grande sœur aînée, Ya Mamad, en gardant toujours le poing fermé.

— Mes enfants, quelqu'un a tenté de tuer votre sœur en lui envoyant la foudre. J'ai bloqué cette foudre, elle est dans ma main, je peux la renvoyer à son expéditeur si vous êtes d'accord avec moi. Donnez-moi vite votre réponse parce que ma main risque de brûler.

— Non, nous ne sommes pas d'accord avec toi, rétorqua Ya Mamad.

— Mais tu peux l'envoyer à l'église d'à côté pour tester les pouvoirs des prêtres, lui suggérai-je.

Cette idée saugrenue fut rejetée par tout le monde. Pendant ce temps-là, la main de l'oncle Epomba qui tenait la foudre se mit à trembler.

— Faites vite, décidez-vous vite sinon je vais être obligé de lâcher la bombe.

Un de mes frères, Bata Falanga, recommanda à oncle Epomba de renvoyer cette foudre contre un arbre qui était planté dans un potager, à une vingtaine de mètres de notre maison. Oncle Epomba fit un geste avec sa main qui tenait la foudre comme s'il projetait un objet en l'air et plus précisément vers l'arbre qui trônait au beau milieu du potager. Nous vîmes des flammes sortir de l'endroit où se trouvait l'arbre. Celui-ci fut carbonisé par la foudre et sa puissance.

Oncle Epomba était particulièrement expert dans ce fleuron du fétichisme du peuple Bolia qu'est la foudre. D'ailleurs, au-dessus de l'entrée de sa maison, il avait fixé un fétiche qui protégeait contre la foudre, une sorte de paratonnerre. Il maîtrisait aussi la technique de dédoublement et d'invisibilité. On pouvait le rencontrer et parler avec lui à plusieurs endroits à la fois. Grâce à une aiguille plantée dans ses cheveux, il pouvait passer *incognito* à travers un barrage militaire ou policier, par exemple. André Ilanga, un ancien secrétaire d'État à l'Éducation nationale dans l'ex-Zaïre, fut arrêté puis incarcéré dans une prison militaire à Kinshasa. Aucune visite n'était autorisée en dehors de celle de ses geôliers qui allaient voir le prisonnier pour le torturer ou pour lui donner à manger.

N'ayant aucune nouvelle de ce monsieur depuis son incarcération, sa famille s'inquiétait de son sort et craignait ainsi le pire. Elle appela oncle Epomba à la rescousse. Ce dernier rendit plusieurs fois visite au prisonnier. Il franchissait la porte d'entrée du camp sans que la garde s'en aperçoive. Une fois arrivé à l'intérieur du camp, il demandait à n'importe quel militaire qu'il croisait sur le chemin de l'accompagner jusqu'en prison. Là, il ordonnait aux gardiens de le conduire dans la cellule où se trouvait le prisonnier. Il s'entretenait avec lui seul à seul pendant un petit bout de temps. Avant de le quitter, il lui remettait une amulette pour lui permettre d'obtenir un traitement beaucoup plus humain de la part de ses geôliers. Il lui promit de le faire libérer à la grâce des ancêtres. Ce qui fut fait quelques mois plus tard.

Pendant que je m'entretenais avec oncle Epomba dans son « cabinet », trois habitants du village y firent irruption pour parler d'un phénomène qui se serait passé pendant la nuit de notre arrivée sur le rivage.

Les gens qui rentraient de la pêche n'avaient pas pu accoster le rivage, car ils auraient vu un énorme phare d'environ trente centimètres de diamètre qui tournaillait à l'endroit où étaient amarrés notre canot et le moteur hors-bord. Ce phare était la manifestation de l'homme-crocodile. Depuis le village Bokama où nous l'avions laissé, il surveillait mystiquement nos affaires pour décourager tout acte de vol ou de vandalisme. Si, par malheur, quelqu'un avait osé toucher à nos affaires au moment où ce phénomène se produisait, il serait mort, déchiqueté par un crocodile, ou noyé par un flot de vagues géantes.

Le lendemain, au lever du jour, je partis voir oncle Epomba pour lui demander l'autorisation de répartir pour Inongo. Il me fit comprendre que cela ne dépendait pas que de lui et qu'il fallait également et, d'abord, solliciter l'avis des ancêtres.

— Si ton chemin de retour est semé d'embûches susceptibles de mettre ta vie en danger, les ancêtres ne t'autoriseront pas à répartir, me dit-il.

— Et si je ratais mon avion d'Inongo et celui de Kinshasa qui me ramène à Paris ? lui ai-je demandé.

— Mon cher neveu, je préfère que tu sois vivant parce que tu as raté ton avion et non le contraire. De toute façon, ce sont tes ancêtres qui auront le dernier mot.

Il me demanda de le suivre dans la forêt, à deux pas du village. Après quelques minutes de marche, nous nous retrouvâmes devant un arbre aussi énorme et géant qu'un baobab. Oncle Epomba se plaça devant ce pachyderme végétal, à environ une dizaine de mètres. Soudain, un silence de mort s'installa dans cette partie de la forêt. On n'entendait plus rien autour de nous, plus de cris d'oiseaux ou d'autres espèces vivant dans la jungle.

— As-tu peur mon neveu ? me questionna oncle Epomba.

— Non. Au contraire, je suis curieux de voir ce qui va se passer ici. Tout ce qui m'intéresse c'est de pouvoir traverser le lac pendant qu'il est encore calme, répondis-je.

— Je sais et c'est pourquoi nous sommes ici. Tes ancêtres vivent au fond du lac et des rivières, mais ils viennent en forêt pour chasser. C'est pourquoi c'est ici que j'ai choisi de venir leur parler, car je n'ai pas les pouvoirs de l'homme-crocodile pour aller leur parler sous l'eau.

— Est-ce que je vais les voir ?

— Impossible. Tu n'as que deux yeux naturels. Tu ne peux donc pas les voir sinon tu meurs sur le champ.

— Et toi, tu peux les voir ?

— Oui, parce que j'ai quatre yeux, les deux que l'on voit comme les tiens, et les deux autres, invisibles, les yeux radars, qui détectent des manifestations occultes et la présence des gens de l'au-delà.

Oncle Epomba se mit à parler en regardant le sommet de l'arbre. Quelques secondes s'écoulèrent. Je retins mon souffle. Brusquement, alors que tous les autres arbres de la forêt étaient parfaitement immobiles, le grand arbre et ses branches se mirent à bouger comme s'ils étaient secoués par un vent violent. Puis, à lourds frous-frous d'ailes, le coucou, l'oiseau qui a la réputation de faire le lien entre les esprits des ancêtres et le monde des vivants, vint poser ses pattes grêles sur cet arbre. Oncle Epomba engagea alors une conversation avec cet invité peu ordinaire.

— Merci d'être venu à ce rendez-vous…

Les cris variés de l'oiseau étaient des réponses aux questions que lui posait oncle Epomba. Celui-ci était le seul à comprendre et à interpréter ces cris.

— Maintenant, il faut que tu t'en ailles, car nous avons trop monopolisé le temps et l'espace autour de nous, ordonna oncle Epomba.

Aussitôt, l'oiseau reprit son envol et la forêt son animation habituelle. Oncle Epomba me fit signe de passer devant lui pour retourner au village avec toutefois une mise en garde que je pris au sérieux.

— Tu ne regarderas pas derrière toi tant que tu ne seras pas arrivé au village ! Sinon, la grâce des ancêtres sera révoquée.

Quand nous fûmes arrivés au village, oncle Epomba m'ordonna de me préparer pour repartir à Inongo. Je lui fis remarquer combien il était dangereux de naviguer sur un lac en mouvement. Il me rassura en me disant que les vagues s'estomperaient au fur et à mesure que nous nous éloignerions de la côte. Avant de me libérer, il me demanda d'abord de passer neuf fois sous ses jambes grandement écartées. Ensuite, il me purifia avec une décoction de feuilles. Après avoir fini ces rituels, il me dit au revoir d'un signe de la main avant d'ajouter :

— Tu ne vas pas rater ton avion parce qu'il ne viendra pas à cause de la pluie.

Comment savait-il que la pluie allait tomber à Inongo le jour de mon départ ?

Pendant la traversée, j'entendis de mes propres oreilles le son des tam-tams et des voix chanter des chansons traditionnelles. Je demandai à Bokwé et Abana s'ils entendaient également les mêmes choses que moi. Stupéfaits par ma question, ils me regardèrent d'une drôle de façon, comme s'ils voulaient me faire comprendre que j'étais probablement ruiné par la fatigue qui me faisait divaguer. Face à la gêne auditive occasionnée par la recrudescence des tam-tams et des chants, j'insistai sur le fait que j'étais loin d'être victime d'une extrême fatigue ou d'hallucinations auditives. À un moment donné, je les soupçonnai même d'avoir ouvert ma radiocassette pour écouter la musique traditionnelle.

Bokwé répliqua :

— Grand frère, tu plaisantes ? Ta radiocassette est dans ton sac, que tu as posé juste derrière toi. Et comment pourrions-nous écouter la musique avec le bruit assourdissant du moteur ?

Après le son des tam-tams et des chants vint le tour des papillons multicolores qui voltigeaient au-dessus de ma tête. S'il n'y en avait eu qu'un, on aurait pu dire qu'il avait été transporté dans nos bagages depuis le village d'oncle Epomba. Or, il s'agissait bien d'un essaim de papillons qui, normalement, ne devait pas se trouver en plein lac, un lac aussi nu que le désert, à des dizaines de kilomètres des côtes. Bokwé et Abana assistèrent à la « danse » des papillons en direct. Faute d'arrêter ces choses-là, je fus contraint de les supporter jusqu'à ce que nous arrivions à Inongo où elles s'arrêtèrent sans que l'on s'en soit rendu compte.

Là, l'avion n'arriva que le lendemain en raison des intempéries, comme me l'avait prédit oncle Epomba. Il n'était pas exclu qu'il fût à l'origine de ces intempéries, comme c'est souvent le cas chez les grands maîtres Bolia des sciences occultes. Toutefois se posa un problème. L'avion était un vieux petit porteur de fabrication soviétique qui ne pouvait accueillir que seize personnes. Or, il y avait vingt passagers parmi lesquels une famille richissime du coin composée de huit personnes, les deux parents et leurs six enfants. Il y avait aussi l'évêque d'Inongo accompagné de deux sœurs. Les passagers étaient, pour la plupart d'entre eux, de grandes personnalités que l'on ne pouvait pas débarquer.

Face à cette situation, mon cousin Bokwé vint me voir, l'air complètement désabusé, pour me dire que je risquais de rater ce vol. Contre toute attente, le pilote sortit du cockpit et débarqua le père de la famille fortunée pour me céder sa place. Le passager malheureux était furieux. Faute de s'en prendre au pilote, il m'envoya un chapelet d'injures. Il m'accusa d'avoir soudoyé le pilote et les membres de l'équipage, qui ne représentaient que le copilote et une hôtesse de l'air. D'ailleurs, on pouvait largement se passer de cette hôtesse, car elle ne servait à rien, si ce n'est nous proposer un petit rafraîchissant durant le vol.

À Kinshasa, il se passa quelque chose de rocambolesque à l'hôtel où j'étais logé. Cette nuit-là, alors que je dormais dans ma chambre avec mon petit frère Bata Falanga, les militaires armés jusqu'aux dents investirent les enceintes et les alentours de l'hôtel à la recherche de « terroristes et rebelles » venant de l'étranger et qui se seraient cachés dans cet hôtel de la commune de Ngiri-Ngiri. Toutes les chambres furent passées au peigne fin sauf la mienne. Les militaires l'auraient oubliée lors de leur passage. Au petit matin, la femme de ménage vint me voir les yeux pleins de larmes.

— Papa, j'avais peur pour vous, j'avais peur que les militaires vous arrêtent et qu'ils aillent vous tuer ! me confia-t-elle.

Voici son récit détaillé :

« À trois heures du matin, les militaires sont entrés dans l'enceinte de l'hôtel en escaladant le mur. Ils ne voulaient pas frapper à la porte d'entrée pour ne pas réveiller les voisins et attirer ainsi leur curiosité. Nous leur avons demandé ce qu'ils voulaient. Ils nous ont dit que la ville de Kinshasa était en danger à cause de la présence des terroristes et des rebelles un peu partout dans la capitale. On leur aurait dit que certains de ces assaillants étaient cachés dans notre hôtel. Ils nous ont demandé combien de chambres il y avait et si toutes les chambres étaient occupées. Puis ils nous ont demandé de leur donner les noms de tous les clients. Je leur ai donné tous les noms. Le gérant de l'hôtel et moi les avons accompagnés pour ouvrir toutes les chambres. Nous avons été surpris qu'ils passent outre votre chambre, bien entendu à notre grand soulagement. Ils nous ont dit qu'ils n'avaient pas trouvé la personne qu'ils cherchaient. Ce n'était plus de terroristes ou rebelles, mais une personne particulière que ces militaires étaient venus chercher. En menant notre petite enquête, le gérant et moi avons compris et conclu que la personne qu'ils cherchaient, c'était vous. C'est notre patron qui avait monté cette opération avec ses amis militaires pour vous racketter étant donné que vous venez de l'Europe ».

En effet, les militaires avaient fait demi-tour quand ils sont arrivés devant la porte de ma chambre. Qu'est-ce qui les avait alors dissuadés d'ouvrir ma chambre ?

En remontant un peu en arrière, je trouvai l'explication de tous ces phénomènes bizarres dans la promesse que l'homme-crocodile m'avait faite avant mon départ du village Bokama. Il m'avait promis de m'accompagner et de m'assurer de sa protection jusqu'à ce que je monte dans mon avion de retour à Paris.

5
Un esprit sur le chemin de Belgrade

Je quittai Kinshasa en partance pour Athènes avec un rêve en bandoulière : faire de longues études pour devenir journaliste ou avocat et, surtout journaliste. Ce fut la première fois que je m'émancipai du cocon familial pour aller loin dans un pays étranger. Mes premiers moments à Athènes furent difficiles, car ma famille d'accueil n'était pas disposée à m'héberger pour longtemps dans sa maison. À peine arrivé, je fus jeté dehors. Où aller ? Je commençai à errer çà et là comme un bateau ivre. Aucun compatriote ne voulait supporter la charge de mon hébergement. Toutefois, les enseignements de Grand-père Léon, qui était encore vivant au moment des faits, retentissaient dans ma tête comme une sorte de trompette qui réveille les soldats pour se préparer à partir à la guerre. J'avais été reçu, d'abord, par deux compatriotes dont l'un, Boyuma, était étudiant et l'autre, Mabila, salarié. Une semaine après mon arrivée chez eux, ils m'avaient mis à la porte sous prétexte que l'appartement était trop petit pour m'héberger. J'avais été repêché par un autre compatriote, Michel Vubu, qui vivait dans un chétif studio dans un quartier chic d'Athènes appelé Pagratti. L'hospitalité de Michel Vubu n'était pas neutre.

Pendant qu'il était au travail, je faisais la cuisine et les travaux domestiques. J'étais devenu aussi sa plume puisqu'il me demandait de lui écrire des lettres d'amour pour meubler le silence entre lui et sa fiancée restée à Kinshasa. D'ailleurs, il n'était pas le seul à me demander ce genre de service. Contre toute attente, alors que je revenais d'une promenade à Acropole, je me vis refuser l'entrée du petit studio de Michel Vubu. Il travaillait de nuit ce jour-là et il avait décidé de ne pas me laisser la clé du studio sous le paillasson. Comme il faisait froid dehors, il me fallait à tout prix rester dans un endroit chauffé. Je décidai alors d'escalader le mur afin de pouvoir entrer dans le studio de Michel Vubu par la fenêtre comme un cambrioleur. Lorsque Michel Vubu arriva le matin, il me trouva allongé sur le lit, mais réveillé. Il tira sans ménagement la couverture en me demandant de ficher le camp de chez lui. Je tentai d'avoir une explication de son comportement vis-à-vis de moi, sans succès. Il refusa catégoriquement toute discussion si ce n'est le fait qu'il en avait marre de me voir chez lui.

Je me retrouvai à nouveau dans la galère. Mais les enseignements de Grand-père Léon m'accompagnaient et m'empêchaient ainsi de flancher ou de commettre tout acte de désespoir. Je passais mes journées dans le centre-ville avec ma valise et les nuits dans des parcs autour du feu de bois allumé par d'autres « Sans Domicile Fixe » (SDF) parmi lesquels il y avait aussi des clochards. Ces derniers me tendaient systématiquement une bouteille d'alcool qu'ils buvaient à tour de rôle et parfois en se disputant plus ou moins violemment. Je déclinais poliment leur offre, car je n'avais jamais avalé la moindre goutte d'alcool de ma vie. J'avais acquis très vite la maîtrise du grec, ce qui me permettait de communiquer tant bien que mal avec mes compagnons de galère. Pendant la fête de Saint-Sylvestre, j'appris qu'un groupe de Zaïrois organisait une fête quelque part dans une banlieue athénienne. Je m'y rendis, à pied bien sûr, et ce malgré la distance et le froid.

À mon arrivée, je trouvai les compatriotes (il y avait très peu de jeunes femmes zaïroises à cette époque à Athènes) très occupés par les nouvelles danses venant de Kinshasa (« Mokonyoyo » du groupe musical « Viva la Musica » et « Caneton » du groupe Minzoto wela wela). Malgré ma puanteur qui saturait l'odorat de tous les gens qui étaient présents à ce réveillon, je n'hésitai point à prendre part à la danse en me rappelant un peu le tout frais beau vieux temps laissé à

Kinshasa. Soudain, un monsieur, Steeve Mutoto, m'arrêta pour me demander si j'étais bel et bien le jeune SDF zaïrois dont il avait entendu parler. Je lui confirmai ses dires. Il m'expliqua combien il était touché par ma situation et qu'il avait décidé de me sortir de cette galère en me proposant son aide. Avant la fin de la fête, vers quatre heures du matin, il me demanda de le suivre. Exécution immédiate. Mais entre-temps, j'entendis chuchoter « il va le tuer ce monstre ! », en parlant de Steeve Mutoto vis-à-vis de moi. Curieusement, j'avais le cœur plutôt serein.

À peine arrivé chez lui, Steeve Mutoto appela sa femme pour faire les présentations. Il raconta à sa femme que j'étais son frère cadet fraîchement arrivé de Kinshasa et que je n'étais pas descendu directement chez eux parce que j'avais perdu leur adresse. C'était un mensonge humanitaire. Steeve Mutoto était un Zaïrois originaire de Lubumbashi dans la province de Katanga. Moi j'étais zaïrois originaire d'Inongo dans la province de Bandundu. Detty, la femme de Steeve Mutoto, me reçut avec beaucoup d'enthousiasme, comme si elle me connaissait déjà. Elle était originaire des îles Seychelles.

Detty portait le même prénom qu'une autre femme que j'avais connue à Kinshasa, la femme de mon oncle maternel, Blaise Belando. Cette dernière était une femme hypocondriaque et acariâtre. Elle était d'une extrême méchanceté vis-à-vis de moi. J'habitais chez eux pour faire mes études. La femme me détestait comme la peste parce que, disait-elle, ma présence à leurs côtés l'étouffait. Jusqu'à ce qu'un jour, elle décide de tenter de mettre fin à ma courte vie sur terre. Elle échafauda un plan macabre. Elle mit des petites aiguilles dans mon plat de riz. Elle était sûre de réussir son coup, car elle était persuadée que j'allais me précipiter sur ce plat comme un chien poursuivant l'ombre d'un os dans l'eau. Elle savait que je devais avoir très faim après l'école, surtout lorsqu'on n'avait eu droit ni au petit déjeuner ni au déjeuner.

À cette époque, j'enviais les camarades qui avaient de l'argent de poche pour s'acheter des en-cas pendant la récréation : des beignets, des cacahuètes, du pain avec du *mantéka*, de la margarine, ou du *élengi éyé*, du boudin importé de Chine. Rares étaient des camarades qui m'invitaient. Pourtant, quand j'étais chez mes parents, ma mère me donnait des beignets pour manger pendant la récréation et je ne pouvais les manger seul, car j'avais autour de moi une myriade de camarades qui venaient en trombe me demander que je leur en donne un petit bout. À force d'en donner, il ne me restait rien pour moi-même. En arrivant à la maison, j'allais me plaindre auprès de ma mère qui me disait que ce n'était pas grave. Mes parents hébergeaient de jeunes étudiants qui venaient d'autres villes et qui n'avaient pas les moyens de louer une chambre. Kéntéka venait de Kutu, Ngongia et Mbozi, eux, venaient de Mushie et j'en passe.

À Kinshasa, je n'eus pas eu la chance que ces jeunes avaient eue chez mes parents. Après l'école, alors que je m'approchais de l'entrée principale de la parcelle où Detty et oncle Blaise Belando habitaient, je fus interpellé très discrètement par deux femmes, deux grandes sœurs du quartier à qui Detty avait parlé de son projet macabre. Elles me conseillèrent d'éviter de manger entre les mains de Detty, sans m'en donner la raison. Quand j'arrivai à la maison, je sentis une superbe odeur de nourriture qui parfumait tout le petit salon de l'appartement de mon oncle. Je pris le fameux plat de riz et j'appelai mon cousin, le fils de mon oncle Blaise Belando, pour lui donner une partie de nourriture, et ce, malgré des effluves culinaires qui torturaient mon ventre vide.

Encore une fois, l'enfant ne perd pas tout de l'éducation qu'il a reçue de ses parents. Ces derniers m'ont appris à partager, même lorsqu'on est démuni. « Lorsqu'on est dépourvu de tout, on peut au moins partager son sourire en l'offrant aux autres », me répétaient mes parents.

C'est ainsi que Detty fit un saut d'athlète pour venir m'arracher ce plat. Elle se précipita à le vider dans les toilettes pour effacer la preuve de son forfait manqué.

Detty, la femme de Steeve Mutoto était martyrisée par son mari qui la battait régulièrement. À certains moments, Steeve Mutoto infligeait à sa femme une véritable torture qui relevait du sadisme primaire. Le lendemain de mon arrivée, alors que Steeve Mutoto était au travail, Detty profita de l'occasion pour me montrer son dos qui était lézardé par des cicatrices dont certaines étaient encore vives. Ces cicatrices trahissaient les supplices que Detty subissait de la part de son mari. Elle me supplia de rester définitivement chez eux pour dissuader Steeve Mutoto de la battre et de la torturer.

Ce qui était révoltant c'est que tout le monde le savait dans la communauté, mais jamais personne n'avait eu le courage de lever le petit doigt pour dénoncer Steeve Mutoto à la police, par exemple.

Detty m'exhiba également la photo de sa petite sœur restée aux Seychelles. Elle me demanda à plusieurs reprises si j'avais une fiancée dans mon pays et si elle était plus belle que sa petite sœur. Elle m'appréciait tellement qu'elle souhaitait que j'épouse sa petite sœur. Je lui répondis que mon objectif premier était de faire des études pour devenir journaliste ou avocat, mais surtout journaliste. Ce n'est qu'à la fin de mes études et, surtout, après avoir trouvé un travail digne de ce nom, que je pourrais envisager de me marier avec la femme de mon choix, disais-je.

Detty avait l'habitude de se mettre en *short* même en plein hiver, alors que leur appartement n'était pas aussi bien chauffé que cela. Elle avait des formes généreuses : un beau fessier, une poitrine séduisante et volcanique, un visage souriant malgré les souffrances qu'elle endurait. Bref, elle était belle malgré les excès de l'alcool et du tabac qui lui donnaient un air discrètement blasé et qui avaient provoqué quelques dégâts au niveau de sa dentition et marqué ses yeux soulignés de poches.

À longueur de journée, elle ne cessait de me raconter son calvaire avec Steeve Mutoto en me prévenant d'une éventuelle agression de sa part. Lorsque Steeve Mutoto était en état d'ébriété, cette agression avait plus de chance de se produire. Elle me confia qu'elle aurait aimé avoir un mari comme moi en termes de caractère. Secoué par sa situation conjugale qui me révoltait au plus profond de moi, je pris alors la décision de tenter d'y mettre fin en engageant une discussion avec Steeve Mutoto, à son retour du travail. Detty m'en dissuada parce qu'elle avait peur qu'une telle initiative conduise Steeve Mutoto à s'énerver et à m'agresser. Certes, l'homme n'était pas costaud, mais il jouissait d'une force physique connue et reconnue par tous les gens de la communauté qui le côtoyaient. Un soir, Steeve Mutoto venait d'entrer dans l'appartement après avoir passé plus de dix heures au travail, un travail physique éprouvant puisqu'il faisait de la manutention lourde.

À peine entré, il me demanda, comme à l'accoutumée, si j'avais déjà mangé et si je l'avais fait à ma faim. Dans ce domaine, je n'avais pas à me plaindre puisque Steeve avait donné des instructions à sa femme pour qu'elle me nourrisse très bien. Detty en faisait même un peu trop puisque j'avais toujours le ventre bien plein. Je lui répondis que j'avais bien mangé. Il me pria toutefois de me joindre à lui pour manger alors que je n'avais plus faim. Mais, par peur de le froisser, j'acceptai cette invitation avant de sortir aussitôt de table après avoir avalé quelques gouttes de soda. Je profitai de ce moment de détente précaire pour lui parler très poliment et diplomatiquement de son comportement vis-à-vis de sa femme. Pendant que je lui parlais, il ne m'interrompit pas. Je terminai mon exposé oral, plutôt mon plaidoyer pro-detty, par ces quelques mots :

— Ya Steeve, tu es mon grand frère et Detty est ma belle-sœur. Toi et moi avons l'obligation de la protéger en lui assurant un minimum de quiétude. Nous ne pourrons pas accomplir ce noble devoir si nous n'arrêtons pas de la violenter... Si mes propos te semblent irrespectueux, je te prierai de bien vouloir m'en excuser, mais il faut savoir que tu resteras toujours mon aîné et à ce titre, je ferai tout pour t'éloigner de tout ce qui pourrait te jeter sur un mauvais chemin.

Steeve Mutoto me taxa d'abord de sorcellerie à cause de mon courage, car jusqu'à présent personne ne lui avait jamais dit des choses aussi ouvertement et il ne comprenait pas pourquoi il m'avait laissé lui parler de ce sujet, même si le ton adopté lui paraissait conciliant. Detty avait préféré se cacher dans sa chambre pour éviter d'affronter les regards de son type dont elle avait terriblement peur. Elle avait aussi peur que son mari réplique en m'agressant physiquement. Mais, moi, je m'étais préparé à parer à toute éventualité. Dans un premier temps, si l'agression avait commencé par une gifle ou un banal coup de poing, je me serais gardé d'y répondre par respect pour les droits d'aînesse dont jouissait Steeve Mutoto à mon égard. En revanche, si l'agression était manifestement violente et donc dangereuse pour ma sécurité et mon intégrité physique, j'aurais réagi par l'*ibora*, une technique de self défense ancestrale inventée par les Mongo, ethnie majoritaire de la province de l'Équateur, technique qu'un cousin, Roger Mbembe, m'avait apprise. Toutefois, à la place d'une réaction violente, Steeve Mutoto me remercia de ma démarche et promit de réfléchir à ma requête.

Durant tout le temps que je passai chez le couple Mutoto, le calme le plus apparent conquit les esprits et s'installa dans la maison. Detty était joyeuse et splendide, comme une ancienne détenue qui retrouve sa liberté après des années de détention par erreur judiciaire. Mais pour combien de temps ? Puisqu'il fallait qu'un jour « le petit oiseau que l'on a gardé chez soi quitte son nid d'accueil ». Un soir, j'annonçai au couple Mutoto mon intention de quitter Athènes pour Paris. Le couple s'y opposa fermement. Il me fit savoir qu'il avait les moyens de m'héberger chez lui et de me payer les études. Detty éclata tristement en sanglots. Le jour de mon départ, ils me donnèrent un peu d'argent et m'accompagnèrent à la gare où je devais prendre l'autocar. Quand elle me vit monter dans l'autocar, Detty plongea dans une mare de larmes, comme pour me faire savoir qu'on ne se reverrait plus. Steeve Mutoto, quant à lui, ne cessait de me répéter : « qu'est-ce que je t'ai fait pour que tu nous quittes ». Et de terminer : « il faut nous envoyer des lettres et des photos pour nous donner de tes nouvelles ». Steeve Mutoto lui-même envisageait d'émigrer en Allemagne. Quant à moi, je ne pouvais songer sans une certaine amertume à ma décision de prendre congé des personnes qui m'avaient très bien accueilli chez elles. Toutefois, je me consolai dans l'idée que la séparation avec ce couple n'était que la promesse de nos futures retrouvailles.

Frère Balosi, un prêtre chrétien orthodoxe d'origine zaïroise, m'obtint le visa de transit pour entrer en France, un visa d'une durée de quarante-huit heures. Abou Kanyinda, le fils aîné d'un responsable consulaire de l'ambassade de l'ex-Zaïre en Grèce, m'aida à obtenir le visa de transit pour entrer en Allemagne, toutefois dans des conditions acrobatiques. Vieux Abouka, comme il voulait que les plus jeunes de ses compatriotes l'appellent, se présenta à l'ambassade d'Allemagne en se faisant passer pour un diplomate travaillant à l'ambassade du Zaïre en Grèce. Vieux Abouka exhiba, comme pour justifier son forfait, la carte consulaire qu'il avait dérobée à son père Kanyinda. Celui-ci était réellement Premier conseiller à l'ambassade du Zaïre en Grèce. Un agent de l'ambassade d'Allemagne prit cette carte pour vérifier son authenticité. Il contacta probablement l'ambassade du Zaïre qui lui confirma l'existence de Monsieur Kanyinda Lufwalubo Wa Pasteur Kabongo en tant que Premier conseiller d'ambassade. Mais l'agent allemand se demanda comment Monsieur Kanyinda Lufwalubo Wa Pasteur Kabongo pouvait être à la fois dans son bureau à l'ambassade du Zaïre et devant lui à l'ambassade d'Allemagne. Un échange de mots discourtois s'engagea entre les deux personnes. En même temps, Vieux Abouka me souffla quelques mots en parabole.

— Petit frère, *esanga ekoti mobulu*, (il y a des troubles dans l'île).

Je compris vite qu'il fallait que je trouve un moyen pour sortir de ce guêpier. Sortir sans récupérer mon passeport avec ou sans visa était hors de question. Mon passeport était entre les mains de l'agent allemand qui doutait de la sincérité de la démarche de Vieux Abouka, mais qui était loin de se douter du plan que j'avais entre-temps élaboré pour récupérer mon passeport. D'abord, je demandai à Vieux Abouka de baisser le ton, de faire le profil bas, pour éviter d'attirer l'attention de l'ensemble du personnel de l'ambassade.

— Petit ! Je dois lui montrer que je ne suis pas content de la manière dont il traite son homologue que je suis, proclama Vieux Abouka.

— Mais Vieux Abouka, tu n'es pas ce que tu prétends être, ai-je chuchoté.

— Petit, je fais tout ça pour toi, je prends des risques pour toi, alors ferme-la !

Je réalisai rapidement que Vieux Abouka me parlait sur un ton aussi menaçant pour distraire l'agent qui était persuadé que Vieux Abouka et moi nous chamaillions. Alors qu'il nous demandait de nous taire, bien entendu en grec, je profitai de ce moment pour lui ravir mon passeport et prendre la fuite en empruntant les escaliers à la place de l'ascenseur. Quant à Vieux Abouka, l'ambassadeur du Zaïre dut intervenir pour le soustraire aux entrailles de l'agent consulaire allemand.

Je me retrouvai en Yougoslavie après de longues heures de voyage. Dans le car, je fis la connaissance de Jacques, un Français, qui rentrait chez lui à Chambéry. L'ambiance était bon enfant : on chantait, on se partageait des choses. Amoureux de la nature, j'étais emporté par le plaisir d'admirer les paysages naturels qui défilaient devant mes yeux. Cette ambiance s'arrêta pour moi à la frontière de la Yougoslavie avec l'Autriche : contrôle de visa, mon premier véritable baptême de feu en Europe. Tout le monde était en règle sauf moi. Je n'avais pas le visa d'Autriche, car je pensais, depuis Athènes, que je n'en avais pas besoin pour entrer à Paris via l'Allemagne.

La police autrichienne me refusa l'entrée du territoire. Tous les passagers firent un bloc unique derrière moi. Jacques et une voisine de car d'origine britannique étaient parmi les plus offensifs. Ils firent savoir aux policiers que le car ne répartirait pas sans moi. Tous descendirent du car comme pour marquer leur solidarité avec moi. Des échauffourées s'amorcèrent entre les policiers autrichiens et les voyageurs. Je m'abstins d'y participer pour éviter d'aggraver mon cas. Mais cela n'empêcha point la police autrichienne de jeter ma valise à terre. Tout le contenu fut éparpillé et il fallait que je me hâte de récupérer mes documents et bien d'autres objets avant qu'ils ne soient happés par le vent et abîmés par la neige.

Alors qu'il faisait un froid de canard, je n'avais pas de vêtements suffisamment chauds sur moi. J'avais des chaussures de ville achetées au Bled au centre-ville de Kinshasa dans une boutique tenue par les Grecs dénommée Cendrillon. Des chaussures de très bonne qualité, mais inadaptées au climat ambiant. Je réussis finalement à convaincre mes compagnons de car de partir pour éviter que la situation ne dégénère. L'acte de solidarité qu'ils avaient posé à mon égard balaya les préjugés qui hantaient mon cerveau au sujet des Blancs, que je n'avais véritablement jamais fréquentés, que ce soit au Bled ou en Grèce. Une fois que le car eut disparu du paysage, je me retrouvai seul dans la forêt, à la frontière entre l'enclume de la police yougoslave et le marteau de la police autrichienne. La police autrichienne me pria sévèrement de retourner en Yougoslavie pour demander un visa de transit au consulat d'Autriche. De son côté, la police yougoslave refusa que je réintègre le territoire, car mon visa de transit n'avait qu'une seule entrée et une seule sortie. Pendant des heures, je fus l'objet d'un jeu de ping-pong entre les deux postes frontaliers. Épuisé, je m'assis sur ma valise sous un déluge de neige dans une zone tampon entre les deux pays. Je me levai et dirigeai de façon déterminée vers le poste frontalier yougoslave pour tenter d'y entrer par la « force ». Mais quelle force pouvais-je dégager à ce moment-là ? Au contraire, je mourrais de trois « f » : faim, froid et fatigue. Cela faisait deux jours que je n'avais pas mangé sauf un misérable sandwich dans le car. Deux jours que je ne m'étais pas lavé.

Toutefois, les enseignements de Grand-père Léon me vinrent à l'esprit et me permirent de garder un peu le moral. « Pour progresser, l'homme a souvent besoin d'acquérir l'expérience à ses dépens et tant que tu respires tu te bats », me disait-il.

Je décidai de foncer tout droit vers la police yougoslave pour lui dire les quatre vérités, du moins, mes vérités à moi. Logiquement, cette police était mieux placée que son homologue autrichienne pour me trouver une solution, étant donné que je n'étais pas en situation irrégulière quand j'avais traversé son pays en autocar. Je lui fis également comprendre que son attitude à mon égard était contraire aux idéaux progressistes et humanistes hérités du défunt Maréchal Tito et à l'image que la Yougoslavie avait toujours voulu donner aux pays du tiers-monde[14].

[14] Que soit ici remercié Monsieur Mulumba, qui fut mon professeur d'histoire à l'Athénée de Ngiri-Ngiri à Kinshasa. Son cours d'histoire était tellement passionnant que je buvais

À peine, j'eus sorti ces quelques mots, le chef de poste me donna l'autorisation de rentrer sur le territoire yougoslave tout en déclinant toute responsabilité envers moi, s'il m'arrivait quelque chose. Il voulait me faire signer une décharge, mais je refusai de le faire, car il n'était pas question pour moi de signer un document rédigé dans une langue inconnue, le serbo-croate. Il me fit également comprendre qu'il n'avait aucune possibilité légale de m'héberger dans leurs locaux et que je devais me débrouiller tout seul pour trouver un abri chauffé. Je lui demandai de m'indiquer le village le plus proche du poste frontalier afin que je puisse m'y rendre dans l'espoir d'obtenir un accueil plus chaleureux. Le village le plus proche était situé, selon la police, à quinze kilomètres du poste frontalier. Je décidai donc de m'y rendre à pied. Après environ deux heures de marche, j'étais transi de froid, de la tête aux pieds. Mes pieds avaient enflé et j'avais de plus en plus du mal à marcher. Toutes les tentatives d'auto-stop faites jusque-là s'avérèrent d'autant plus infructueuses que la route et ses abords n'étaient pas éclairés. Je décidai alors de m'asseoir au milieu de la route pour être le plus visible possible : une initiative hautement périlleuse, mais qui ne laissait guère indifférents les automobilistes. Certains ralentissaient pour me demander de dégager, d'autres me prenaient pour un fou ou me klaxonnaient.

Ce calvaire prit fin lorsqu'un autocar s'arrêta sur le bord de la route. Je le suivis. Le conducteur me demanda ce que je faisais en pleine nuit dans un coin aussi perdu. Je répondis en anglais : « I want go to Zagreb ». Après m'avoir vilipendé en serbo-croate, le chauffeur me fit signe de monter dans son autocar où il n'y avait personne d'autre que lui-même. Je pris place sur un siège du milieu. Durant le trajet, je vis entrer une dame qui venait de je ne sais où. À mesure qu'elle avançait vers moi je sentais mes paupières s'alourdir, j'entrais dans un

---

insatiablement les mots de professeur Mulumba. De plus, ce dernier n'hésitait pas à nous parler de la géopolitique en dehors des heures de cours et du programme scolaire officiel pour, disait-il, nous « permettre d'ouvrir les yeux face à l'obscurantisme néocolonial ». Il nous parlait non sans une certaine admiration de Maréchal Tito de l'ex-Yougoslavie, Nehru de l'Inde et de Nasser de l'Égypte comme étant les fondateurs du mouvement des « non alignés » lors de la conférence de Bandung en 1955.

étagement de somnolence. Puis je sentis une main me tenir le bras et entendis prononcer ces mots :

— Lève-toi, je n'aime pas te voir dans cet état !

Quelques secondes après cette apparition inopinée de la vieille dame marchant avec une canne, je repris conscience et demandai au chauffeur s'il avait vu la même personne que moi. Il me répondit qu'il n'avait vu personne monter dans son autocar. Pour le chauffeur, c'était un rêve que je venais de faire quand je m'étais assoupi. Mais, moi, j'avais « ma petite idée ». La vieille dame était, ni plus ni moins, le fantôme de mon arrière-grand-mère maternelle, Mbondo, la femme-hippopotame. Je me mis vite à l'évidence que j'allais sortir de l'ornière dans laquelle j'étais, d'une manière ou d'une autre. Nous arrivâmes à la gare Centrale de Zagreb au petit matin. Le chauffeur descendit avec moi et il m'accompagna jusqu'à l'entrée de la gare. Avant de me quitter, il me donna un peu d'argent et il me montra la station des cars à destination de Belgrade. Il me souhaita bon courage et bonne chance.

Quelque temps après, je fus interpellé par un monsieur qui me demanda ce que je faisais là, d'où je venais et où j'allais. Je lui racontai mon calvaire tout en précisant que je venais du Zaïre. Ce monsieur se jeta tout de suite sur moi et il me serra très fort dans ses bras. Il me confia qu'il connaissait et aimait mon pays grâce à son équipe nationale qui avait participé à la coupe du monde sous le contrôle de son entraîneur d'origine yougoslave, un certain Vidinick. Il se mit à faire une collecte d'argent pour moi avec son chapeau tout en expliquant aux donateurs potentiels que j'étais originaire du Zaïre. La solidarité et l'enthousiasme dont ces personnes me témoignèrent resteront gravés dans ma mémoire jusqu'à ce que je quitte ce bas monde. Avec l'argent collecté, ils me payèrent un taxi, de Zagreb jusqu'à Belgrade. Ils insistèrent auprès du chauffeur de taxi pour qu'il me dépose devant l'ambassade de mon choix.

Ce chauffeur préféra me déposer plutôt à l'ambassade du Nigéria qu'il connaissait très bien. Je me résolus à accepter sa proposition de m'amener là-bas. En arrivant à cette ambassade, je bénéficiai d'un accueil très chaleureux de la part de tout le personnel malgré la puanteur de mes vêtements et de mon corps. L'ambassadeur était attristé par le récit de mon histoire. Il me communiqua l'adresse de l'ambassade du Zaïre tout en précisant qu'il aurait pu m'aider si mon pays n'avait pas de représentation diplomatique à Belgrade. Je repris un autre taxi pour me rendre à mon ambassade avec, toutefois, un mauvais pressentiment.

Quelque temps après, nous arrivâmes à l'ambassade du Zaïre. Je demandai au conducteur de taxi de m'attendre, le temps d'aller chercher de l'argent à l'ambassade pour lui payer la course. Quelle naïveté de la part du jeune homme que j'étais ! En arrivant à l'ambassade, je fus reçu par la secrétaire de l'ambassadeur, une femme blanche d'origine belge. Je lui demandai avec insistance de parler à l'ambassadeur. Celui-ci était à son bureau, mais il refusa de m'accorder l'audience, car « il n'avait pas de temps à perdre avec des Zaïrois aventuriers qui souillent la réputation de la mère patrie à l'étranger ». J'étais fou de rage après avoir entendu de tels propos de la part de la personne qui était censée me rassurer. Finalement, à mon grand étonnement, l'ambassadeur se résolut à sortir de sa tanière comme un lièvre encerclé par une meute de chiens. Il parlait un français très approximatif, mais sur un ton arrogant, comme d'ailleurs l'était son patron, Mobutu. Au moins celui-ci, l'ex-président dictateur du Zaïre, avait une assez bonne maîtrise de la langue de Molière. L'ambassadeur m'ordonna de déguerpir sinon il ferait appel à son service de sécurité. Je répondis sur le même ton en déclarant :

— Je suis zaïrois et j'ai mon passeport pour le prouver. Je parle le lingala et sept dialectes, dont le vôtre, monsieur l'ambassadeur. À Athènes, j'ai un parent par alliance qui est vice-ambassadeur honoraire du Zaïre. Mon grand-oncle, Maurice Mpolo, a été sacrifié aux côtés de Patrice-Emery Lumumba, pour la liberté de ce pays. Votre patron, Mobutu, a tué mon autre grand-oncle maternel, Isomi, en le faisant enterrer vivant dans un cercueil parce qu'il soutenait inconditionnellement Patrice-Emery Lumumba. Vous comprenez que je ne suis pas zaïrois par naturalisation et que je viens d'une famille dont l'histoire vous jugera tôt ou tard. Monsieur l'ambassadeur, vous me chassez comme un chien, je vous le dis et je vous le garantis, vous allez me le payer tôt ou tard, au nom de mes ancêtres, au nom des ancêtres de Lumumba, au nom des ancêtres d'Okito, au nom des ancêtres de Papa Pierre Mulele. Ils vous maudiront, et vous et le régime que vous représentez ici dans ce pays dont la population m'a mieux traité que vous et vos collaborateurs. Ma situation n'est qu'un accident de parcours qui ne vous autorise pas à me traiter comme un moins que rien. Monsieur l'ambassadeur, soyez-en sûr, je vais m'en sortir. Je vous signale aussi que je suis tout sauf un aventurier. Je ne suis ni aventurier ni voleur. Moi je ne suis pas responsable du pillage de mon pays.

Après avoir déversé ces diatribes, je me sentis soulagé d'avoir dit ce que je pensais à l'ambassadeur et, à travers lui, au régime qu'il représentait en Yougoslavie, et je sortis de l'ambassade. Je fus aussitôt rattrapé par un certain Mavimba, qui était Premier conseiller de l'ambassade.

Il s'adressa à moi au travers d'un proverbe congolais :

— *Mwana na ngai, nzoku alembaka mino na ye te*, (mon fils, l'éléphant ne se fatigue jamais de ses défenses).

Je fus littéralement tourmenté par ce proverbe, car il pouvait donner lieu à des interprétations contradictoires.

— Pour qui me prenez-vous ? Vous n'avez pas honte de me dire que l'éléphant ne se fatigue jamais de ses défenses ? Vous auriez dû balancer ce proverbe à l'ambassadeur. C'est lui qui représente l'éléphant qui se fatigue de ses défenses, car il m'a rejeté comme un bébé que la mère jette avec l'eau du bain, en refusant de m'aider, ne serait-ce que moralement.

— Personnellement, je ne peux t'aider financièrement puisque ça fait des mois et des mois que nous n'avons pas été payés. Moi, je ne survis ici à Belgrade que grâce à ma femme qui fait un petit commerce à Bruxelles où elle vit avec mes enfants. Elle m'envoie de temps en temps un peu d'argent. Pour l'instant, elle ne m'a encore rien envoyé. Je ne peux donc pas t'aider, à part t'encourager à tenir bon. C'est dans ce sens-là que je t'ai adressé ce vieux dicton de chez nous. Mais je comprends ta réaction.

— D'accord, Papa Mavimba, mais moi j'ai besoin d'argent pour payer le chauffeur de taxi qui m'attend dehors avec un compteur qui tourne à plein régime.

J'espérais toujours que l'ambassadeur ferait un petit geste en ma faveur malgré le caractère sévère et discourtois de nos propos respectifs. Malheureusement, je sortis bredouille de l'ambassade. Lorsque je retrouvai le conducteur de taxi, j'eus le choix entre m'enfuir en courant et lui demander de m'accorder une faveur. En définitive, j'optai pour la deuxième solution. Je remontai d'abord dans la voiture et je feignis de chercher l'argent dans la poche de ma veste afin de simuler la perte de billets qui étaient à ma possession. Quand tout à coup, un événement que je qualifierais de miracle se produisit : en faisant semblant de fouiller dans mes poches, je trouvai quatre cents dinars qui correspondaient, ni plus ni moins, au montant exact de la course demandé par le chauffeur de taxi ! Qui m'avait mis cet argent dans la poche ? Va-t-on savoir !

Après avoir réglé ma course, je demandai au chauffeur de taxi de bien vouloir me déposer à la gare où je devais passer ma deuxième nuit sans avoir mangé et m'être lavé. Je m'assis sur un banc à la dernière place, car il y avait déjà du monde lorsque j'arrivai. Plusieurs fois, le frisson me traversa l'échine à cause des patrouilles incessantes de la police. Curieusement, et pour une raison inconnue, la police vint vérifier l'identité de toutes les personnes qui étaient assises sur le banc sauf la mienne. Pourquoi la police m'avait-elle épargné de ses contrôles alors que je représentais une cible idéale, par le fait que j'étais le seul Noir parmi les Blancs dans cette gare ? Mes ancêtres me rendaient-ils invisible à leurs yeux ou était-ce tout simplement une question de chance ou encore parce que la police avait choisi de ne pas m'embêter ? Toutefois, je ne pouvais pas avoir un sommeil tranquille, car j'étais contrarié de me sentir très inquiet à l'idée de me faire cueillir par la police comme un fruit mûr. Heureusement, jusqu'au petit matin, je ne fus point dérangé.

En revanche, je commençai à avoir faim et à ressentir une immense fatigue. Je voulus retourner à l'ambassade du Zaïre pour tenter de demander à nouveau de l'aide. Mais je me ravisai au profit d'une solution très radicale. Je décidai d'aller moi-même à la police pour me faire arrêter et me faire expulser vers mon pays d'origine aux frais du gouvernement yougoslave. Je n'avais pas un rond pour me payer le ticket de retour au Zaïre. J'y allai à pied avec ma valise. En arrivant à la police, j'aperçus pour la première fois une femme et un homme noirs en train de faire la queue devant le bureau des étrangers. Je m'approchai d'eux et je leur demandai s'ils parlaient français. Ils me répondirent qu'ils étaient originaires du Mali. Cette réponse me rassura tout de suite parce que nous allions pouvoir converser sans nous heurter à la barrière de la langue, le Mali étant un pays francophone comme le Zaïre. Contrairement à moi qui m'étais déplacé pour me faire arrêter et expulser par la police, ces deux jeunes gens étaient venus faire régulariser leurs titres de séjour. Je profitai de l'occasion pour leur raconter mon calvaire dans les moindres détails.

La jeune femme, Mimi Diallo, fut sincèrement très émue. Elle me dissuada d'aller jusqu'au bout de mon projet. Très spontanément, elle me proposa de m'amener chez elle afin de m'aider à trouver une solution. Cependant, le jeune homme s'opposa à cette proposition en arguant qu'il était dangereux de récupérer quelqu'un qui s'est fait rejeter par l'ambassade de son propre pays. Selon lui, j'étais un homme suspect. Le gars ne s'arrêta point à ma personne. Il s'évertua à fustiger à travers moi tous les Zaïrois en les accusant de tous les péchés d'Israël. Je compris vite qu'il était le petit ami de Mimi Diallo et qu'il ne voulait pas s'encombrer d'un étranger. Un étranger qui viendrait troubler la quiétude de leurs relations. Mimi Diallo lui rétorqua :

— Si tu ne veux pas qu'on aide ce compatriote et frère africain, casse-toi et oublie-moi.

Chose dite chose faite. Le jeune homme quitta bien les lieux, très en colère, et sans se retourner.

Mimi Diallo revint vers moi pour me rassurer :

— Monsieur, ne vous inquiétez pas, nous allons bientôt partir de là.

Je l'attendis jusqu'à la fin de ses démarches. Puis elle m'invita à l'accompagner dans une école où elle suivait des cours du soir de langue. Avant d'entrer dans la salle de cours, Mimi Diallo me donna quelques consignes à respecter scrupuleusement pour éviter que je ne me fasse remarquer et que cela ne m'attire des ennuis. Il était dix-neuf heures trente et depuis le matin, je n'avais toujours pas mangé. Mais il m'était difficile de me plaindre auprès de Mimi Diallo, car j'avais peur d'abuser de sa bonté. Nous sortîmes de cette école alors qu'il était vingt et une heures.

Après un trajet long, mais sans encombre, nous arrivâmes chez Mimi Diallo à vingt-deux heures. Mimi Diallo habitait dans une cité universitaire, dans un studio qu'elle partageait avec sa compatriote, Fatou, qui était absente au moment des faits. À peine arrivé, elle me proposa de dîner. Mais je lui demandai non sans gêne de m'accorder d'abord la possibilité de me laver. En effet, elle me donna les affaires de toilette et je me lavai aux bains à quatre sous. Constatant la durée de ma douche, Mimi Diallo vint à plusieurs reprises frapper à la porte de la douche pour vérifier si tout allait bien. Il y avait un grand miroir dans la pièce où se trouvait la douche. Je ne résistai point au plaisir de me regarder dans ce miroir. Je constatai que j'avais retrouvé la fraîcheur d'un jeune homme de vingt ans, avec des cheveux afro à la James Brown… Quand je regagnai le studio, je croisai les regards de Mimi Diallo me palpant admirablement.

Mimi Diallo me servit d'abord la salade. Celle-ci était tellement délicieuse que je ne m'empêchai point de me servir à plusieurs reprises. Lorsqu'arriva le moment d'attaquer le plat de résistance, mon ventre était plein comme un œuf. Mimi Diallo me céda le lit de sa camarade, Fatou, pour que je puisse faire un petit somme. Le lit de Mimi Diallo était en face de celui de Fatou sur lequel j'étais allongé.

Alors que le vent du sommeil commençait à m'emporter, j'entendis frapper brutalement à la porte de Mimi Diallo. Mon cœur faillit exploser. Je me posai beaucoup de questions à cet instant. Était-ce la police yougoslave qui m'aurait repéré et qui serait venue m'arrêter ? Était-ce un coup monté par Mimi Diallo pour avoir ma peau ? Était-ce son fiancé qui serait venu avec une bande de copains pour m'agresser et pour me contraindre à abandonner l'hospitalité offerte par Mimi Diallo ? De toute façon, je m'étais préparé à affronter toutes sortes d'épreuves. Comme dit un proverbe ntomba, « Iba inè ikwèlè nkaké mpailotaké békaliali » (« un palmier qui a été foudroyé n'a pas peur d'éclairs »).

— Qui est-ce ? demanda Mimi Diallo.

Puis elle éclata des rires. Mon cœur fut alors apaisé. Sept hommes entrèrent dans son minuscule studio. Mimi Diallo leur exposa mon cas en bambara, un bambara très francisé. Je compris qu'elle ne pouvait pas m'héberger chez elle parce que c'était une cité exclusivement réservée aux filles et qu'elle voulait également éviter que je ne sois victime de la jalousie de son fiancé. Elle tentait de me trouver une solution avec ses sept compatriotes.

Au cours de la discussion, ils bifurquèrent sur le terrain de la philosophie. Ils parlaient de questions existentielles à la suite de René Descartes et de Jean-Paul Sartre. Mes cours de philosophie étant encore frais dans ma tête, je n'hésitai point à m'engager dans la discussion tout en y invitant Socrate comme principal initiateur de la philosophie occidentale[15]. Tout à coup, l'attitude de ces sept compatriotes à mon égard changea radicalement. Le doute qu'ils auraient pu avoir sur ma fiabilité était écarté. J'eus l'impression d'avoir gagné leur confiance. Nous commençâmes à parler également de choses aussi intéressantes que banales. Par exemple, les plus âgés d'entre eux me firent part de leur nostalgie pour les précurseurs et grandes figures de la musique moderne zaïroise tels que Joseph Kabasele dit Grand Kallé, Nicolas Kasanda dit Docteur Nico et Pascal Tabu dit Seigneur Rochereau. À cet instant, je me sentis gonflé d'une confiance absolue, car, pour la première fois, je retrouvais une ambiance massivement chaleureuse. Mimi Diallo profita de ce

[15] Je voudrais ici m'incliner devant la mémoire de mon père et le remercier de nous avoir toujours exhortés à « faire de la plume notre principale arme et de l'instruction notre drogue quotidienne ».

moment de détente pour me faire signe de la suivre dehors, car elle avait quelque chose à me dire.

Elle me souffla quelques consignes :

— Ils veulent tous t'emmener avec eux. Mais il n'est pas question que tu sois hébergé par n'importe qui. Si le gars qui est très clair de peau te propose de le suivre, il ne faudra pas hésiter. Tu te lèves et tu le suis !

Après cette brève conversation avec Mimi Diallo, nous retournâmes dans le studio. À peine entré, Ramabraham Cissoko, « le gars qui est très clair de peau », se leva pour partir. Dans son élan, il m'invita à le suivre. Exécution immédiate !

Ramabraham Cissoko habitait dans une grande cité universitaire baptisée « Patrice Lumumba ». Il occupait une chambre individuelle très spacieuse. Il y hébergeait deux autres « brebis égarées », Shogué, un sénégalais, et Sylla, un guinéen. Ils avaient tous les deux échoué chez Ramabraham Cissoko après avoir été respectivement expulsés d'Italie et de Roumanie. Il y avait deux lits dans cette chambre : un pour Shogué et Sylla et un autre pour Ramabraham Cissoko et moi. J'étais gêné de partager le lit avec un type aussi prestigieux que Ramabraham Cissoko. Il était le beau-frère du président en exercice d'un pays africain. Ramabraham Cissoko faisait montre d'une grande générosité et simplicité, non seulement à mon égard, mais aussi à l'adresse de la plupart de personnes qui le fréquentaient. Mimi Diallo avait eu raison de me conseiller de le suivre ! Mais durant mon séjour chez Ramabraham Cissoko, je dus affronter la jalousie de Shogué qui passait son temps à me tondre la laine sur le dos. Ramabraham Cissoko intervint en ma faveur en mettant Shogué à la porte.

Malgré l'hospitalité de Ramabraham Cissoko, il me fallait coûte que coûte quitter Belgrade pour rejoindre ma destination finale, Paris. Je décidai de faire le tour de toutes les ambassades d'Afrique à Belgrade pour chercher une aide financière. Ces ambassades me renvoyaient systématiquement à la mienne qui était censée m'apporter l'aide dont j'avais besoin. À force de visiter toutes ces ambassades, on me surnomma « Le Maire de Belgrade ». Durant cette période, je ramassais presque tous les jours un billet d'un ou cinq dollars américains dans la rue. Un jour, je me rendis à l'ambassade de France pour demander quelques renseignements sur mon visa. Je rencontrai un couple iranien qui avait des difficultés à remplir leur formulaire de demande de visa pour la France. Ce couple me demanda de l'aider à remplir ledit formulaire. Contre toute attente, il récompensa mon aide en me donnant cinq cents dollars américains. C'était une aubaine pour moi. J'eus l'impression d'avoir gagné au loto. Je sortis rapidement de l'ambassade de France, oubliant même ce pourquoi j'y étais venu. Je me rendis directement à un grand hôtel de Belgrade pour vérifier l'authenticité de l'argent en question. J'eus la confirmation que c'était de la vraie monnaie.

Ramabraham Cissoko essaya par tous les moyens de me convaincre de rester à Belgrade. Il alla jusqu'à m'assurer qu'il était prêt à financer mes études et à me trouver un emploi dans son pays dès que je les aurais finies.

Les intentions de Ramabraham Cissoko étaient certes louables, mais elles n'entamèrent guère ma détermination de quitter Belgrade pour rejoindre Paris. Comme dit un proverbe africain, « On a beau donner un régime de bananes au petit singe que l'on veut garder chez soi, il a toujours des regards tournés vers les arbres ». Convaincu de ma détermination, Ramabraham Cissoko se résolut à me payer le billet d'autocar à destination de Paris via l'Italie. Le jour de mon départ, il m'accompagna avec Mimi Diallo à la gare autoroutière internationale de Belgrade. Mimi Diallo avait de mal à dissimuler sa tristesse de me voir partir, de voir partir le jeune homme qu'elle avait ramassé quelques mois plus tôt à la préfecture de police, le jeune homme qu'elle considérait un peu comme son frère. Elle avait vraiment de mal à contenir ses larmes.

Pour mon voyage, Mimi Diallo m'avait préparé un sandwich et une bouteille de soda. Ramabraham Cissoko me donna un peu d'argent de poche. L'autocar était bondé et composé de Yougoslaves qui se rendaient tous à Paris. L'ambiance était bon enfant. Durant le voyage, je sympathisai avec un Yougoslave qui parlait très bien français. Il vivait à Paris. Sa femme et ses enfants étaient restés à Belgrade. Il lui était difficile de les faire venir à Paris dans le cadre du regroupement familial. C'est pourquoi il retournait assez régulièrement à Belgrade pour leur rendre visite.

Après des heures de voyage, nous arrivâmes à Trieste, la ville frontalière de l'ex-Yougoslavie avec l'Italie. Cette ville représentait pour moi le Rubicon. L'autocar s'arrêta devant une barrière policière. Le chauffeur demanda à tous les passagers de lui remettre leurs passeports puisque la police italienne allait procéder au contrôle de passeport et de visa. À ce moment-là, je n'étais plus moi-même. J'avais un visa de transit d'une journée pour l'Italie et de quarante-huit heures pour la France. En revanche, je n'étais guère en possession du visa pour les Pays-Bas, qui étaient pourtant officiellement ma destination finale. J'établis donc que mes chances d'être autorisé à entrer en Italie pour continuer ma route étaient minimes. Je commençai à trembler de peur, la peur de me retrouver dans la même situation que celle que j'avais connue à la frontière austro-yougoslave. J'étais sur le point de faire un malaise. Tout mon corps tremblotait. Je devais me ressaisir pour éviter de me faire remarquer. Entre-temps, deux policiers entrèrent dans l'autocar. Il y avait dans cet autocar quarante-cinq passagers, hormis le chauffeur. J'étais le seul Noir parmi les quarante-cinq passagers, les quarante-quatre autres passagers étaient des Blancs de nationalité yougoslave. Je commençais à trouver l'attente trop longue. J'avais hâte que les policiers italiens nous rendent nos passeports. J'étais très agité. Enfin, un des policiers vint nous rendre nos passeports. D'abord, il appelait le propriétaire du passeport puis il disait : refusé ou accepté. Les « refusés » étaient refoulés et devaient quitter le « navire », descendre de l'autocar. Les « acceptés », eux, devaient rester dans l'autocar pour continuer le voyage. Quand j'entendis citer mon nom, mon cœur se mit à tambouriner dans ma poitrine à vive allure. Le policier prononça le mot magique : « accepté ». Et je me levai pour aller chercher le sésame. Au final, nous n'étions que deux à avoir été autorisés à entrer en Italie puis en France. Les quarante-quatre autres passagers furent refoulés. J'eus un immense soulagement. Tous les maux que j'avais attrapés à cause du stress disparurent.

L'autocar marqua un arrêt à Chambéry avant de repartir pour Nancy, où Il s'arrêta pendant un long moment. J'étais loin de savoir que dix-huit ans plus tard, je reviendrais dans cette ville et très exactement dans un village qui s'appelle Foug, et que je vivrais de façon tout à fait inattendue une expérience de spiritisme avec l'esprit de l'ancêtre d'une amie, Colette.

Ma petite famille et moi étions invités par cette amie et son mari, Bernard, qui était militaire à Foug, pour y passer quelques jours avec eux. Un soir, alors que nous étions à table, Collette nous confia qu'elle souffrait de douleurs dorsales atroces probablement dues à son travail. Elle était aide-soignante dans un hôpital à Nancy. Je lui proposai de la soulager de ces douleurs par une séance de magnétisme. Bernard, militaire de carrière et gaulois très cartésien, déclina ma proposition.

— Je ne crois pas à ce genre de chose, me lança-t-il.

Collette insista auprès de Bernard pour que celui-ci accepte que je fasse cette séance. Ce dernier finit par me donner son feu vert. Je pratiquai l'imposition des mains à Collette pendant une demi-heure environ. Puis Collette déclara qu'elle se sentait lourde, fatiguée et qu'elle avait envie de dormir.

— J'espère que tu ne lui as pas fait du vaudou ! s'exclama Bernard.

Drôle de réaction pour quelqu'un qui « ne croit pas à ce genre de choses ». De plus, je ne voyais pas ce que le vaudou venait faire dans cette histoire. Toujours est-il que Colette s'était écroulée dans son lit jusqu'au matin. Il était vingt heures quand j'avais fini de lui prodiguer l'imposition des mains. À son réveil, elle ne sentait plus les douleurs qui lui cisaillaient le dos. Elle recommençait à soulever des objets relativement lourds, chose qu'elle n'avait plus faite depuis des années.

La nouvelle de sa « guérison » se répandit dans le village et finit par arriver aux oreilles de ses parents. Ces derniers manifestèrent le vif désir de me rencontrer. Ils m'invitèrent chez eux avec ma petite famille. Durant tout le temps où nous étions chez eux, ils n'eurent de cesse de me bombarder, avec leurs voisins, de questions sur l'origine de mes « pouvoirs de la main ». Alors que l'invitation touchait à sa fin et que nous étions sur le point de partir, j'eus la sensation que quelqu'un m'appelait à l'étage. Je le dis à mon épouse qui le répéta à Collette. Cette dernière s'empressa d'en parler à ses parents. Sans la moindre hésitation, les parents de Collette m'autorisèrent à monter à l'étage. Ils me tinrent compagnie puisque je ne connaissais pas la maison. La voix venait d'une photo très ancienne qui était dans un cadre minutieusement posé sur un bahut du dix-neuvième siècle qui appartenait aux arrière-grands-parents maternels de Collette. Cette photo était celle du grand-père maternel de Collette. Il tenait à entrer en contact avec moi afin de transmettre un message à sa fille, la mère de Collette. Un phénomène d'incorporation se produisit. Le défunt prit possession de mon corps pour transmettre son message. Quand je sentis cette incorporation, je demandai à mes ancêtres et en particulier à Grand-père Léon d'éviter que je ne m'endorme ou que je ne m'évanouisse. Ce aurait été la pire des choses qui pouvaient m'arriver devant mes enfants et ma femme et, surtout, dans un milieu étranger. Je restai debout, relativement éveillé et conscient. Puis j'entendis les bruits de sabots et les hennissements des chevaux. J'entendis une voix masculine, fine et très perçante me parler : « Je ne veux pas qu'ils vendent ma maison ; pourquoi ma fille ne parle-t-elle plus de moi ? Pourquoi ne vient-elle plus me voir là où je suis ? Je ne veux pas qu'ils vendent ma maison. Et merci d'être venu chez moi ».

En effet, cette maison appartenait aux grands-parents maternels de Collette. Son grand-père était agriculteur et possédait des chevaux. Il était autoritaire et parlait toujours sur un ton impératif. Les parents de Collette projetaient de vendre cette maison qui était devenue trop grande pour eux, car tous les enfants étaient déjà partis et avaient chacun leur maison. Même leur propre fille, Collette, ignorait l'existence de ce projet. Ils étaient tous stupéfaits du message envoyé par leur défunt père, beau-père et grand-père. Aussitôt, le bruit courut dans tout le village : « Il y a un Africain qui parle avec les morts ». Quelques voisins vinrent en trombe me voir avec sous la main la photo de leurs défunts pour que je puisse entrer en contact avec ces derniers.

Bien entendu, je refusai de répondre favorablement à ces sollicitations pour préserver ma tranquillité et profiter de mes vacances avec ma petite famille.

Après Nancy, l'autocar reprit sa route jusqu'à sa destination finale : Paris, place de Stalingrad. Ici, je rencontrai une femme noire d'origine antillaise à qui je demandai de l'aide pour aller à Saulx-les-Chartreux dans l'Essonne. Elle me conduisit au guichet de la RATP. Elle m'acheta un ticket pour me rendre à Massy-Palaiseau. Elle m'accompagna jusqu'à Denfert-Rochereau. De cette station, elle me fit entrer dans un autre train, le RER B, qui m'emmena à Massy-Palaiseau. Durant le trajet, je m'assoupis et je vis à nouveau mon arrière-grand-mère, Mbondo, la femme-hippopotame, qui me donna cette fois-ci sa canne… À partir de ce moment-là, je ne cesserai de la voir assez régulièrement en rêve.

Un jour, sous l'influence d'un ami, Didier Dibango, qui m'avait aidé à surmonter certaines difficultés incontournables pour un jeune immigré africain que j'étais, j'intégrai un petit groupe de prières d'obédience chrétienne, « I AM », dont le gourou était un Belge qui vivait à Bruxelles. Nous nous réunissions une fois par semaine à Paris dans le studio d'un de nos frères. Moi qui avais pris mes distances avec le catholicisme, le christianisme et le monothéisme en général, je me retrouvai dans une secte où Jésus était notre prophète et Saint-Germain l'intermédiaire entre Jésus et nous et où ce dernier l'était entre Dieu et nous. Tous les adeptes devaient être des végétaliens. Moi, l'enfant du lac et de la forêt, habitué à manger du gibier et du tilapia d'eau douce ainsi que des chenilles, je devais changer complètement mon régime alimentaire en ne mangeant que du *ndunda* ![16]

Cette mutation spirituelle et alimentaire dura trois ans. Nous avions une prière qui s'appelait *Flamme violette* à laquelle notre gourou, que je ne rencontrerai d'ailleurs jamais physiquement, prêtait des pouvoirs miraculeux. Cette nuit-là, je vis pour la première fois en rêve ma grand-mère paternelle, Nta. Elle vint se plaindre à moi en ces termes :

---

[16] Le nom générique donné aux légumes, en lingala, une des langues nationales de la République démocratique du Congo.

— Chaque fois que je viens te voir, tu es toujours occupé. Essaie de trouver un moment pour me recevoir !

Je racontai aussitôt à mes frères d'I AM ce rêve. Le responsable parisien du groupe, frère Rémy, me fit la remarque suivante :

— Quand on est un vrai I AM, on ne peut rêver d'un autre esprit que l'Esprit saint incarné par Jésus-Christ ou Saint-Germain. Ta défunte grand-mère ne peut pas t'approcher parce que tu es devenu le serviteur de Jésus et Saint-Germain.

Or, Grand-mère Nta était à cette époque encore vivante malgré son âge très avancé. Cette remarque me froissa intérieurement, mais je m'abstins de le faire savoir à frère Rémy pour éviter toute discorde ou polémique avec lui. J'en parlai tout de même à un camarade d'université d'origine béninoise. Celui-ci me dit :

— Le fait de prier Jésus ne t'interdit pas de vivre ou de communiquer avec tes parents, fussent-ils morts ou vivants.

Un jour, pendant que je dormais, je vis en rêve Grand-mère Nta :

— Enfin, cette fois-ci, tu es disponible et je peux donc te parler, me dit-elle. Puis elle ajouta :

— Moi je m'en vais, mais sache qu'un tronc d'arbre ne deviendra jamais un crocodile quel que soit le nombre d'années qu'il sera resté dans l'eau.

Au travers de ce rêve, je compris que ma grand-mère paternelle était venue me faire ses adieux, car elle allait rendre son âme. Et c'est ce qui se passa réellement. En effet, une semaine après avoir fait ce rêve, je reçus une lettre de mon père m'annonçant le décès de sa mère. Comme la tradition le veut, j'organisai une veillée à laquelle personne ne vint, ni mes frères I AM, ni mes membres de la famille vivant à Paris. Les premiers refusèrent de m'assister parce que, selon eux, j'étais devenu l'homme des ténèbres, car je me serais détourné de Jésus pour servir ma grand-mère. Les seconds justifièrent leur absence par peur d'être, selon eux, « mangés » par la magie que je pratiquerais du fait de mon appartenance au groupe chrétien I AM. Finalement, je fis le *matanga* (la veillée mortuaire) seul.

Mais je n'étais pas aussi seul que cela, car, pendant que je pleurais Grand-mère Nta, je fus régulièrement interrompu par des manifestations on ne peut plus bizarres : des coups qui faisaient vibrer les murs intérieurs et les meubles de mon studio, la vaisselle qui se déplaçait et qui se brisait, des bruits qui ressemblaient à des voix humaines. J'eus tellement eu peur que j'arrêtai de pleurer. Je pris le livre de la *Flamme violette*, pour prier dans le but d'arrêter ces manifestations. En vain. Finalement, je décidai de me coucher, mais toujours avec la peur au ventre. À peine fermé l'œil, je vis Grand-mère Nta et toute sa cohorte d'ancêtres qui étaient venus m'entourer et m'assister. Je vis également mon arrière-grand-mère maternelle, la femme-hippopotame, qui était venue me soutenir parce qu'elle avait remarqué que je veillais seul, sans personne d'autre que moi-même. Mes ancêtres m'assurèrent de leur présence au travers de toutes ces manifestations. Mon arrière-grand-mère maternelle, Mbondo, la femme-hippopotame, me recommanda de rester ouvert à toutes les religions sans renier celle de mes ancêtres[17]. Elle m'exhorta avec insistance à aider toutes les personnes de confession juive que je rencontrerais sur mon chemin, sans me donner la raison de cette injonction. Pourquoi ne m'avait-elle pas demandé d'aider également les personnes d'autres confessions ?

Nous étions dans les années 1980. Plusieurs fois, je me vis en rêve au Proche-Orient, ou en train de jouer au football avec des juifs et de jouer le rôle de gardien de leur équipe. L'expérience avec les frères I AM m'avait poussé à m'abstenir de raconter mes rêves à qui que ce soit. À cette époque, l'Apartheid battait son plein en Afrique du Sud. Je combattais ce régime en participant à la plupart des manifestations anti-apartheid organisées à Paris, auxquelles était associée dans une moindre mesure la défense de la cause palestinienne. Les portraits de Yasser Arafat étaient distribués gratuitement par les mouvements propalestiniens. J'en pris un et je le collai au mur de ma chambre. Entre-temps, mon arrière-grand-mère maternelle, Mbondo, la femme-hippopotame, ne cessait de venir en rêve pour me répéter que je ne

[17] Même si je le savais avant même qu'elle ne vienne me le rappeler en rêve.

devais pas me détourner des personnes de confession juive : « Tu dois aider les juifs », me martelait-elle.

L'histoire nous a appris que les juifs avaient été persécutés et partiellement décimés par le nazisme, avant de retrouver leur liberté et créer leur État. Logiquement, ils auraient donc moins besoin de mon aide que les Noirs qui étaient persécutés en Afrique du Sud et les Palestiniens qui peinaient à exister en tant qu'État véritable et indépendant. Pourquoi mon arrière-grand-mère maternelle ne m'avait-elle pas orienté préférentiellement vers le soutien aux peuples noirs d'Afrique du Sud et palestiniens de Gaza et de Cisjordanie ? Quel message voulait-elle me communiquer et qui pourrait m'aider à le décrypter ? Autant de questions qui me taraudaient et auxquelles je n'avais pas de réponses, du moins, au moment où je me les posais. Avec le temps, et au vu de mes expériences antérieures avec les esprits des morts, j'appris à écouter mes ancêtres, mes dieux, quelquefois au détriment de mon libre arbitre. Cependant, j'avais beau écouter mon arrière-grand-mère, le problème qui se posait était que le message qu'elle m'avait donné avec autant d'insistance restait profondément énigmatique. De plus, j'étais troublé par les rêves dans lesquels je me voyais au Proche-Orient.

Quelques années plus tard, Nelson Mandela fut libéré puis il devint le premier président noir d'Afrique du Sud. Au Proche-Orient naquit le processus de paix israélo-palestinien suite à la première intifada. J'eus alors l'idée d'écrire un article sur ce processus, « Dividendes de la guerre et dividendes de la paix : illustration sur le modèle israélien », et de le faire publier dans une revue scientifique internationale, Mondes en développement. Quelque temps après la parution de cet article, je reçus des appels téléphoniques de la part de quelques personnalités juives de France et palestiniennes de Cisjordanie. Un chercheur palestinien fit même le déplacement jusqu'à Paris pour me rencontrer. Du côté juif, un officiel israélien m'invita à Tel-Aviv et, à cette occasion, me présenta à l'un des anciens présidents de l'État hébreu avec qui je m'entretins pendant plus de deux heures dans son bureau situé à l'Institut Weizman, à Tel-Aviv.

Une semaine avant d'aller en Israël, je pris quelques jours de vacances avec ma petite famille en Auvergne. Au cours d'une nuit, je fis un songe où je vis une vieille dame dont l'accoutrement et l'allure rappelaient l'époque antique telle qu'on nous la montre dans les livres d'histoire. Elle était enfermée dans une cage. Les gens passaient sans s'arrêter et quelques rares personnes qui s'arrêtaient lui crachaient dessus. Quand elle me vit, la malheureuse vieille dame m'apostropha :

— Jean, te voilà enfin, ça fait longtemps que je ne t'ai pas vu. Je me souviens de l'aide que tu m'as toujours apportée. Vois-tu mon état ? On me crache dessus, on m'insulte. Tu es la seule personne qui se soit arrêtée et qui m'ait regardée avec compassion. Alors, je t'offre cette chaîne pour te remercier du bien que tu m'aies toujours fait.

Alors que je m'apprêtais à décliner son offre dans la mesure où je ne savais pas qui était cette vieille dame et de quoi elle me parlait, j'entendis, toujours dans le même rêve, mon arrière-grand-mère maternelle, Mbondo, la femme-hippopotame, me dire :

— Prends cette chaîne, elle est à toi, elle te revient parce que tu la mérites.

Je me réveillai en sursaut, secoué par un tel rêve.

À mon retour d'Israël, je fus contacté par une journaliste de la BBC qui souhaitait m'interviewer au sujet de mon voyage en Israël et en Palestine. J'avais profité de mon séjour en Israël pour me rendre également en Palestine et plus particulièrement à Jérusalem-Est. La rencontre avec cette journaliste eut lieu aux Halles, non loin du Centre Georges Pompidou, aux environs de midi. Après l'entretien, au moment où je me retournais pour agencer quelques pas vers le métro, j'aperçus en train de briller au sol une chaîne avec un pendentif à la main de Fatma. Cette chaîne ressemblait étrangement à celle que la dame enfermée dans une cage m'avait donnée en rêve. Je la ramassai, et, comme il n'y avait personne autour de moi, je ne pouvais pas rechercher son éventuel propriétaire. Je me rendis dans une bijouterie pour vérifier son authenticité aurifère. Le bijoutier me confirma que la chaîne et le pendentif étaient bel et bien en or 18 carats. Je la gardai dans un petit coffret sans savoir si je devais la porter ou pas.

Un jour, j'étais invité à une soirée organisée par l'institut Technion à la Maison France-Israël à Paris. À cette occasion, je fis la connaissance du rabbin aumônier de l'armée française. Nous eûmes une longue conversation sur la spiritualité. J'en profitai pour lui parler de la chaîne que j'avais ramassée. Il me signifia mot à mot et sans détour :

— Cher ami, cette chaîne est un don du ciel. Peu importent vos croyances, mais vous ne pouvez pas refuser quelque chose qui vient du ciel.

Quelques mois plus tard, le rabbin fut rejoint par mon défunt grand-père, Grand-père Léon, qui vint m'interpeller en rêve parce que je ne portais pas cette chaîne :

— Je ne comprends pas pourquoi tu ne veux pas porter cette chaîne. Tu ne l'as pas volée. C'est un cadeau qu'on t'a offert pour te remercier de tout ce que tu as fait pour les autres dans ta vie antérieure. Tu dois donc la porter et cela ne compromettra guère ta spiritualité ancestrale.

Il ajouta :

— De toute façon, nous sommes là : s'il y avait le moindre danger à porter cette chaîne, nous t'aurions empêché de la porter.

L'intervention de Grand-père Léon me convainquit de porter cette chaîne. Cela est un signe caractéristique de l'animisme : le non-sectarisme, l'ouverture sur d'autres religions ou formes de croyance. La main de Fatma n'a rien à voir avec mes croyances ancestrales, mais mes ancêtres n'ont vu aucun mal à ce que je la porte. De la même manière, je porte une chaîne avec un pendentif en croix qu'on m'avait offerte en guise de cadeau d'anniversaire. Il s'agit du syncrétisme religieux, un puissant remède face au communautarisme religieux.

Cet article m'ouvrit énormément de perspectives amicales avec les juifs. Il leva le loqueteau énigmatique du message de mon arrière-grand-mère, Mbondo, la femme-hippopotame, message où celle-ci m'exhortait à « aider » les personnes de confession juive. En fait, l'esprit de mon arrière-grand-mère m'avait en quelque sorte poussé à rédiger un article sur un thème qui était pourtant éloigné de mon champ de recherches scientifiques et de ma région géographique d'origine afin de m'aider à nouer des relations amicales avec les juifs. Car dans ces relations qui transcendaient nos différences culturelles se cachaient d'énormes gisements de fraternité, de solidarité que je devais exploiter pour élargir les frontières de ma vie sociale et professionnelle.

En plein été parisien, un ami de confession juive me téléphona pour m'annoncer le décès de son père pendant que j'étais en vacances avec ma petite famille à Saint Maurice sur Fessard, un petit village situé dans le Loiret. J'abrégeai immédiatement mes vacances pour revenir à Paris. La mère de cet ami, la veuve, était inconsolable. Elle manifestait le désir de « partir avec son mari », car avec la disparition de ce dernier la vie lui était devenue impossible. J'assistai cette famille en participant, la kippa sur la tête, à toutes les cérémonies religieuses qui durèrent sept jours. La kippa que je portais m'était donnée par la veuve, Maman Ruth. Elle appartenait à son défunt mari. Pourtant, j'en avais une qu'un collègue juif m'avait ramenée des États-Unis.

— Tiens, mon fils, porte cette kippa, Père Gabi (le diminutif de Gabison, le nom de son défunt mari) sera content, dit Maman Ruth.

La prière était animée par un jeune rabbin dans le salon de l'appartement de la veuve. Je ne comprenais pas la prière en hébreu, mais je faisais tous les gestes en imitant les autres. Nous étions dans un comité restreint d'environ quinze personnes dont moi, le seul Noir et le seul non-juif, chrétien par mes parents et animiste par mes ancêtres.

Le jour de l'enterrement, un après-midi, dans un cimetière parisien, j'étais en retard pendant que tout le monde était déjà là autour de la famille éprouvée. L'heure avançait et le rabbin commençait à piaffer d'impatience. D'autres personnes parmi lesquelles il y avait de grandes personnalités de la communauté juive lui emboîtèrent le pas. Mais maman Ruth, la veuve, impassible, leur fit savoir :

— Père Gabi et moi ne bougerons pas d'ici tant qu'un de mes fils ne sera pas arrivé.

Le rabbin pensait que la veuve racontait des balivernes dans la mesure où tous ses enfants étaient présents : trois garçons et deux filles. Comme on dit, « il n'y a jamais deux sans trois ». En descendant du bus, je pris la mauvaise entrée du cimetière alors que la bonne entrée était diamétralement à l'opposé. Il fallait donc que je traverse tout le cimetière en courant pour rejoindre la foule qui m'attendait au bon endroit. À mesure que j'avançais vers la foule, je me sentais transpercé par les regards interrogateurs et curieux de celle-ci. Certainement, les gens se demandaient qui j'étais pour faire attendre autant de monde dans un moment aussi difficile, triste et lourd qu'est l'enterrement d'un patriarche juif. En arrivant devant la foule, Maman Ruth, la veuve, me demanda de la rejoindre dans la cabine du conducteur du corbillard. Nous fûmes donc quatre dans le véhicule : le chauffeur, la veuve et moi devant et le défunt dans la place arrière. Le chauffeur roulait à pas de charge et le cortège suivait à pied jusqu'au carré juif et plus particulièrement à l'endroit qui était prévu pour l'inhumation.

Pendant l'inhumation, quelques curieux vinrent me voir pour me demander si j'étais juif. Ils avaient l'air surpris de voir la famille éprouvée et en particulier la veuve m'attribuer une grande importance pendant les funérailles. Pour couper court à toute supputation, la veuve déclara à qui voulait l'entendre en parlant de moi :

— Avant j'avais cinq enfants et j'en ai six depuis que j'ai rencontré cet homme.

Depuis, Maman Ruth et moi entretenons des relations comparables à celles d'une mère avec son fils. J'entretiens également des contacts avec son défunt mari. Il vient assez souvent en rêve me témoigner de sa survivance et de sa reconnaissance pour ma générosité et ma disponibilité à l'égard de sa femme et ses enfants.

Au cours d'une nuit, Père Gabi vint en rêve me remettre un message à l'attention de Maman Ruth. Cette dernière devait arrêter de pleurer tout le temps à cause de sa disparition, car cela contrariait Père Gabi et empêchait son élévation spirituelle. Quand je transmis ce message à maman Ruth, elle fut profondément émue puisqu'elle avait fait le même rêve que moi. Depuis, elle a cessé de pleurer et peu à peu repris une vie normale. Au cours d'une autre nuit, Père Gabi, toujours en rêve, vint me donner un œuf pour me remercier de tout ce que j'aurais fait pour lui et pour sa famille. Il m'en donna un deuxième pour son fils. Ces deux œufs avaient la particularité de briller comme des ampoules allumées. Je fis ce rêve deux jours après avoir été à la synagogue pour participer à une prière à la mémoire de Père Gabi. Déjà, pendant que la prière battait son plein à la synagogue, j'entendis Père Gabi me dire :

— Merci… merci, je suis avec vous.

Un mois plus tard, mon ami reçut une promotion inattendue. Il fut nommé haut représentant de l'État dans un des départements de l'Hexagone. De mon côté, j'obtins également une belle promotion professionnelle.

Au regard de tous ces faits, mon arrière-grand-mère, Mbondo, la femme-hippopotame, n'avait-elle pas vu juste ?

6
Les 80 médecins venus de l'au-delà

Durant mon séjour à Inongo, j'appris qu'oncle Nkanda Wembu, le cousin de ma mère, ainsi que sa mère étaient mourants. La famille aurait donné l'ordre de leur fabriquer deux cercueils. Je décidai d'aller leur faire mes adieux, contre la volonté de mon père. Celui-ci trouvait que je perdais mon temps en allant rendre visite aux moribonds. Je préférai braver, à titre exceptionnel, l'interdiction de mon père.

Sur la route, je croisai des gens qui venaient du village où je me rendais. Ils me donnèrent des nouvelles de l'oncle Nkanda Wembu et de sa mère. Ces nouvelles n'étaient pas rassurantes. À mon arrivée dans le village, quelques personnes, amis et membres de la famille, vinrent m'accueillir par des pleurs. J'étais persuadé qu'oncle Nkanda Wembu et sa mère étaient déjà morts. Mais un cousin me rassura en me soufflant discrètement à l'oreille que les intéressés étaient encore en vie. Je demandai immédiatement à un des oncles maternels l'autorisation d'aller au chevet d'oncle Nkanda Wembu. Celui-ci étant considéré comme le super-chef coutumier, nul n'avait donc le droit d'entrer dans la case où il se trouvait sans se soumettre à une série de conditions protocolaires. J'étais dispensé de ces conditions à titre exceptionnel. On ne pouvait pas me renvoyer à Paris alors que je m'étais déplacé expressément pour rendre visite à des proches qui étaient à l'article de la mort. On m'autorisa finalement à entrer dans la pièce où oncle Nkanda Wembu se trouvait. Cette pièce était nimbée d'une lueur terriblement funèbre. En y entrant, j'appelai oncle Nkanda Wembu par ses acronymes guerriers dans l'espoir de déclencher chez lui un élan de rémanence. Mais il ne réagissait pas. Était-il dans un état comateux ? Difficile de répondre à cette question, d'autant plus difficile qu'il n'y avait ni médecin, ni infirmier, ni hôpital dans ce village.

La famille m'avait préparé une chambre dans la maison la plus aisée du village, mais je préférai passer la nuit dans une case où il faisait une chaleur étouffante, à côté de l'oncle Nkanda Wembu. La nuit, je m'attelai à lui parler incessamment, mais sans me nourrir d'illusions sur l'éventualité d'une moindre réaction de sa part.

— Ne te fatigue pas de lui parler, car il n'est plus avec nous, il est dans un autre monde. Me lança un des proches de l'oncle Nkanda Wembu.

J'entendis soudain une petite voix qui demandait doucement :

— Qui est la personne qui est à mes côtés et qui est accompagnée de quatre-vingts médecins qui s'apprêtent à m'opérer ?

Cette voix était bien celle de l'oncle Nkanda Wembu. Un miracle venait donc de se produire dès l'instant où le moribond se mit à parler. Quant à la présence des médecins, cette déclaration était loin d'être un délire puisque j'avais vécu une situation similaire.

Je rendis visite à ma tante maternelle dans un camp militaire à Kinshasa, puisque son mari était militaire. À peine arrivé, je trouvai une de mes cousines très mal en point. Ma tante était complètement désemparée puisque les médicaments qu'on donnait à sa fille ne produisaient pas d'effets probants. Durant la nuit, ma tante fit un rêve où elle vit un monsieur qui se présenta à elle comme mon ange gardien. Ma tante décrivit ce monsieur comme un vieil homme à la peau noire. Cet homme prit ma cousine dans ses bras et s'employa à la masser. Il rassura ma tante en lui annonçant que l'enfant était guéri. Dans la réalité, ma cousine se mit à pleurer et ces pleurs réveillèrent ma tante. Aussitôt, cette dernière vint frapper à la porte de ma chambre pour me raconter ce rêve. Le matin, nous constatâmes un net changement chez l'enfant : sa température avait baissé et son estomac criait famine.

J'étais dans la case où se trouvait oncle Nkanda Wembu. J'étais assis sur une chaise longue à côté d'un feu de bois et en train de discuter dans le recueillement avec oncle Paul Elia, un des grands frères du malade. Une légère somnolence m'envahit. Pendant ce laps de temps, je vis entrer une jeune femme auréolée par une sorte de lumière rougeâtre. Curieusement, ses pieds ne touchaient pas le sol, comme si elle se déplaçait en glissant.

— Qui êtes-vous ? lui demandai-je.

— Et vous qui êtes-vous pour me demander qui suis-je ?

— Je suis le neveu de Monsieur Nkanda Wembu.

— Moi aussi, je suis la nièce d'oncle Nkanda Wembu.

— Quel est l'objet de votre visite ?

— Je suis venue chercher mon oncle pour partir avec lui.

— Moi, je suis venu le sauver de sa maladie pour qu'il reste avec nous.

La mystérieuse jeune femme voulait se diriger vers l'endroit où était allongé oncle Nkanda Wembu. Je m'y opposai. Après cette apparition, je secouai oncle Paul Elia, qui dormait profondément, pour le réveiller et pour lui raconter cette histoire rocambolesque. Oncle Paul Elia avança que je venais de voir sa défunte fille, morte dans les années quatre-vingt, et d'échanger avec elle.

— Qu'est-ce qu'elle t'a dit exactement ? me demanda-t-il avec insistance.

Je lui réitérai mes propos. Oncle Paul Elia se leva pour aller vérifier si oncle Nkanda Wembu était toujours vivant. En effet, non seulement il était toujours vivant, mais aussi il commençait à prononcer quelques mots beaucoup moins inaudibles que tout au début de mon arrivée. Je compris que c'était un signal réconfortant. Le matin, un infirmier originaire d'un village voisin vint voir oncle Nkanda Wembu. Il s'apprêta à lui donner un médicament par injection. Je lui fis remarquer qu'il était insensé de prodiguer un quelconque soin au malade sans l'avoir diagnostiqué au préalable. J'ajoutai qu'oncle Nkanda Wembu n'avait peut-être pas besoin de ce médicament. L'infirmier se rendit compte qu'il avait à affaire à quelqu'un qui n'était pas du milieu villageois. Mais il fit quand même une injection à oncle Nkanda Wembu alors même que celui-ci n'avait que la peau sur les os. Toutefois, ce dernier était lourd comme un amas de pierres de deux cents kilogrammes. Seul son grand frère, oncle Paul Elia, avait la force de le mobiliser de temps à temps pour lui éviter des escarres. Et quand il le mobilisait, le lit où moisissait son corps squelettique tanguait et craquait violemment du fait de son surpoids qui contrastait avec sa maigreur. Le surpoids de l'oncle Nkanda Wembu provenait de la présence mystique d'animaux tels que l'éléphant, l'hippopotame et le buffle dans son corps. Le lendemain, oncle Nkanda Wembu sortit définitivement de son état moribond et demanda à me parler seul à seul.

Lors de notre conversation, il me raconta qu'il avait vu sa défunte nièce entrer dans la pièce où il était. Cette nièce lui avait tendu la main pour l'emmener avec elle. Mais oncle Nkanda Wembu ne se souvenait plus de la suite de cette vision. Je le rassurai en lui signalant que j'avais également vu la nièce en question et que je ne lui avais pas donné la possibilité de venir jusqu'à lui. Il me posa la question de savoir s'il allait mourir ou non. Je lui fis savoir qu'il m'était difficile de répondre à une telle question. J'ajoutai toutefois que je croyais dur comme fer à la perspective de son rétablissement, notamment grâce à ma visite qui ne semblait point être le fruit du hasard.

Oncle Nkanda Wembu déclara ainsi avoir subi une intervention chirurgicale de la part de quatre-vingts médecins invisibles qui m'accompagnaient, et ce, tout au long de ma visite. À l'issue de cette opération, ces derniers l'auraient débarrassé de chairs en décomposition et lui auraient greffé des chairs saines. Ils lui auraient ensuite fait un gigantesque pansement qui lui donnait l'allure d'une momie. Oncle Nkanda Wembu me confia également qu'il s'était retrouvé dans le cimetière du village quand il était dans le coma. Il était accompagné de son défunt grand-père qui lui servait de guide. Celui-ci lui avait formellement interdit tout contact avec les morts qu'il rencontrait durant cet éphémère voyage dans l'au-delà. Il ne devait pas leur parler ni manger entre leurs mains. Ces interdits avaient pour but d'empêcher oncle Nkanda Wembu de se familiariser avec les défunts et d'avoir ainsi l'irrésistible envie de rester définitivement avec eux.

Oncle Nkanda Wembu était loin d'affabuler puisqu'à son réveil il transmit à certaines personnes du village des messages envoyés par leurs proches disparus qu'il avait rencontrés dans l'au-delà. Les personnes destinataires de ces messages confirmèrent l'authenticité de ceux-ci par le langage et les expressions familiers de leurs proches disparus ainsi que par le récit très exact de certains événements qu'ils avaient vécus dans l'intimité et le secret le plus total avec leurs proches de leur vivant.

Tous ces phénomènes prouvent de la manière la moins contestable qu'oncle Nkanda Wembu avait bel et bien effectué un voyage d'outre-tombe.

Mais qui est véritablement oncle Nkanda Wembu ?

Oncle Nkanda Wembu est un des fils d'Ipoka. Il se distingue par la supériorité de sa force physique par rapport à celle de tous ses frères et sœurs et même à celle de son père. Il se distingue aussi par sa minceur qui déroute toute personne qui ne le connaîtrait pas. Pourtant, certains de ses frères ont une corpulence naturelle de catcheur. Je pense à oncle Paul Elia qui était aussi costaud que son père. Quant au fils aîné, oncle André Ntula, il avait une corpulence moyenne et, malgré son handicap à la jambe, il était aussi fort que ses frères, mais, à un niveau inférieur à celui de l'oncle Nkanda Wembu.

Nous étions à Inongo au début des années 1970. La ville était en pleine ébullition avec l'arrivée d'un certain Yatchi alias « Mille tonnes », un colosse bombé d'une impressionnante musculature. Il se faisait passer pour l'homme le plus fort du monde, du moins on le considérait comme tel, et pour cause : il arrêtait des hélicoptères en décollage d'une seule main.

Il était à Inongo pour livrer une démonstration de force. Le spectacle se déroulait dans la cour de l'école catholique des filles. La foule était immense. Tous les hommes réputés les plus physiquement forts d'Inongo, Gomère, Bokoms, Mpeti André, Mpia Matos, étaient présents, à l'exception de l'oncle André Ntula. Avec une centaine de personnes, ces hommes devaient relever le défi en jouant à la tire à la corde contre Yatchi. Celui-ci parvint à les tirer de son côté d'une seule main. Toutefois, Yatchi resta sur sa faim tant qu'il n'avait pas défié oncle André Ntula.

Sous la pression du commissaire sous-régional, Makojibiki, oncle André Ntula, qui se faisait jusqu'ici discret, moins par peur d'affronter Yatchi que par respect pour son père, Ipoka, qui interdisait formellement à tous ses enfants de se livrer à de tels spectacles, finit par accepter de rencontrer Yatchi. Cette rencontre se déroulait à huis clos dans la résidence du commissaire. Oncle André Ntula était assis lorsque Yatchi entra dans le salon du commissaire. Yatchi, hâbleur et menaçant, faisait saillir ses muscles. Se vantant d'avoir arrêté un hélicoptère au décollage d'une seule main, il s'exclama :

— C'est ce petit monsieur qui veut m'affronter !

Oncle André Ntula, d'apparence bien plus chétive et souffrant d'une grande infirmité à la jambe droite dont on avait retiré la rotule, était très calme et souriait tranquillement. Puis il rétorqua en s'adressant à son tour à Yatchi :

— C'est toi, le baobab qui veut affronter l'ouragan !

Après ces quelques échanges vifs et discourtois, Yatchi demanda au commissaire sous-régional d'annuler cette rencontre, car, selon lui, oncle André Ntula, de loin comme de près, ne ferait pas du tout le poids. Yatchi avait peur de lui casser les vertèbres au vu de la maigre corpulence qui caractérisait son adversaire. Contrairement à Yatchi qui faisait deux mètres de taille et qui pesait 130 kilos, oncle André Ntula mesurait un mètre soixante-treize et pesait 68 kilos.

La demande de Yatchi fut rejetée. Le commissaire ordonna aux deux protagonistes de relever le défi pour lequel il les avait convoqués. C'est Yatchi qui ouvrit en premier les hostilités. Il serra vigoureusement la main de l'oncle André Ntula. Puis il tenta de le soulever afin de le projeter à terre. La petite main de l'oncle André Ntula fut totalement engloutie dans celle, énorme et broyeuse, de Yatchi. Mais oncle André Ntula était tellement maître de lui qu'il ne laissa paraître la moindre souffrance tant sur le plan physique qu'émotionnel. Il resta aussi inflexible qu'un roc.

À son tour, oncle André Ntula serra fermement la main de Yatchi. Avant même de la relâcher, ce dernier hurla de douleur et s'écroula sur le sol comme un homme ivre. N'eût été l'intervention brusque du commissaire Makojibiki, oncle André Ntula aurait à coup sûr cassé le poignet de Yatchi, car il voulait lui faire regretter son arrogance et son impertinence. Yatchi se leva et s'inclina légèrement pour dire d'une voix pâteuse à oncle André Ntula :

— Je reconnais ma défaite, j'étais trop sûr de moi, je ne pensais pas qu'un type comme toi pouvait me battre. Mais toi et moi, nous pouvons nous associer pour faire ensemble des spectacles publics et payants.

— Fiche le camp d'ici ! répondit oncle André Ntula d'une voix assez sévère.

Humilié et démystifié par l'homme qu'il croyait vaincre à première vue, Yatchi réalisa qu'il ne lui restait rien d'autre à faire que de se retirer d'Inongo. Il quitta cette ville sur la pointe des pieds !

L'exploit réalisé par oncle André Ntula face à Yatchi reste assez modeste comparativement à ceux de l'oncle Nkanda Wembu.

Au fin fond de sa campagne où il gérait un petit élevage bovin d'à peine dix têtes, oncle Nkanda Wembu reçut la visite d'un haut responsable de l'ancien régime de Mobutu. Oncle Nkanda Wembu intéressait particulièrement le président de la République, car celui-ci avait besoin de lui pour faire partie de sa garde rapprochée. Il quitta alors son village pour venir à Kinshasa. Mais il n'eut pas l'occasion de rencontrer directement le président Mobutu, qui avait un autre projet pour lui. Le président voulait mettre oncle Nkanda Wembu à l'épreuve afin de tester sa force physique. Il donna l'ordre de le livrer aux affres de ses commandos les plus redoutables au camp Tchatchi, prétextant qu'oncle Nkanda Wembu devait d'abord suivre un entraînement aux techniques de combat avant de rejoindre sa garde rapprochée. C'était comme si l'on demandait à un illettré de participer à la préparation au concours de dictée.

Oncle Nkanda Wembu n'avait guère d'autre choix que de céder aux exigences du Maréchal Mobutu. L'entraînement tourna court, car il mit KO tous les gardes du corps d'une seule gifle administrée à chacun d'eux. Il aurait pu les envoyer à la morgue s'il leur avait donné de vrais coups de poing. Un individu qui est capable de tuer un buffle à mains nues est tout à fait à même de tuer encore plus facilement un être humain. Auparavant, oncle Nkanda Wembu avait déjà tué un boxeur européen lors d'un combat de boxe organisé à huis clos par les hommes du Maréchal Mobutu.

Au vu de cet exploit inattendu, le Maréchal Mobutu prit peur. Craignant pour sa propre sécurité, il ordonna à ses sbires d'éliminer physiquement oncle Nkanda Wembu. Ce dernier subit alors une véritable chasse à l'homme. Les sbires du Maréchal Mobutu le traquèrent sans cesse comme un fugitif. Ils tentèrent à plusieurs reprises de l'abattre en lui envoyant des coups de feu. Oncle Nkanda Wembu survécut à toutes ces tentatives d'assassinat. Comment s'y était-il pris ? La réponse viendra quelques années plus tard lorsqu'oncle Nkanda Wembu vivra le pire des cauchemars qui lui soient arrivés.

Alors qu'il sortait de chez une amie à Kinshasa, oncle Nkanda Wembu fut interpellé par les militaires qui faisaient la patrouille. Ils l'arrêtèrent puis ils lui intimèrent l'ordre de monter dans leur véhicule (un 4x4 noir aux vitres teintées). Oncle Nkanda Wembu était d'autant plus inquiet de cette interpellation que celle-ci se déroulait en pleine nuit. À peine était-il monté dans le véhicule que la bastonnade commença sans que les assaillants fournissent à oncle Nkanda Wembu la moindre explication de leur interpellation musclée. Mais il ne se plaignait pas malgré la violence des coups qu'il recevait.

Après avoir parcouru quelques kilomètres, le véhicule s'arrêta dans une clairière. Les assaillants demandèrent à oncle Nkanda Wembu de descendre du véhicule et de les suivre. Il refusa d'obtempérer. Les quatre occupants du véhicule usèrent de toutes leurs forces pour tenter de déloger oncle Nkanda Wembu du siège où il était assis. Malgré sa minceur, il resta aussi inflexible qu'une montagne. Comme pour le faire plier, un des assaillants assena à oncle Nkanda Wembu un coup de crosse à la nuque, mais le fils d'Ipoka ne bougea pas d'un iota. Un deuxième véhicule arriva en renfort avec des hommes plus costauds que les occupants du premier véhicule. Ils tentèrent à leur tour d'arracher oncle Nkanda Wembu à son siège, mais en vain. Oncle Nkanda Wembu, qui était jusqu'ici muet, finit par lâcher quelques mots à ses assaillants :

— Je ne descendrai de ce véhicule que par ma seule volonté ou par celle de mes ancêtres.

De plus, comme pour narguer ses assaillants, il leva ses pieds l'un après l'autre tout en accompagnant ces gestes de paroles quelque peu moqueuses et provocatrices :

— Vous voyez, mes pieds ne sont pas chevillés au véhicule. Je les lève et les pose comme je veux. Cela montre que vous n'êtes pas aussi forts que vous prétendez l'être. Si c'était le cas, si vous étiez de véritables hommes, vous auriez déjà réussi à me faire sortir du véhicule par la force.

Intrigués et bouleversés par la réaction de leur cible, ces militaires se demandèrent s'ils n'avaient pas affaire à un revenant ou un extra-terrestre. Aucun homme ne pouvait encaisser autant de sévices sans broncher ni hurler de douleur. De plus, sur le visage d'oncle Nkanda Wembu, il n'y avait pas de traces des coups qu'il avait reçus ni la moindre égratignure. Ces militaires décidèrent alors de stopper leur bastonnade. Entre-temps, oncle Nkanda Wembu descendit du véhicule de son propre gré. Il suivit ses assaillants dans une maison où il entendait des hurlements, des pleurs et des cris aigus. Il s'agissait probablement d'un lieu de torture. Il vit un amas de sang couler sous la porte d'une pièce. Il comprit vite qu'il était dans le couloir de la mort.

Après avoir marqué une pause, les hommes en uniforme reprirent leur sale boulot, mais, cette fois-ci, avec une cruauté bestiale. Ils torturèrent oncle Nkanda Wembu de toutes les manières possibles et inimaginables, jusqu'à ce qu'ils fussent eux-mêmes terrassés par la fatigue. C'est alors que d'autres militaires prirent la relève tout en changeant de méthode. Ils portèrent à oncle Nkanda Wembu une avalanche de coups de baïonnette empoisonnée, en visant les points vitaux du corps. L'intéressé resta toujours impassible comme un arbre. Aucune des baïonnettes ne lui transperça le corps, car sa peau était devenue solide comme une épaisse paroi en fer que l'on essaie de percer avec une mèche pour bois. Les militaires décidèrent donc d'abattre leur dernière carte en emmenant oncle Nkanda Wembu à Kinsuka, au bord du fleuve Congo. Kinsuka est réputé pour être un haut lieu d'exécution. Ils enjoignirent oncle Nkanda Wembu de se tenir debout face à eux et dos au fleuve. Sur ordre de leur chef, huit hommes ouvrirent le feu sur oncle Nkanda Wembu, mais les balles ne firent que glisser sur le corps de celui-ci. Loin de se laisser impressionner par les prodiges d'oncle Nkanda Wembu, le chef des assaillants prit lui-même une arme lourde pour en finir avec sa cible. Mais l'arme s'enraya quand il voulut ouvrir le feu, et ce, à plusieurs reprises. N'ayant pas réussi à tuer oncle Nkanda Wembu malgré les moyens et les méthodes utilisés, les militaires conclurent à l'anormalité de leur cible et, peut-être, à sa déification. Ils décidèrent alors de le libérer.

Oncle Paul Elia avait vécu une situation également insolite. Alors qu'il habitait tranquillement dans un village où il travaillait pour le compte de la société d'exploitation forestière au nom de Forescom, les sbires de Mobutu vinrent l'arrêter pour un motif dont l'intéressé ne comprenait même pas le sens ni la portée. Il était accusé d'appartenir à un mouvement subversif qui aurait préparé un coup d'État contre le président Mobutu. Un coup d'État qui aurait été téléguidé par Daniel Mpetialengo, depuis la Belgique où ce dernier, opposant au régime de Mobutu, était en exil politique. La sûreté avait mobilisé une vingtaine de commandos partis de Kinshasa pour opérer l'arrestation d'oncle Paul Elia. Aussi paradoxal que cela pût paraître, c'était le grand frère d'oncle Paul Elia, oncle André Ntula, alors agent de la sûreté d'État à Inongo, qui coordonnait les opérations sur ordre de Mobutu et de son ministre de l'Intérieur. Oncle André Ntula recommanda au commando de ne pas utiliser la violence contre son petit frère, oncle Paul Elia, car il risquerait de les mettre tous hors d'état de nuire. Le commando respecta de façon scrupuleuse la consigne. En effet, oncle Paul Elia fut arrêté sans subir une quelconque brutalité de la part des soldats de Mobutu, ce qui était contraire à leurs habitudes. En revanche, les autres personnes arrêtées subirent de pires humiliations devant un public hagard et hébété. Une vieille dame, Mama Nzako, que les soldats de Mobutu avaient déshabillée publiquement, ne pouvant pas courir à cause de son poids et de son âge, succomba au fouet quelque temps après son arrestation.

Mama Nzako n'avait pas d'enfants, mais elle s'occupait très bien des enfants des autres. Elle se levait de bonne heure pour préparer des beignets, avant d'aller les vendre au marché. Attirés par l'odeur des beignets, nous allions tournailler autour d'elle. Pendant que la cuisson battait son plein, Mama Nzako fumait le tumbaco (tabac local) et chantait *Mwambé n°5* de l'artiste musicien congolais Johnny Bokelo Isenge. Elle se marrait en nous voyant danser pour recevoir une récompense en nature, qui n'était rien d'autre qu'un beignet bien chaud. Tous les enfants de mon âge adoraient Mama Nzako. Que son âme repose en paix.

Quant à oncle Paul Elia, il demanda que les gardiens lui indiquent sa cellule. Il y entra après avoir défoncé la porte de ladite cellule d'un revers de la main. Il justifia son acte par le fait qu'il n'avait pas besoin que l'on ferme sa cellule. Informé de cet événement, Mobutu demanda que l'on donne une correction exemplaire à ce prisonnier récalcitrant pour lui montrer que le Mouvement Populaire de la Révolution ou le MPR, le parti État de Mobutu, était plus fort que n'importe quel autre citoyen de l'ex-Zaïre, bien entendu, en dehors de Mobutu lui-même. Le commando tenta de tuer oncle Paul Elia et ses codétenus par asphyxie.

Les détenus furent d'abord jetés puis enfermés dans la cale du bateau qui les amenait à Kinshasa où ils allaient croupir dans les sordides geôles de Mobutu. À l'intérieur, non seulement la chaleur était accablante, mais aussi il n'y avait aucun système d'aération. La seule issue de la cale était fermée par une sorte de porte en fer circulaire solidement cadenassée. Après quelques heures de navigation, les détenus commencèrent à faire des malaises à cause de la chaleur, de manque d'oxygène et de la déshydratation. Alors qu'oncle Paul élia était aussi muet qu'une statue, un des prisonniers qui le connaissait personnellement s'adressa à lui :

— Paul Elia, nous vivons peut-être les derniers moments de notre vie sur terre. Mais nous ne comprenons pas ce qui nous arrive, aussi bien de la part des agents de Mobutu que de ta part. De la part des premiers, on nous accuse de quelque chose que nous n'avons pas fait. De ta part, tu ne fais rien pour tenter de nous sortir de là alors que tu es le fils d'Ipoka, l'homme le plus physiquement fort du Zaïre, d'après les on-dit. N'as-tu pas honte de te laisser mourir avec nous dans la cale d'un bateau alors que tu as arrêté un hélicoptère d'une seule main et que tu as aussi tué un bœuf d'un seul coup de poing ?

Il n'y eut aucune réaction visible de la part de l'oncle Paul Elia ! Un autre codétenu, proviseur de lycée, renchérit en entonnant des chants guerriers accompagnés des claquements de mains, pour invoquer les esprits des ancêtres d'oncle Paul Elia :

— *Ndje nsongo mi nkokola we ompodjambolé lobo nkee?* (L'homme le plus fort, nous t'appelons au secours, pourquoi tu ne réagis pas ?)

Tout à coup, oncle Paul Elia se leva et s'écria en patois :

— *Ngo lemi* ! (Ma mère !)

Il fit sauter le verrou d'un seul coup de poing. La fameuse porte circulaire d'une vingtaine de kilos, au moins, fut projetée en l'air et finit sa course dans le lac. Toutefois, oncle Paul Elia pria tous ses codétenus de rester dans la cale pour éviter de faire croire à leurs geôliers à une tentative d'évasion. Le chef des opérations eut en direct la preuve de la force physique d'oncle Paul Elia. Il lui murmura à l'oreille :

— Tu feras un bon garde du corps du président Mobutu.

Il proposa à oncle Paul Elia un traitement de faveur. Ce dernier déclina catégoriquement cette offre, à la seule condition qu'elle soit étendue à tous ses codétenus.

Arrivés à Kinshasa, les prisonniers furent directement conduits à la prison militaire de N'dolo où ils furent torturés. La réputation d'oncle

Paul Elia l'avait déjà précédé. À cause de cette réputation, Mobutu lui envoya un de ses hommes de main les plus forts que la rue avait surnommé « Mbwa mabé » (chien méchant). Mbwa mabé avait la réputation de « maîtriser » les prisonniers récalcitrants d'une seule gifle mortelle. Quand on lui présenta oncle Paul Elia, il s'exclama :

— *Oyo moto ya makasi bayebisaki ngai ?* (C'est l'homme fort dont on m'avait parlé ?) Lève-toi et montre-moi que tu es fort, dit-il à oncle Paul Elia.

— Je ne suis pas fort et j'ignore qui vous a raconté de telles âneries. Par contre, c'est à vous de montrer que vous êtes fort. Répliqua oncle Paul Elia.

— Alors je vais t'envoyer rejoindre tes ancêtres, ajouta Mbwa mabé.

Ses paroles furent immédiatement suivies d'une gifle qui aurait pu tuer oncle Paul Elia s'il n'était pas le fils de son père, Ipoka.

Quand je l'avais rencontré, oncle Paul Elia m'avait avoué que la gifle que lui avait administrée Mbwa mabé était tellement puissante qu'elle aurait pu tuer un buffle. Mbwa mabé était étonné de voir que sa gifle qui avait pourtant la réputation d'être mortelle n'avait eu aucun effet apparent sur sa cible. Au contraire, malgré la puissance de la gifle qu'il avait reçue, oncle Paul Elia resta inflexible et immobile comme un arbre bien enraciné dans la terre.

— Monsieur, vous ne m'avez pas giflé, vous m'avez juste caressé la joue. La nulle puissance de votre gifle me rappelle les caresses de ma femme. Maintenant, je veux une gifle digne des gorilles du président Mobutu, lança oncle Paul Elia à Mbwa Mabé.

Le terme « gorille » est le nom que la rue utilisait pour désigner les gardes du corps de Mobutu.

Mbwa Mabé n'était pas du genre à se laisser défier. Rattrapé par son orgueil et son ego, il administra de nouveau une gifle, plus puissante que la précédente, à oncle Paul Elia, mais sans succès. À la place du KO, oncle Paul Elia esquissa un sourire de moquerie à l'encontre de Mbwa mabé. En outre, ce dernier était loin de savoir que sa première gifle avait réveillé les *nyama*, les forces léonines surnaturelles, d'oncle Paul Elia et que la seconde gifle n'avait fait qu'empirer les choses. Oncle Paul Elia perdit alors son sang-froid. Il attrapa Mbwa mabé au bras et le souleva d'une seule main malgré sa robustesse et son gigantisme, et il le projeta à terre. Au sol, Mbwa mabé se recroquevilla comme un pangolin.

— J'aurais pu vous ôter la respiration rien qu'en vous empoignant avec mon index. Heureusement pour vous que je ne suis pas un tueur. Mais ne recommencez plus vos agressions sinon je vais vous briser les os, prévint oncle Paul Elia.

Tétanisé par la peur et la honte que venait de lui infliger oncle Paul Elia devant ses soldats qui regardaient le spectacle comme dans un Western, Mbwa mabé réalisa qu'il avait affaire à quelqu'un de plus fort que lui et qu'il avait intérêt à le traiter autrement que par la force et la brutalité.

Mbwa mabé fut retrouvé mort quelques mois plus tard, criblé de balles pour une raison inconnue, du moins officiellement. Quant à oncle Paul Elia, il fut gracié avec tous ses codétenus par Mobutu. Après cette grâce présidentielle, il retourna dans son village où il resta jusqu'à sa mort.

7
La vengeance des esprits

Mes grands-parents, Grand-père Léon et son épouse, Grand-mère Isesi, venaient de perdre leur enfant, leur unique garçon après ma mère, l'aînée de la famille. Ce garçon s'appelait Nsengambo, un beau petit garçon, dont le nom était dû au grand chef coutumier de Sengele, communément appelé Nkum'engongo, qui veut dire, chef de Ngongo. Ce chef organisait des concours de beauté dont un d'eux consacra mon arrière-grand-mère, la femme-hippopotame, Mbondo, miss Sengele. Ces concours étaient aussi l'occasion pour le chef de réaliser de nouvelles conquêtes parmi les femmes les plus belles. Le chef avait le droit d'épouser autant de femmes qu'il souhaitait avoir. D'ailleurs, à ce propos, un de ses successeurs en avait vingt-sept. Personne ne pouvait douter que le chef Nsengambo allait jeter son dévolu sur mon arrière-grand-mère.

Toutefois, leur union était impossible parce que mon arrière-grand-mère était plus puissante que le chef, du point de vue spirituel et mystique. Les deux se résolurent à ne pas franchir le Rubicon au risque de périr dans le double feu de l'amour et de la concurrence. En souvenir de ce rendez-vous d'amour manqué, le chef coutumier fit à la miss l'honneur de donner son nom, Nsengambo, au petit-fils de celle-ci. Il avait prédit à mon arrière-grand-mère la naissance d'un garçon quand Grand-mère Isesi était enceinte.

Les chefs coutumiers ont, dans l'ensemble, des capacités médiumniques qui font d'eux de véritables échographes dans un milieu dénué de tout signe de médecine moderne. En effet, ma grand-mère maternelle donna naissance à un garçon, comme l'avait prédit le chef. Le garçon s'appelait Nsengambo, mais il mourut à l'âge de sept ans. Ce fut un coup dur pour ses parents et pour ma mère.

La mort de Nsengambo fut subite. Chose qui mit Grand-père Léon hors de lui. Ce dernier décida de venger son fils, car, pour Grand-père Léon, c'était quelqu'un qui aurait mangé l'âme de son fils par jalousie. Encore faudrait-il qu'il déniche l'auteur présumé de ce meurtre mystique ! Il entreprit de mener une enquête auprès de ses proches. Il interrogea d'abord son père puis sa mère, la Miss, les cousins, les oncles paternels et maternels pour savoir si l'un d'eux y était pour quelque chose dans la mort de son fils Nsengambo. N'ayant pas pu déceler le moindre indice le conduisant vers le « meurtrier » de son fils, il décida d'aller consulter un grand médium-féticheur, qui était également son oncle, Nkanga Nkosi, ce qui signifie le médium lion.

Au même moment, dans le village Nkwaliamba, un couple voisin venait de perdre son dixième enfant. L'épouse, Mama Nzalé, la mère de ces dix enfants, en avait marre de cette hémorragie humaine qui frappait sa petite famille. Elle décida de venir avec Grand-père Léon afin d'aller également consulter Nkanga Nkosi. Elle avait pris cette décision contre l'avis de son mari pour qui la mort de leurs enfants était l'expression de la volonté de Dieu.

Après des jours de marche et de pirogue, ils arrivèrent chez Nkanga Nkosi. Ce dernier faisait ses consultations loin du village, quelque part dans la forêt de Bohanga. Il y passait plus de temps que dans le village au milieu des siens. Son « cabinet » était d'une simplicité déconcertante : une petite hutte, quelques outils de travail tels qu'une boite d'allumettes, une marmite de terre cuite, une machette, un arc et des flèches (pour chasser et pour se défendre en cas d'attaque).

Grand-père Léon était accompagné de sa femme, Grand-mère Isesi, de ma mère, leur fille, ainsi que de Mama Nzalé, la femme aux « dix enfants morts ».

Les choses sérieuses n'allaient pas tarder à commencer. Ma mère et ma grand-mère avaient le cœur noué, une forte appréhension et une bonne dose de peur. Peur de quoi ? Peur d'éventuelles révélations sur l'identité du tueur de leur frère et fils, Nsengambo. Quant à Grand-père Léon, il ne laissait apparaître aucune émotion particulière, à part un accès de colère accompagné de grincement de dents. Ma mère et ma grand-mère redoutaient une autre chose. Il s'agissait du sort que Grand-père Léon réserverait à l'éventuel meurtrier de son fils. En tout cas, il le tuerait par tous les moyens, par la foudre ou par la morsure de serpent. Quoique... Grand-père Léon n'avait même pas à penser à la manière dont il allait s'y prendre pour tuer l'éventuel meurtrier de son fils dans la mesure où Nkanga Nkosi maîtrisait certaines de ces techniques et que c'est lui qui allait s'en charger si Grand-père lui en faisait la demande.

Nkanga Nkosi demanda à Grand-père Léon de lui donner à boire, *longwelo*, du vin de palme, comme pour se mettre en condition. Il but une gorgée et il renversa quelques gouttes sur la terre. Pour Nkanga Nkosi, ce rituel avait pour but d'entrer en communication avec les ancêtres et de les honorer de leur soutien et de leur présence à ses côtés. Il y avait également une autre raison : en buvant un peu de *longwelo*, Nkanga Nkosi entrait facilement en transe et passait directement dans le monde invisible d'où il allait tirer toutes les réponses aux questions posées par ses consultants. Il vida également la moitié de la bouteille de *longwelo* dans sa marmite de terre cuite qui était mise au feu.

Après avoir effectué quelques invocations, Nkanga Nkosi braqua ses yeux sur la marmite en présence des consultants pour vérifier si l'image du meurtrier y apparaissait ou non. Grand-père Léon, Grand-mère Isesi et leur fille, ma mère, voyaient défiler dans la marmite les images de tous les principaux membres de la famille ainsi que leurs propres images. Si l'une ou plusieurs de ces images avaient marqué l'arrêt, cela aurait désigné le ou les meurtriers, mais aucune de ces images ne s'arrêta durant le défilé. Les résultats des recherches de Nkanga Nkosi ruinèrent ainsi les tentatives d'imputer la mort de Nsengambo à quelqu'un. Ce dernier fut peut-être victime d'un arrêt cardiaque ou d'une crise paludique.

Puis vint le tour de Mama Nzalé, la femme qui avait perdu dix enfants. Parmi les images de ses membres de la famille, seule s'arrêta l'image de son mari, et ce, à plusieurs reprises. En clair, d'après les recherches de Nkanga Nkosi, c'était le mari de Mama Nzalé, le propre père de ses enfants, qui aurait tué par la sorcellerie leurs enfants pour prospérer dans ses activités de chasse et de pêche. Il sacrifiait ses enfants en cédant leur âme à certains génies de la forêt et des rivières, en contrepartie d'une chasse et d'une pêche fructueuses. Il était le seul qui tuait le plus de gibier et qui pêchait le plus de poissons, même en période non propice à la chasse et à la pêche. Était-ce le résultat de la sorcellerie ou celui du hasard ou encore le résultat d'une bonne maîtrise des techniques de chasse et de pêche ?

En tout cas, Mama Nzalé fut d'autant plus convaincue de la culpabilité de son mari que Nkanga Nkosi lui avait livré certains détails sur celui-ci. Il s'agissait de détails que personne d'autre à part elle ne pouvait connaître. Mama Nzalé n'en revenait pas. Elle était doublement meurtrie : par la perte de ses dix enfants qui étaient morts sans être tombés malades et par la culpabilité de leur père, son mari. Ce dernier déversait pourtant des torrents de larmes et esquissait quelques tentatives d'autoflagellation chaque fois qu'un enfant décédait, afin d'exprimer sa grande et profonde douleur aux yeux de tout le monde.

Emportée par un foudroyant sentiment de révolte et de trahison, Mama Nzalé n'hésita point à demander à Nkanga Nkosi d'infliger à son mari un sort identique à celui que ce dernier aurait réservé à ses propres enfants. Nkanga Nkosi prit tout de même le soin de la mettre en garde contre une telle décision. Si celle-ci était appliquée, elle pourrait lui porter préjudice notamment aux yeux des hommes du village. Une femme veuve et qui avait perdu dix enfants dans des circonstances non élucidées inspirerait la peur et la méfiance à ses prétendants potentiels qui verraient en elle l'incarnation du mal qui s'abat sur sa famille. De plus, elle risquerait d'être mise en quarantaine par sa belle-famille, pourquoi pas par sa propre famille, ainsi que par l'ensemble des villageois. Dans un tel contexte, la survie de cette femme serait compromise par l'isolement et la solitude qui laminent l'existence d'un individu vivant dans un milieu où le collectivisme ne laisse que très peu de place à l'individualisme. Les mises en garde et les réserves exprimées par Nkanga Nkosi n'entamèrent guère la détermination de Mama Nzalé. Elle avait décidé de faire partir son mari de ce bas monde, autrement dit le faire tuer.

Nkanga Nkosi commença la cérémonie de mise à mort. Par des formules incantatoires, il fit défiler à nouveau les images des proches de Mama Nzalé pour confirmer les résultats de ces recherches. Comme tout au début, seule l'image de son mari s'arrêta. Nkanga Nkosi donna à Mama Nzalé une flèche et lui demanda de la piquer de toutes ses forces dans l'image figée de son mari à l'intérieur de la marmite. Mama Nzalé se mit au travail sans la moindre hésitation. La marmite vibrait intensément à mesure que Mama Nzalé tenait la flèche enfoncée dans l'image du mari. Elle avait la sensation d'enfoncer la flèche dans la poitrine d'une énorme bête, car il y avait une forte résistance.

Quelque temps après, les vibrations s'estompèrent et la marmite fut remplie de sang, alors que peu de temps auparavant il n'y avait que du vin de palme dedans. Le mari était mort ! Comment pouvait-on en être aussi sûr alors que Mama Nzalé avait laissé son mari vivant et en bonne santé dans leur village, à quelques centaines de Kilomètres du lieu de la cérémonie d'exécution ? Nkanga Nkosi rassura Mama Nzalé en lui confirmant le décès de son mari. Ce qui était vrai puisque, au même moment, le mari, qui était resté au village, sentit subitement des douleurs atrocement fortes au niveau du plexus. Aucun guérisseur du coin ne put le soigner. Sentant sa fin approcher alors même que sa femme n'était pas encore arrivée au village pour proclamer les résultats des recherches de Nkanga Nkosi, il finit par avouer que c'était lui qui échangeait ses enfants selon un pacte conclu avec un génie vorace qui le faisait bénéficier de la générosité de la faune et de la flore.

Sur son chemin de retour en compagnie de mon grand-père et de la petite famille de celui-ci, Mama Nzalé apprit le décès de son mari. Elle fit semblant de pleurer, question de montrer aux gens qu'elle était affectée par la mort de son mari. Elle salit les vêtements qu'elle portait en roulant par terre pour bien feindre sa douleur liée au décès de son mari. Elle avait intérêt à se comporter de la sorte durant toute la période des cérémonies mortuaires, pour éviter d'être mal vue par les siens et par la communauté villageoise en général.

Il y avait dans ce même village deux sœurs, Luasa et Nsambé, qui s'entendaient très bien. Elles étaient aussi unies et complices que des siamois. Luasa, la grande sœur, était célibataire et mère d'une fille. Nsambé, la petite sœur, était mariée et mère de quatre enfants, tous des garçons. Quand Luasa tomba malade, elle demanda que Nsambé vienne l'assister. Cette dernière n'hésita point à quitter son foyer pour aller au chevet de sa grande sœur. Elle s'occupa de sa grande sœur d'une manière parfaite. Touchée par le soutien que lui apportait sa petite-sœur, Luasa se sentit gonflée d'une confiance absolue à son égard. Avant de rendre son âme, elle demanda que tous ses frères et sœurs viennent la voir pour leur faire part de ses dernières volontés. Celles-ci allèrent tout droit vers sa petite sœur, Nsambé, à qui elle confia son unique enfant, la petite Mputu, âgée de neuf ans. Luasa supplia sa petite sœur de bien s'occuper de sa fille jusqu'à ce qu'elle soit majeure et autonome. Nsambé la rassura en jurant qu'elle allait élever sa fille comme ses propres enfants. Luasa s'éteignit juste après ce bref entretien avec sa famille.

Après la mort de sa mère, la petite Mputu alla vivre chez sa tante sans se douter du calvaire que celle-ci allait lui faire subir. Comme sa tante n'avait que des garçons, on pouvait s'attendre à ce que la petite Mputu occupe une place privilégiée dans son cœur en remplacement de la fille qu'elle n'avait jamais pu avoir. Mais les choses prirent une tout autre tournure. Nsambé se montra particulièrement odieuse à l'égard de sa nièce. Elle fit de celle-ci la petite esclave de la maison. Elle lui attribua toutes les corvées de la maison, le ménage, la vaisselle, la lessive, voire la cuisine. Chaque fois que la nièce se plaignait de ces mauvais traitements, Nsambé la frappait et la privait de nourriture. D'ailleurs, la petite Mputu n'avait pas le droit de manger au même moment que les autres enfants. Elle ne mangeait qu'en dernier et, encore, lorsqu'il y en avait assez pour tout le monde, sinon elle ne mangeait pas du tout. La tante alla jusqu'à la retirer de l'école pour qu'elle se consacre corps et âme aux travaux domestiques. La petite Mputu en avait marre de cette situation. Un jour, elle décida d'aller parler à sa mère sur sa tombe qui n'était pas loin du village. Elle demanda à sa mère de venir la chercher pour qu'elle n'ait plus à subir une vie aussi cafardeuse que celle qu'elle connaissait chez sa tante. La petite Mputu ignorait que sa défunte mère Luasa voyait toutes les misères que lui infligeait sa tante puisque son esprit rôdait toujours dans la maison de celle-ci.

Un jour, la tante reçut la visite d'une femme venant d'un autre village et se présentant comme une cousine de la famille élargie. Durant son séjour chez tante Nsambé, la visiteuse remarqua à quel point la petite Mputu était victime de maltraitance de la part de sa tante. Choquée par cette situation, elle décida d'engager une discussion avec la tante ne serait-ce que pour connaître la ou les raisons qui poussaient celle-ci à avoir une telle attitude vis-à-vis de sa nièce.

— C'est ta fille ?

— Non.

— Je vois.

— Tu vois quoi ?

— Cela fait une semaine que je suis chez toi. Je remarque que tu n'as pas le même regard envers cette fillette que vis-à-vis des autres enfants.

— C'est normal !

— Pourquoi c'est normal ?

— C'est normal, parce qu'elle n'est pas ma fille. En plus, elle ne me respecte pas, c'est une voleuse, elle ne fait qu'à sa tête, elle est capricieuse.

— Pourtant, elle a l'air de t'obéir au doigt et à l'œil en faisant tes quatre volontés alors que tes garçons ne foutent rien d'autre que manger comme des pigeons et jouer comme des lionceaux sous le regard d'une mère protectrice.

— Tu ne connais pas cette sale petite gamine. Elle fait semblant d'exécuter mes ordres parce que tu es là.

— J'aurais cru le contraire. Ma présence l'aurait plutôt encouragée à te désobéir pour alerter l'étrangère que je suis sur ses conditions de vie chez toi.

— Chère cousine, arrêtons cette discussion, car je crains que tu ne prennes le parti de cette petite vermine et que tu ne l'entêtes davantage.

— Dis-moi, qui est cette fille ?

— C'est la fille de ma grande sœur qui est décédée. D'ailleurs, c'est bien fait pour elle parce qu'elle se vantait d'avoir une fille alors que moi je n'en avais pas et je n'en ai toujours pas malgré mes prières et l'intervention du pasteur.

— Si je comprends bien, tu étais jalouse de ta grande sœur parce qu'elle avait une fille alors que toi tu n'en avais pas.

— On peut dire ça comme ça, mais la petite est pire que Satan.

— Mais qu'est-ce qu'elle t'a fait pour que tu la détestes à ce point ? Ce n'est pas de sa faute si tu n'as pas pu avoir de fille.

— Dans tous les cas, je la ferai regretter d'être venue habiter chez moi. Pourquoi n'est-elle pas allée vivre chez mes frères par exemple, chez ses oncles ? D'ailleurs, j'en veux à ma défunte sœur de m'avoir confié cette pourriture.

— J'ai une proposition à te faire.

— Laquelle ?

— Étant donné que je n'ai pas d'enfant, je peux prendre ta nièce, qui est quelque part aussi la mienne, à ma charge. Comme cela tu n'auras plus à te plaindre d'elle.

— Non ! Elle doit rester avec moi. J'ai besoin d'elle pour des travaux domestiques. De plus, je sais que tu es de ma famille, mais je ne te connais pas vraiment pour te confier ma nièce.

— Pendant que je suis chez toi, je peux t'aider à faire des travaux domestiques afin de te soulager et de soulager également la petite. Je peux aussi t'aider dans les travaux agricoles.

— Tu es considérée comme mon invitée, je te dispense donc des travaux domestiques durant ton séjour chez moi. Par contre, j'aimerais que tu m'accompagnes au champ pour couper quelques arbustes qui me gênent dans le sarclage et le labourage.

Un jour, les deux femmes allèrent au champ. Pendant qu'elles travaillaient, elles parlaient de tout et de rien. Mais de temps à temps, la visiteuse revenait sur les mauvaises conditions de vie de la petite Mputu chez sa tante. Tante Nsambé remarqua, au fur et à mesure de la conversation, que la voix de la visiteuse ressemblait étrangement à celle de sa défunte grande sœur. Mais elle préféra croire que cela n'était qu'une pure hallucination auditive de sa part. À un moment donné, la visiteuse demanda de rentrer à la maison puisqu'elle était fatiguée. Les deux femmes arrêtèrent leurs travaux. Elles rangèrent leurs outils et quelques produits dans leurs corbeilles. Puis elles prirent le chemin de retour au village, tante Nsambé devant et la visiteuse derrière. Sur le chemin, tante Nsambé fit remarquer à la visiteuse que la forêt lui paraissait anormalement déserte et silencieuse, car à cette heure de la journée, non seulement on rencontre habituellement du monde qui va et qui revient des champs, mais aussi on entend les cris d'oiseaux ou d'autres espèces animales de la forêt. La visiteuse lui répondit avec un peu d'humour qu'elle ne trouvait rien d'anormal dans une aussi splendide forêt. Comme les deux femmes étaient chargées à cause de leurs corbeilles qu'elles portaient sur le dos, elles décidèrent de faire une pause. Tante Nsambé profita de ce petit moment de détente pour faire remarquer avec un petit sourire au coin des lèvres à la visiteuse qu'elle avait certaines ressemblances avec sa défunte grande sœur. La visiteuse lui répondit qu'elle ne trouvait rien d'anormal dans cette supposée ressemblance dans la mesure où elles étaient toutes de la même famille. Cela faisait plus d'une heure que les deux femmes, assises sur un tronc d'arbre, conversaient.

— Je sens une odeur nauséabonde. Pas toi ? jeta tante Nsambé.

— Non, je ne sens rien, répondit la visiteuse.

— Tu as alors le nez bouché. Cela pue partout. On dirait un cadavre humain en décomposition, renchérit Tante Nsambé.

— C'est peut-être dans ta tête puisque moi je ne sens absolument rien à part l'odeur de la nature.

— Je te dis que ça sent mauvais et cela m'indispose. Il est temps que nous repartions et ce d'autant plus que la nuit va bientôt tomber.

— Ah ! Tu as peur de la nuit ? demanda la visiteuse.

— Oui, j'ai un peu peur de la nuit.

— Pourquoi ?

— Il paraît que les défunts sillonnent la forêt pendant la nuit, en plus des bêtes sauvages qui chassent.

— Mais pourquoi avoir peur des défunts puisqu'ils sont invisibles ?

— Justement, c'est parce qu'ils sont invisibles que cela nous rend vulnérables.

— Si je comprends bien, tu as peur de te faire attaquer par les morts ?

— À peu près cela, car depuis que ma grande sœur est morte, j'ai la sensation d'être surveillée par son esprit.

— Mais tant mieux pour toi si ta défunte grande sœur veille sur toi.

— Mais non ! Tu n'as pas compris ce que je voulais dire. J'ai l'impression que ma grande sœur me hante.

— Mais pourquoi te hanterait-elle ?

— J'ai l'impression qu'elle n'apprécie pas la manière dont je me comporte à l'égard de sa fille.

— C'est possible, car aucun parent n'aimerait que l'on traite son enfant comme tu le fais à l'égard de ta nièce.

— Arrête de raconter des conneries comme tu le fais et dépêchons-nous pour arriver au village avant la tombée de la nuit. De plus, les enfants ont faim. Ils nous attendent.

— De quels enfants parles-tu ? De tes quatre garçons avec ou sans ta nièce ?

— Je parle de tous les enfants y compris ma putain de nièce.

— Décidément, tu ne l'aimes pas du tout cette enfant. De toute façon, elle aura toujours faim puisque tu ne la nourris pas assez, contrairement à tes garçons qui mangent vraiment à leur faim.

— Si on pouvait parler d'autres choses.

— D'accord, répondit la visiteuse.

Ces deux femmes reprirent le chemin du retour, tante Nsambé devant et la visiteuse derrière. À quelques pas de l'entrée du village, la visiteuse appela tante Nsambé d'une voix rauque par son petit nom d'enfance puis elle lui demanda de se retourner. Quelle stupeur ! Une panique fugace envahit l'esprit de tante Nsambé. Elle était mal à l'aise et totalement désemparée.

— Ah mon Dieu ! C'est ma défunte grande sœur, grande sœur, grande sœur, grande sœur Luasa, c'est toi que je vois ! C'est toi la visiteuse qui s'est fait passer pour une cousine éloignée ? Ah, je vais mourir, je vais mourir, je vais mourir, j'ai froid, j'ai froid, j'ai des frissons…

— Oui, c'est bien moi ta grande sœur, ta bien-aimée grande sœur. Je t'ai fait confiance en te confiant ma fille. Tu m'avais promis de t'en occuper comme si c'était ton propre enfant. Or, dans les faits, tu as réduit ma fille à la domestication. Depuis ma tombe, impossible de trouver la paix parce que je suis tout le temps réveillée par les pleurs et les appels au secours de ma fille. Je suis venue plusieurs fois en rêve te demander de mettre un terme à tes agissements inhumains contre ma fille. Tu es allée raconter tes rêves à ton pasteur qui t'a rassurée au nom de Jésus-Christ. Ton pasteur n'a même pas daigné rencontrer ma fille pour tenter d'en savoir un peu plus sur sa situation. Maintenant, personne ne va pouvoir te sauver. Comme tu m'as vue, tu vas me rejoindre là où je suis et tes enfants seront aussi orphelins de leur mère que ma fille.

— Grande sœur, pardonne-moi. Je promets de m'amender, s'il te plaît, au nom du Seigneur.

— Quoi ! Tu as le culot d'invoquer Seigneur Jésus alors que tu maltraites ma fille ? C'est terminé pour toi ! Écoute-moi bien, ma chère petite sœur : je vais t'accompagner jusqu'à l'entrée du village, et tout au long du trajet, tu seras transparente aux yeux des autres habitants du village, tu perdras tes cinq sens. Tu ne les retrouveras qu'une fois arrivée à la maison, le temps pour toi de te confesser devant ma fille et devant le reste de la famille. Une fois la confession terminée, tu t'éteindras.

À l'entrée du village, la visiteuse disparut et tante Nsambé continua seule le chemin jusqu'à sa maison où elle fut accueillie par les aboiements des chiens et des miaulements des chats. Curieusement, les quatre garçons ne se déplacèrent guère pour venir accueillir leur mère et la décharger de la corbeille qu'elle portait sur son dos, comme ils le faisaient habituellement jusqu'alors. Seule la nièce, la petite Mputu, se leva et accourut pour se jeter chaleureusement et jovialement dans les bras de sa tante. Chose qu'elle n'avait jamais l'habitude de faire au regard de l'attitude méchante de sa tante vis-à-vis d'elle. La petite Mputu s'était jetée dans les bras de sa tante comme si elle voulait lui pardonner toutes les méchancetés qu'elle lui avait fait subir avant qu'elle ne rende son âme. Le mari de tante Nsambé observait non sans étonnement cette scène sans en comprendre le moindre sens. Il aida toutefois sa femme à se décharger de la corbeille. Tante Nsambé demanda d'abord de l'eau à boire au mari puis de l'eau pour se laver. Ce qui fut fait. Après avoir fini de se laver, tante Nsambé regagna la cour où elle fut immédiatement frappée par de violentes convulsions qui la firent tomber. Son mari et ses garçons tentèrent de lui venir en aide, mais elle était déjà en train de partir pour l'éternité. Elle eut tout de même un petit moment de répit qui lui permit de faire ses adieux à sa petite famille à qui elle raconta d'une voix basse, tremblante et corsetée par l'appréhension d'une fin certaine tout ce qui s'était passé entre elle et la visiteuse, qui n'était rien d'autre que le fantôme de sa défunte grande sœur.

Nsengambo était mort. On ne le reverra plus jamais. Mais comment vivre sans ce beau petit garçon ? Mes grands-parents auront finalement « trois Nsengambo », trois garçons, aux côtés de trois filles. Mais, alors que les enfants étaient encore petits, Grand-père Léon fut à nouveau confronté à un problème sérieux. Sa femme, Grand-mère Isesi, était gravement malade, moribonde, à l'article de la mort. Grand-père décida de l'amener chez un médium guérisseur pygmée, Botwa Mpia Mbongo. En examinant mystiquement ma grand-mère, le pygmée fit une découverte pour le moins surprenante et terrifiante. L'âme de ma grand-mère était déjà dans l'au-delà et sa mort physique était imminente. Grosso modo, il ne restait plus à Grand-mère Isesi beaucoup de temps à vivre. Le Pygmée déclara toutefois qu'il était capable de retarder la mort de ma grand-mère. Pour cela, un sacrifice était d'une impérieuse nécessité. Il fallait sacrifier soit un animal, soit un être humain. Avec le sacrifice animalier, le Pygmée obtiendrait que la vie de Grand-mère Isesi soit prolongée de deux ans et de huit ans si le sacrifice était de nature humaine. Étant foncièrement opposé au sacrifice humain qui était contraire à ses valeurs et principes spirituels, et, puisqu'il en avait le choix, Grand-père Léon opta pour le sacrifice animalier. La cérémonie s'effectua la nuit dans la forêt et dans le secret le plus total. Étaient présents à cette cérémonie Grand-père Léon, Grand-mère Isesi, ma mère et mon arrière-grand-oncle maternel, le prophète Ngamba, ainsi que le Pygmée.

Cette cérémonie se déroula en trois étapes. On creusa d'abord le trou où l'on devait enterrer la dépouille de l'animal, une chèvre, un animal du même sexe que ma grand-mère. Le Pygmée ordonna ensuite à la chèvre de « parler » afin de faire croire aux esprits maléfiques que c'était ma grand-mère qui parlait. Ainsi, en tuant la chèvre « transformée » pour l'occasion en être humain, ces esprits seraient détournés de leur but premier, celui de tuer ma grand-mère. La troisième étape fut la plus périlleuse. En effet, après avoir creusé le trou, le Pygmée demanda à l'un des consultants, en dehors de ma grand-mère, de passer par-dessus le trou. Si, par malheur, la personne tombait dans ce trou, elle y resterait définitivement, c'est-à-dire elle mourrait. Grand-père Léon se porta volontaire – contre l'avis de prophète Ngamba – pour épargner celui-ci et ma mère d'une telle épreuve. Il enjamba le trou sans difficulté. Ensuite vint le tour de la chèvre qui se jeta dans le trou comme si elle était poussée ou guidée par une main invisible. L'animal n'avait même pas eu l'instinct de se sauver, comme s'il était drogué et attaché. À peine tombée dans le trou, la chèvre mourut. Elle fut enterrée dignement, un peu comme s'il s'agissait d'un être humain. Comme l'avait prédit le Pygmée, Grand-mère Isesi mourut deux ans après cette cérémonie.

Désormais, ma mère, jeune mariée et mère d'une petite fille d'à peine deux ans, se résolut à apprendre à vivre sans sa mère protectrice, silencieuse et généreuse. Elle connut des calvaires qu'elle aurait vécus autrement ou pas du tout si sa mère était vivante et auprès d'elle.

Sa fille était tout le temps malade et elle devait l'emmener régulièrement à l'hôpital. Son mari, mon père, était en prison et il lui était interdit de rendre visite à sa petite famille. Un voisin du quartier, omnipotent et matériellement aisé, profita de l'absence de mon père pour faire la cour à ma mère. Cette dernière repoussa les avances du voisin, mais elle se garda bien d'en parler à son mari par peur de le contrarier. Toutefois, mon père finit par le savoir grâce à une action qu'avait menée son défunt oncle paternel (le demi-frère de son père), Papa Bitengeli.

Mon père était en prison à la suite d'un détournement de fonds dont il était injustement accusé. En fait, il était magasinier chez les colons belges. Son beau-frère, Moscou-Dallas Esangé, le mari de sa sœur, ma tante paternelle, était aussi magasinier. Les deux magasins étaient mitoyens. Juste avant l'heure du déjeuner, mon père demanda à son beau-frère de surveiller son magasin quelques instants. Mon père s'absenta quelques minutes pour aller aux toilettes. À son retour, il reprit tranquillement son magasin sans se douter de quoi que ce soit, d'autant plus que tout lui semblait normal. Ce qu'il ignorait, c'est que Moscou-Dallas Esangé avait profité de son absence pour dérober quelques articles dans son magasin, qu'il était pourtant censé surveiller. Moscou-Dallas Esangé avait certes surveillé le magasin, mais sauf contre le vol dont il fut lui-même l'auteur.

Au moment de l'inventaire, on constata un manque à gagner dû aux articles disparus. Mon père était incapable d'expliquer l'origine de cette carence. Son patron conclut à sa culpabilité dans cette affaire et n'hésita point à faire condamner mon père à une peine de prison. Entre-temps, son beau-frère, Moscou-Dallas Esangé, n'eut de cesse de jubiler. Il expliqua son geste par la jalousie qu'il éprouvait à l'encontre de mon père qui avait plus de succès que lui auprès de la clientèle. En procédant de la sorte, il avait jeté un énorme discrédit sur la personne de mon père et lui avait ôté toutes ses chances de reprendre un jour son boulot de magasinier chez les Blancs, un boulot qui était considéré comme prestigieux à cette époque coloniale et dont rêvait plus d'une personne parmi la population indigène.

Père avait mis du temps à pardonner cette méchanceté gratuite à son beau-frère. Il l'avait en quelque sorte maudit en déclarant que l'intéressé allait aussi perdre son *job* de magasinier et que sa vie allait être une succession d'échecs, de telle sorte qu'il ne serait même pas capable de « s'offrir un pantalon ». En effet, jusqu'à sa mort, Moscou-Dallas Esangé ne porta jamais de pantalon au sens propre comme au sens figuré. Même lorsqu'il y avait de grandes cérémonies où les convives étaient très bien habillés, Moscou-Dallas Esangé se pointait en *short* et quelquefois nu-pieds. Pourtant, il avait toute sa tête. Aucun vent de folie ne l'avait atteint pour expliquer son accoutrement.

Du fond du bagne où il était enfermé, mon père apprit que l'état de santé de sa fille était préoccupant. Il demanda à l'autorité pénitentiaire une autorisation de sortie exceptionnelle, pour aller rendre visite à sa fille. Cette demande lui fut refusée. Au cours d'une nuit, Père reçut en rêve la visite de son défunt oncle paternel, Papa Bitengeli, qui vint lui faire quelques révélations :

— Christophe ne t'inquiète pas, je prends bien soin de ta fille et de ta femme. Ta fille va guérir et elle sortira de l'hôpital. J'ai aussi autre chose à te dire. Ta femme est en danger. Elle est harcelée nuit et jour par ton voisin fortuné qui menace de la tuer par la sorcellerie si elle ne cède pas à ses avances. Mais je ne veux pas qu'il lui arrive quelque chose. C'est pourquoi j'ai décidé de mettre un terme à cela. J'ai envoyé à ce monsieur une flèche dans l'œil et il en mourra demain en début d'après-midi.

En effet, l'esprit de l'oncle paternel de mon père rendait régulièrement visite à ma mère quand elle était à la maison, et ce, souvent tard la nuit. Mère entendait des pas jusqu'à la porte de sa chambre. Elle entendait aussi cette porte s'ouvrir, pourtant elle la fermait toujours à double tour. Au départ, Mère ne prêtait qu'une attention très distraite à ces phénomènes, étant préoccupée par l'état de santé de sa fille. Mère changea d'attitude lorsqu'une nuit elle entendit la porte de sa chambre s'ouvrir et les pas se diriger jusqu'à son lit et très exactement du côté où dormait mon père. Mère s'exclama d'une voix tremblante et trouillarde :

— Qui est-ce, qui est là, que me veux-tu ?

Sur le coup, Mère avait pensé au voisin fortuné qui lui avait promis de la tuer par la sorcellerie. Mais ce n'était pas lui, c'était quelqu'un d'autre. Il s'agissait du défunt oncle paternel de mon père. Mère le vit en rêve. Il vint la rassurer :

— Malata, il ne faut pas avoir peur de tous les bruits que tu entends retentir dans ta maison et autour de toi, car c'est bien moi, Papa Bitengeli, l'oncle paternel de ton mari qui vient t'assurer de ma protection.

Père finit par obtenir l'autorisation de sortie contre dix coups de fouet. Ce fouet était fabriqué à partir des lanières de peau d'hippopotame. Devinons où ses geôliers lui avaient logé ces coups de fouet ! Sur les fesses, à tel point que son pantalon était couvert de sang que pissaient les blessures dues à la violence des coups. Les autorités pénitentiaires ne lui donnèrent même pas la possibilité de se changer. Père débarqua à l'hôpital avec des vêtements ensanglantés, sous un soleil de plomb qui faisait briller les regards discrets et compatissants des passants. À peine arrivé à l'hôpital, Père mitrailla ma mère des questions sur le bonhomme qui lui faisait la cour, avant de lui raconter le rêve qu'il avait fait en prison sur le sort que Papa Bitengeli, son défunt oncle paternel, aurait réservé à cet individu. Des voix aiguës venant de l'extérieur et criant le nom du fameux bonhomme interrompirent leur discussion. Père sortit dans la cour de l'hôpital pour voir ce qui se passait. Il vit les gens en train d'emmener le voisin fortuné aux urgences, car s'il se plaignait d'avoir d'atroces douleurs à l'œil. L'homme poussait des cris qui n'avaient plus rien d'humain et qui évoquaient le nom de Dieu avec une colère risible, puis dans un ahanement de douleur il révéla qu'il allait mourir parce que le défunt oncle paternel de mon père lui avait logé une flèche dans l'œil. Aucune aide ne pouvant lui être apportée, l'homme mourut quelques minutes plus tard, à treize heures et trente. Ce fut la fin du calvaire pour ma mère et, quelque temps après, Père sortit de la prison. Le jeune couple retrouva enfin le calme et la joie de vivre. Mais la vie n'est jamais un long fleuve tranquille…

Nous étions à Lokanga, un village situé à quelques centaines de kilomètres d'Inongo, où je savourais les plaisirs de la réception que m'avait offerte Epanza, un médium âgé d'une vingtaine d'années. Je tenais à le rencontrer pour tester son efficacité dans le domaine où il prétendait exceller. Dans sa cour gisaient quelques bananiers, qu'il me présenta comme étant ses soldats et gardiens. Il était interdit de couper la moindre feuille de ces bananiers, au risque de recevoir une balle dans la tête. J'avais hâte de voir une démonstration de puissance de sa part.

Un après-midi, il me convia à une séance de voyance. Il tenait entre ses mains un objet couvert de peau de léopard. Cet objet lui permettait d'entrer en contact avec les esprits de ses ancêtres qui éclairaient son chemin médiumnique et qui lui donnaient ainsi des réponses aux questions que lui posaient les consultants. Il y avait deux consultants et un invité d'honneur qui était ma personne, ainsi que quelques curieux aux alentours. Après avoir fini de révéler quelques secrets aux consultants, il se tourna vers moi, sous prétexte qu'il s'agissait de la volonté de ses ancêtres et de celle des miens. Je savais qu'il connaissait ma famille et qu'il pouvait donc raconter des choses me concernant après les avoir entendues. Dans ce cas de figure, il s'agirait purement et simplement d'escroquerie, de tricherie, et, pour finir, d'arnaque, de sa part.

Mais tel ne fut guère le cas. Il me parla, entre autres choses, d'un de mes amis dont la particularité résidait dans le fait qu'il était blanc, européen, médium, cadre supérieur dans une grande société multinationale et qu'il vivait dans la région parisienne. Il me parla de l'homosexualité et de l'impuissance sexuelle de cet ami ainsi que de ses dons de médiumnité.

Je savais que cet ami était un médium puisqu'il m'en avait parlé et fait la démonstration à plusieurs reprises. Cependant, j'ignorais totalement qu'il était homosexuel et qu'il souffrait d'impuissance sexuelle, et ce, d'autant plus qu'il me parlait souvent de son penchant pour les femmes aux formes physiques généreuses. Epanza me dévoila :

— Grand frère, ton ami sait que tu es chez moi. Il te le dira quand tu le rencontreras à ton retour à Paris. Il sait aussi que je vais te donner un médicament pour vaincre son impuissance sexuelle. Moi aussi, je vais faire en sorte qu'il te dise la vérité sur lui, sur son passé. Bref, qu'il te confirme tout ce que je t'ai dit le concernant.

— Comment sais-tu tout cela ? lui demandai-je, non sans stupéfaction.

— Au travers de mon écran invisible, me répondit-il.

Puis, Epanza passa au chapitre sur ma personne. Je subis une véritable autopsie spirituelle de sa part. Il évoqua mes relations avec les anciens, vivants ou « disparus » en me rappelant en détail et avec précision certains épisodes ayant marqué mon enfance aussi bien matériellement que spirituellement. Il me rappela également les choses que j'avais vues en rêve et que j'avais gardées sécrètes, sans les dévoiler à âme qui vive. Il évoqua une tentative d'envoûtement dont j'avais été l'objet dans un hôtel aux Antilles. Chose à la fois étrange et épatante : il décrivit toutes les péripéties que nous avions connues sur le chemin nous amenant à son village.

En effet, alors que nous traversions le lac, nous étions arrivés à son milieu quand tout à coup notre moteur prit feu. Nous réussîmes à éteindre l'incendie quand soudain je vis la silhouette de mon défunt Grand-père Léon surgir sur la pointe de la pinasse dans laquelle nous étions. Cette apparition m'avait réconforté et donné la force de réconforter à mon tour mes compagnons de route. Heureusement pour nous, nous avions un autre moteur qui appartenait à un passager. Nous le mîmes en marche et nous arrivâmes indemnes au village Bobolampinga où nous devions passer la nuit, avant de continuer notre chemin jusqu'à Lokanga. Nous passâmes la nuit à la plage, loin du village où nous déclinâmes l'hospitalité qu'un habitant qui connaissait mon défunt père nous avait proposée. La nuit, pendant mon sommeil, je fus secoué par un cauchemar dont voici le récit.

Je vis une dame blanche couverte d'herbes et de feuilles, des pieds à la tête, ayant ainsi l'apparence d'un grand « arbre » flottant. Elle venait du lac en glissant sur l'eau. Dès qu'elle fut arrivée à l'endroit où nous bivouaquions, elle tenta de happer avec une énorme pince tous les gens qui étaient avec moi, l'un après l'autre, pour les ramener dans l'eau où elle vit. Je ne lui en donnai point la possibilité. Ce fut à ce moment-là que la bagarre éclata entre elle et moi. Elle fit tout pour me ramener dans l'eau sans succès. Je finis par l'obliger à battre en retraite. En me réveillant, je constatai non sans émoi que j'étais trempé comme si j'avais reçu une pluie torrentielle sur moi. De même, autour de moi le sable avait été retourné comme s'il y avait eu une bagarre d'hippopotames.

Epanza me raconta cette scène comme s'il y avait assisté. Selon lui, la « femme » en question serait une entité aquatique que l'on appelle en RDC *élima*, un esprit vivant sous l'eau. Ce fut elle qui aurait provoqué l'incendie au milieu du lac. Elle voulait tous nous décimer pour faire de nous ses « esclaves » dans son royaume situé dans les profondeurs du lac où elle vit. Il semblerait que les esprits qui habitent dans les eaux soient pour beaucoup dans le chavirage de certains bateaux… Par malheur pour cette *élima*, je ne me laissai point faire, très probablement grâce au soutien de Grand-père Léon dont j'avais vu la silhouette quand le hors-bord avait pris feu.

Dans la nuit, j'étais en train d'échanger allégrement avec Epanza et sa femme. À un moment donné, ils me laissèrent seul à côté du feu de bois allumé au milieu de la cour de leur parcelle. Quelques minutes après, j'entendis le bruit des pas de militaires autour de moi, des pas semblables à ceux que l'on entend lors des défilés ou parades militaires. J'entendis également beaucoup de gens parler, mais d'une manière inaudible. Ces bruits durèrent jusqu'à ce que le couple Epanza revienne. Je n'avais jamais eu aussi peur de ma vie, car entendre tout près de soi et autour de soi les pas de militaires maniant leurs armes ainsi que des bruits de conversation humaine, bien qu'inaudibles, et ce, en pleine nuit et à proximité de la forêt, ne pouvait que me dresser les cheveux et me donner des frissons et des transpirations froides ! Je ne savais plus dans quel monde j'étais. J'étais même incapable de prononcer quelques incantations dans de pareilles circonstances, comme me l'avaient enseigné les Anciens. Tout ce que j'avais envie de faire c'était de m'enfuir, mais je craignais que ces militaires invisibles me tirent dessus. Je me résolus à attendre le retour du couple Epanza.

Pendant ce temps d'attente, je n'eus de cesse de penser aux bananiers qu'Epanza m'avait présentés comme étant ses soldats. Lorsque le couple revint, je lui racontai ce qui m'était arrivé. Epanza me fit savoir que je ne devrais pas vivre tous ces phénomènes si j'étais normal, c'est-à-dire si je n'avais pas « quatre yeux », selon lui. Il avait même ajouté que ces militaires étaient là pour me protéger en son absence, mais tout en renchérissant :

— Si tu avais de mauvaises intentions, ils t'auraient abattu et je n'aurais pu rien faire pour toi.

Après cet entretien, je pris congé du couple Epanza et je retournai dans la case où je devais passer la nuit, avec mon petit frère, Bata Falanga. Ce dernier était allongé sur le lit, mais il ne dormait pas encore. Il m'attendait, car il était un peu inquiet de ne pas me voir arriver, surtout qu'il faisait une nuit noire.

Je lui fis part de mes mésaventures chez Epanza. Il avait l'air ébahi. Lorsque je pris place dans le lit, je sentis la présence d'une troisième personne à nos côtés ! J'eus vraiment l'impression que nous étions trois dans le même lit : mon petit frère Bata Falanga, moi et quelqu'un d'autre. J'en parlai à mon petit frère qui rejeta en bloc mes sensations et dires. J'insistai sur le sérieux de mes propos. Soudain, le lit s'affaissa et se cassa sous le poids de trois personnes au lieu de deux. Ce fut à ce moment-là que Bata Falanga commença à ne plus douter de la pertinence de mes sensations. Il commençait à avoir également peur. En effet, j'aperçus furtivement la silhouette de mon défunt père à la tête du lit et plus précisément de mon côté. Je crus même entendre sa voix qui me disait « C'est moi, Papa ». Après coup, le sommeil nous emporta, mon petit frère et moi. Dans mon sommeil, Père vint me confirmer sa présence à nos côtés. Le matin, nous reçûmes la visite d'Epanza qui nous déclara avoir vu notre père à nos côtés durant toute la nuit. Ne serait-ce que pour des raisons d'honnêteté, nous lui confirmâmes que nous avions également vu notre père.

Le lendemain vers cinq heures du matin, nous entendîmes frapper à notre porte avec insistance et empressement. Nous nous réveillâmes brusquement. Bata Falanga ouvrit la porte après avoir eu connaissance de l'identité du dérangeur matinal. Ce fut le cousin d'Epanza, Mbaka, qui était dans tous ses états et qui s'apprêtait à s'agenouiller pour me demander pardon.

— Pourquoi devrais-je te pardonner ?

— Grand frère, je suis venu la nuit avec l'intention de te tuer par la sorcellerie ! Mais voilà, j'ai été stoppé et arrêté par quelque chose d'énorme qui venait du lac dont la forme et la nature sont indescriptibles. Il m'a mis la corde au cou et menacé de me pendre. Tu dois certainement savoir qui est cette entité. C'est pourquoi je te demande de me délivrer de sa menace de mort.

L'heure de l'interrogatoire fut ainsi arrivée. Mon petit frère Bata Falanga demanda à Mbaka pourquoi il voulait me tuer. C'était par simple jalousie à l'encontre de son cousin, Epanza, qui avait eu le privilège de recevoir un invité de marque comme moi, selon lui. En me tuant, il voulait « punir » Epanza et le mettre en contradiction avec ma famille.

Mbaka n'avait pas l'air de bluffer, car il avait une corde à pendaison invisible à l'œil nu autour du cou. Au fur et à mesure que le temps passait, il convulsait. De mon côté, je ne voulais pas non plus avoir un mort sur la conscience. Il fallait donc délivrer Mbaka de la potence. Je demandai à ce que sa famille m'apporte une bouteille de *longwelo* afin que je sollicite la clémence de mes ancêtres en leur donnant à boire, comme la tradition le veut. Ne sachant pas exactement quel ancêtre était à l'origine de cette menace de mort par pendaison, je décidai d'invoquer tous mes ancêtres dont je connaissais les noms.

Lorsque le nom de Grand-père Léon fut cité, il eut un éclair dans le ciel alors que le temps était clément. Je compris que c'était Grand-père Léon qui voulait me venger. Je lui fis comprendre que Mbaka était le malheureux qui exalte sa plainte par l'espoir d'une compassion. Je renversai les trois quarts de la bouteille de *longwelo* sur le sol afin d'implorer à Grand-père Léon sa clémence pour sortir Mbaka du trou dans lequel il l'aurait mis. Il fallut attendre une bonne semaine pour que Mbaka s'en remette définitivement, du moins en apparence.

Pendant ce temps, une de mes grandes tantes maternelles, Ngaa Losono, suivait à distance cette affaire grâce à ses antennes mystiques. Elle était une voyante-médium qui travaillait avec deux esprits : Nkoso et Bolondi. Nkoso, signifie le perroquet. C'était l'esprit qui lui dictait des réponses aux questions posées par les consultants. C'était également lui qui permettait à Ngaa Losono de lire le passé, le présent et l'avenir des consultants. Bolondi, lui, était pour Ngaa Losono, une sorte de médecin-laborantin. C'était lui qui cherchait des herbes et plantes curatives pour permettre à Ngaa Losono de soigner ou guérir ses patients. Il arrivait que Bolondi ne trouve pas ces plantes aux alentours du village, dans la région ou en RDC. Il parcourait alors de longues distances à la recherche de ces plantes ou de leurs noms. Une fois, il était allé jusqu'en Inde, car c'était le seul endroit où il pouvait trouver le nom de la plante dont Ngaa Losono avait besoin pour préparer ses onctions curatives. Pendant ce temps, Ngaa Losono ne pouvait rien faire et le consultant qui attendait d'être soigné n'avait guère d'autre choix que de prendre son mal en patience. Ngaa Losono, qui n'était jamais sortie de sa contrée et qui n'avait jamais entendu parler de l'Inde, décrivait ce pays avec des détails et précisions que seule une personne connaissant l'Inde pour l'avoir visitée ou pour y avoir vécu pouvait se permettre. C'était la preuve du voyage que Bolondi avait effectué en Inde pour le compte de sa mandataire, Ngaa Losono.

Quand j'avais rencontré Ngaa Losono à Inongo, à mon retour du village où Mbaka avait tenté de me tuer par la sorcellerie, elle m'avait prédit que celui-ci avait bel et bien été pendu par mes ancêtres. Mais

Mbaka mourut cinq mois plus tard, après son forfait manqué. En effet, Mbaka était déjà mystiquement passé à la potence le jour même où il était venu m'avouer sa tentative de meurtre. Sa mort physique ne survint toutefois que quelques mois plus tard, parce que mes ancêtres ne voulaient pas que cela se passe en ma présence. Si Mbaka était mort à mes pieds lorsqu'il était venu m'avouer sa tentative, sa famille aurait été tentée de le venger en cherchant à me tuer également par tous les moyens. C'est pourquoi mes ancêtres avaient préféré différer sa mort physique en attendant que je sois arrivé à Paris et donc complètement à l'abri d'éventuels actes de vengeance de la part de la famille du condamné.

Selon la philosophie ancestrale Bolia, chaque corps humain a trois parties distinctes :

– *Biongé*, le corps physique qui est visible à l'œil nu. Quand on meurt, cette partie du corps devient cadavre et doit être enterrée. Elle est considérée comme une maison ou une enveloppe dans laquelle sont conservées les deux dernières parties ;

– *Bolimo*, le corps qui est mangeable par un *Boloki*, la personne qui est dotée d'un pouvoir sorcier spécial appelé *Bolokèlè* chez les Bolia. Ce corps n'est visible, touchable et mangeable que par un *Boloki* ;

– *Elimo*, l'âme. Cette dernière partie est spirituelle. Au moment de la mort d'une personne, cette partie quitte les deux premières parties du corps de l'être humain. Elle devient alors esprit.

Mes ancêtres auraient pendu le jeune Mbaka en utilisant la deuxième partie de son corps. C'est pourquoi l'intéressé avait déclaré avoir la corde à pendaison autour de son cou. Toutefois, personne ne pouvait voir matériellement cette image, hormis les initiés au *Bolokèlè* dont le condamné lui-même, puisqu'il avait utilisé le même procédé pour tenter de me « couper la tête », selon ses propres mots. La suppression de la deuxième partie du corps humain entraîne de façon irréversible celle de la première partie, c'est-à-dire la mort, qui transforme le *Biongé*, le corps physique, en cadavre. Comme je l'ai dit plus haut, les ancêtres avaient fait en sorte que la mort physique de

Mbaka survienne le plus tard possible pour me protéger d'éventuelles représailles de la part de sa famille.

Dans un des villages de mes parents, deux membres de ma famille allèrent en pleine nuit et en totale discrétion profaner les tombes des ancêtres enterrés dans le cimetière familial pour récupérer leurs ossements. Ils les vendirent à un gourou qui en avait besoin pour agrémenter ses cérémonies mystiques. Après leur forfait odieux, les deux profanateurs rentrèrent tranquillement au village comme si de rien n'était. La colère des ancêtres fut terrible. L'oncle qui était à l'initiative de ce forfait mourut, après avoir été mordu par une mystérieuse souris qui l'aurait vidé de tout son sang pendant la nuit dans son sommeil. L'oncle suiveur était frappé de troubles de vue qui le rendirent définitivement aveugle. Quant au gourou, qui ne faisait pas partie de la famille, il fut porté disparu après que son embarcation qui transportait la précieuse marchandise avait été retournée par une vague géante qui survint alors que le lac était calme.

8
Les travers de l'Église catholique…

Remarqué par les colons belges pour son éloquence en langue française et pour ses qualités morales et pédagogiques, mon père trouva un superbe boulot, maître d'école, après celui du magasinier. On lui confia une classe d'élite, ce qui lui attira beaucoup de jalousie de la part de certains de ses collègues. L'un d'eux tente même de l'empoisonner.

Dans cette prestigieuse école catholique dirigée par les prêtres belges, le personnel enseignant avait coutume de mettre ses bouteilles d'eau au frais, dans les réfrigérateurs du diocèse. On envoyait un élève récupérer une bouteille d'eau fraîche qu'il remettait au moniteur occupant la première salle des cours. Après avoir bu une gorgée, le moniteur passait la bouteille à son collègue de la salle suivante par l'intermédiaire du même élève et ainsi de suite.

Mon père occupait la dernière salle des cours et son collègue empoisonneur, maître Henri Ndjonkimuè[18], l'avant-dernière salle. Après avoir bu une gorgée et avant de passer la bouteille à mon père, maître Henri Ndjonkimuè introduit discrètement dans cette bouteille une substance chimique incolore et inodore. Il me remit cette bouteille pour la donner à mon père, puisque je faisais partie des élèves de la classe de mon père et ce jour-là, c'était moi qu'on avait désigné pour aller récupérer de l'eau fraîche chez les prêtres. Je tendis la bouteille d'eau à mon père. Quand il la prit dans ses mains, il vit l'eau changer de couleur. L'eau était devenue toute noire. Ce phénomène aussi étrange qu'inédit alerta mon père. IL s'exclama :

---

[18] Ce qui signifie « Le serpent ne sourit jamais ».

— Jean, ton père vient d'échapper à un attentat à la bouteille d'eau empoisonnée !

Gamin, je ne comprenais rien à ce que me racontait mon père. Je croyais qu'il plaisantait. Je grimaçai un sourire théâtral pour lui montrer combien je mettais sa déclaration sur le compte de la blague, et ce, d'autant plus que Père était le genre de maître qui aimait rigoler de temps en temps avec ses élèves, mais sans céder aux sirènes du laxisme et du laisser-faire. Au contraire, Père savait se montrer exigeant et faire preuve de fermeté quand cela lui paraissait nécessaire, mais tout en restant toujours pédagogue. Je me souviens d'un camarade de classe, Iwula, à qui Père avait demandé de conjuguer un verbe quelconque au présent. Iwula, ayant un peu d'eau de vaisselle dans le crâne, provoqua un séisme au sein de la classe lorsqu'il claironna devant toute la classe : « je quelconque, tu quelconques, il/elle quelconque, nous quelconquons, vous quelconquez, ils/elles quelconquent ». Toute la classe était morte de rire. Père nous demanda de nous taire puis il convoqua Iwula à l'estrade pour s'entretenir avec lui :

— Iwula !

— Maître !

— Sais-tu pourquoi tes camarades ont éclaté de rire après que tu as fini ta conjugaison ?

— Non, maître.

— Quelle est, selon toi, la nature de ces rires, de joie ou de moquerie ?

— Je pense que ce sont des rires de moquerie.

— Pourquoi se moqueraient-ils de toi ?

— Parce que j'ai certainement fait quelque chose qui n'est pas bon.

— Quoi par exemple ?

— Après la conjugaison, j'ai remarqué que je n'avais pas bien fermé les boutons de ma culotte et que c'était impoli.

— Tu es sûr que c'est pour cette raison que tes camarades ont ri ?

— Oui, d'autant plus que ma conjugaison était parfaite.

Père enjoignit Iwula de chercher la définition du mot « quelconque » dans le dictionnaire. Le malheureux Iwula découvrit que « quelconque » était un adjectif indéfini qui indique le caractère indéterminé de quelque chose et non un verbe.

— Alors, Iwula, maintenant tu sais pourquoi tes camardes ont ri !

— Oui maître !

— Pourquoi ?

— Parce que j'ai conjugué un verbe qui n'existe pas.

Au lieu d'infliger une punition corporelle à Iwula, par exemple, en lui administrant cinq coups de règle en bois sur les phalanges, comme c'était à la mode, une mode inspirée du colon belge au Congo, Père demanda à toute la classe de se lever afin de présenter ses excuses à Iwula pour le fait de s'être moquée de lui. Père justifia sa réaction par le fait que celui qui ignore est innocent.

Face à mon attitude, Père me gronda presque pour m'amener à prendre conscience du fait qu'il avait bel et bien échappé à une tentative d'empoisonnement. Je fus convaincu lorsqu'il m'ordonna d'aller chercher le directeur. Celui-ci arriva aussitôt. Mon père lui exposa la situation. Le directeur n'eut pas l'air convaincu puisque personne d'autre, à part mon père, n'avait vu que l'eau avait changé de couleur. Mon père réclama avec insistance que cette bouteille d'eau soit envoyée au laboratoire de l'Institut Saint Jean-Bosco. Le directeur finit par céder à la requête de mon père. Après avoir effectué des analyses sur cette eau dans ce laboratoire, on découvrit que l'eau contenait du poison, comme mon père l'avait remarqué. Le coupable, Maître Henri Ndjonkimuè, expliqua cette tentative d'empoisonnement par le fait que mon père aurait joui d'une notoriété plus forte que la sienne auprès des élèves, de leurs parents, des prêtres belges et auprès des autorités administratives du district.

Père se refusa à porter plainte contre Henri Ndjonkimuè pour lui éviter la prison qui aurait eu des conséquences néfastes sur sa famille, que père connaissait très bien. Mais les prêtres décidèrent de condamner à leur manière Henri Ndjonkimuè en le radiant définitivement de l'école catholique. Ce dernier se retrouva plus tard à l'école officielle, l'école publique, qui était beaucoup moins prestigieuse que l'école catholique.

Père avait échappé à la mort par empoisonnement très probablement parce qu'il avait un antidote que lui avait administré son beau-père, Grand-père Léon, le « maître des serpents ». Cet antidote était confectionné par la combinaison de trois facteurs : l'écorce pourrie d'un bananier, la feuille de tabac et les feuilles d'une plante dont la sève est venimeuse. C'est avec ce mélange que Grand-père Léon avait l'habitude de guérir les victimes de morsure des serpents ou de toute autre espèce venimeuse. Ce mélange était, bien entendu, accompagné, d'invocations incantatoires et mystiques.

Quand Grand-père Léon avait proposé ce blindage à mon père, celui-ci l'avait au départ refusé, car il considérait que cela était incompatible avec sa religion, du moins celle que lui avaient imposée les colons belges. Il s'agissait du christianisme.

Mon père fut obligé de changer d'avis suite à une série d'événements qui l'avaient beaucoup marqué.

Mon père était très attaché à sa foi chrétienne qu'il pratiquait d'ailleurs avec une ferveur endiablée. Par exemple, il allait tous les dimanches à la messe du matin et il faisait la confession tous les samedis avant la communion. Il avait découvert que les prêtres belges étaient les principaux mouchards dans les anciennes colonies belges. Ils étaient aussi les principaux « indics », les oreilles, de l'administration coloniale belge. La confession avant la communion était une de leurs principales sources d'informations au profit de l'administration coloniale. On peut deviner l'usage que celle-ci faisait de ces informations.

Une tante tomba enceinte et se garda de révéler à ma famille l'identité du géniteur. Elle mourut avec le bébé lors de l'accouchement. Tenaillé par des remords, le géniteur alla se confesser auprès d'un prêtre belge qui avait également une liaison avec cette tante. Probablement par vengeance, le prêtre n'hésita point à donner l'information à mon père. C'est comme cela que ma famille découvrit l'identité de la personne qui s'était cachée derrière cette grossesse.

L'Église catholique belge au Congo se félicita de l'assassinat de Patrice-Emery Lumumba, qu'elle qualifiait d'athée et de communiste. La mort de Patrice-Emery Lumumba fut pour mon père comme la perte d'un membre éminent de la famille. Mon père avait rencontré Patrice-Emery Lumumba peu avant la proclamation de l'indépendance de la RDC, lors de sa tournée provinciale qui le conduisit à Inongo, le fief de son chef d'état-major, Maurice Mpolo. Celui-ci fut l'un des plus fidèles compagnons de Patrice-Emery Lumumba. Il fut assassiné dans les mêmes conditions que ce dernier.

Maurice Mpolo avait de forts liens de parenté avec ma mère. C'est dans ce contexte qu'il avait demandé à mon père de faire partie des quatre personnes qui devaient porter Patrice-Emery Lumumba sur le *tipoye* lors de sa tournée. Père avait acheté une chemise blanche avec des boutons de manchettes pour accueillir Lumumba. À la fin de la cérémonie, la chemise rendit l'âme du fait de la chaleur, la transpiration et des frottements avec le *tipoye* mais aussi du fait du contact avec la foule qui voulait toucher Patrice-Emery Lumumba. Père déclara même à ses amis qu'il était prêt à mourir pour Patrice-Emery Lumumba. Ce qui lui valut le surnom de « révolutionnaire » par ses collègues de travail. Nombreux étaient des catholiques indigènes congolais qui tombaient dans le piège de la confession, car certains prêtres pratiquaient de la délation auprès des autorités administratives coloniales. Celles-ci n'hésitaient pas à « punir » sévèrement les auteurs des « péchés » rapportés par les prêtres.

Un type s'était confessé auprès d'un prêtre, à qui il avait confié avoir tué l'amant de sa femme. Le prêtre lui demanda de lui indiquer l'endroit où il avait enterré le corps de sa victime. Il lui situa ledit endroit. Or, ce type avait menti au prêtre. À la place de l'amant imaginaire, c'était un chien qu'il avait effectivement tué puis enterré à l'endroit qu'il avait révélé au prêtre. Au crépuscule, une jeep de la « police » coloniale fit irruption devant sa maison. Les « policiers » armés jusqu'aux dents l'arrêtèrent au motif de meurtre avec préméditation. L'accusé nia vigoureusement les faits. Les « policiers » l'amenèrent à l'endroit où il aurait enterré le corps de sa victime d'après les déclarations du prêtre. Toutefois, à la place d'un cadavre humain, les « policiers » découvrirent le cadavre d'un chien, le chien dont l'accusé était le maître. Il l'avait tué à cause de la rage.

Pour toutes ces raisons parmi tant d'autres, Père se mit à l'évidence que les prêtres belges n'étaient pas aussi catholiques qu'ils prétendaient l'être. Un fossé se creusa petit à petit entre Père et sa religion chérie. Ce fossé s'agrandit par le rapprochement de Père avec les croyances ancestrales qui l'avaient poussé à accepter l'antidote proposé par son beau-père, mais sans véritablement renoncer au catholicisme.

Moi aussi, comme les jeunes enfants de mon époque, j'étais tombé dans le piège de la confession. Mais je m'en suis sorti indemne, car les bobards que je racontais aux prêtres semblaient les intéresser voluptueusement, exciter leurs instincts masculins hypocritement dissimulés sous leur soutane, et ne portaient aucunement atteinte à la sécurité de l'État. Et à peine s'ils ne me recommandaient pas de commettre des péchés similaires pour que je vienne les leur raconter. Cela leur faisait du bien d'entendre des petites âneries érotiques de la part d'un gamin qui avait bien compris la notion de « l'offre et de la demande » avant même d'étudier l'économie plus tard dans les universités occidentales lointaines et de l'enseigner ici dans une perspective carriériste.

Quel était le contenu de cette marchandise dont raffolaient certains prêtres belges à Inongo ?

Dans notre quartier, nous avions une grande sœur qui nous grondait sévèrement à cause du bruit que nous faisions en jouant au football pendant qu'elle révisait ses cours. Elle avait l'habitude de réviser ses cours juste avant la tombée de la nuit. Nous aussi, nous avions l'habitude de jouer au football pratiquement au même moment qu'elle, car après, c'était trop tard. Comme la coutume nous imposait le respect quasi absolu à l'égard des aînés, nous ne pouvions pas répondre ouvertement à ses blâmes dont certaines étaient à la lisière de l'insulte. Mes camarades et moi échafaudâmes un plan. Nous voulions ainsi nous venger, mais autrement. Nous savions à quel moment se lavait cette grande sœur. Nous fîmes un petit trou sur le mur en paille qui entourait le petit coin détaché de la maison principale qui faisait office de douche. À tour de rôle, nous la regardions en train de se laver sans nous faire remarquer ni surprendre par qui que ce soit…

Étant donné que j'allais communier pour la première fois, je ne pouvais pas m'exonérer d'aller me confesser. C'était une obligation absolue et incontournable !

— Mon père, j'ai commis une faute grave.

— Fils, je t'écoute.

— Avec une bande de copains, j'ai violé l'intimité d'une grande sœur du quartier.

— Comment ? Quoi ? À votre âge, vous avez violé une femme adulte ?

— Non, mon père, nous n'avons violé personne. Mais nous avons simplement contemplé la nudité d'une grande sœur pendant qu'elle se lavait !

— Comment avez-vous procédé ? Tu ne vas pas me dire que cette grande sœur se lavait en plein air ?

— Non, mon père, nous avons troué le mur en paille de la douche pour nous permettre de la regarder en toute discrétion.

— Fils, au nom de Dieu, je t'ordonne de me décrire tout ce que tu as vu et comment était-elle. Si tu refuses d'obéir à la volonté de Dieu, ce dernier ne te pardonnera pas ce péché et tu finiras par aller en enfer.

Face à cette menace, je décrivis l'anatomie extérieure de cette grande sœur à ce prêtre.

— Fils, comment sont ses fesses ? Sa peau est-elle lisse ? As-tu remarqué la présence des boutons ou de la gale sur ses fesses ?

— Et ses seins, parle-moi un peu de ses seins. Sont-ils tombés comme les seins d'une femme ayant déjà enfanté ?

— Et ses jambes alors ? Parle-moi un peu de ses jambes, de ses mollets ?

— Comment l'as-tu vue et regardée ? Par l'arrière ou par l'avant ?

Plus je répondais à cette avalanche de questions, plus le père Bolowa [19]exaltait l'envie d'en savoir un peu plus. Je réalisai qu'il tirait

[19] L'acronyme donné par la population au prêtre belge, père FW.

un grand plaisir du fait d'entendre cette récitation émaillée de quelques épisodes relevant d'une pure exagération bantoue proche des frontières du mensonge.

Après cet entretien confessionnel, le père Bolowa me pria de venir le voir quand j'aurais commis d'autres péchés du même genre…

Mais il ne me revit plus jamais, du moins pas dans ces conditions ni pour les mêmes raisons. J'allais commettre un péché blasphématoire, un crime clérical, aux yeux des catholiques et des chrétiens en général. Il s'agissait d'un péché dont les conséquences sur ma personne furent à la hauteur de son gigantisme et entraînèrent ma prise de distance avec toutes les formes du christianisme et, plus tard, avec toutes les religions monothéistes. J'ai, malgré tout, un grand respect envers leurs prophètes respectifs que j'ai toujours considérés comme faisant partie du patrimoine spirituel universel, bien entendu après et aux côtés de mes ancêtres.

J'étais au collège, en 5e. Lors d'un cours de religion dispensé par une sœur belge, Mademoiselle Nollet, j'eus le culot, démesuré par rapport à mon âge et à mon éducation, chrétienne, de demander à cette professeure de religion de m'expliquer comment la mère de Jésus avait pu le concevoir puis le mettre au monde sans avoir eu des rapports avec Joseph ou un autre homme. Elle me fit comprendre que nul n'avait le droit de contester une évidence divine. Je lui demandai de m'expliquer ce qu'elle entendait par « évidence divine ». Elle me répondit qu'il y avait des choses relevant du secret de Dieu, que les hommes sur terre devaient se contenter d'accepter telles quelles. Ces choses s'appellent « évidence divine ».

Elle me confirma que la mère de Jésus avait donné la vie à celui-ci sans l'apport du sexe opposé. Elle ne me fournit point une autre explication que celle relevant de « l'évidence divine ». Plus j'insistais pour obtenir d'elle une réponse claire et convaincante, plus Mademoiselle Nollet s'énervait. Quand la tension fut tombée, elle me recommanda quelques lectures pour étancher ma « curiosité morbide ». Je lui répondis que j'avais appris à l'école primaire et au catéchisme que la mère de Jésus était tombée enceinte par l'Esprit saint.

— Ce que je veux savoir, ma sœur, c'est quelle est la personne qui se cache derrière l'Esprit saint ? Pourquoi refuse-t-on de nous dire la vérité sur cette histoire ? Et si c'était réellement l'Esprit saint qui s'était substitué à un homme physique, on pourrait alors logiquement considérer que la Vierge Marie n'était plus vierge. Aucune femme ne peut être à la fois mère biologique et vierge.

— Mon fils, je pense que c'est Satan qui parle au travers de ta personne.

— Ma sœur, je ne conteste pas l'existence de Jésus ni de sa mère ni celui de Dieu, le créateur. Car j'ai vécu un phénomène aussi rocambolesque que traumatisant qui m'a montré que le fait d'être en communion avec ces gens-là pouvait apporter de la protection contre les mauvais esprits.

— Ah, mon fils, raconte-nous ton histoire.

— Ma mère et moi, nous passions nos vacances au village. Alors que nous étions à deux jours de la rentrée des classes, nous ratâmes le camion qui devait nous ramener en ville. Il fallait attendre le prochain camion chez un membre de la famille dans un autre village. Ce dernier, pour une raison inconnue, nous donna une chambre dans une maison hantée et qui était ainsi inhabitée. Pendant la nuit, mon sommeil fut régulièrement coupé par des pleurs et des chants mortuaires. Je me réveillai à plusieurs reprises pour vérifier s'il y avait un décès dans le village. Mais, curieusement, tout le village semblait dormir. Je regardai du côté de ma mère, elle dormait profondément, paisiblement et innocemment. Zut alors ! Pourquoi suis-je le seul à entendre des choses pareilles ? me demandai-je. Je finis par réveiller ma mère pour lui raconter mes ennuis nocturnes. Pour me rassurer et me calmer, Mère me dit : « Mon fils, tu as un don, peut-être vient-on te prévenir d'un décès dans la famille ou de quelque chose qui va t'arriver en relation avec le monde invisible. »

Après avoir prononcé ces quelques mots, ma mère se rendormit. Mais moi, je préférai rester éveillé jusqu'au petit matin pour éviter d'entendre les mêmes choses.

Notre hôte vint nous dire bonjour et nous demander si nous avons bien dormi. Ma mère lui fit comprendre que j'avais connu une nuit agitée, en lui parlant de mes ennuis. Il avoua à ma mère qu'il s'en doutait un peu, car tous les occupants de la maison en question étaient morts après avoir mangé un tubercule non comestible. Ma mère lui demanda pourquoi il ne nous avait pas hébergés chez lui. Il répondit que chez lui il n'y avait pas de place. Ses explications ne nous convainquirent nullement.

On entendait le bruit du camion qui arrivait. Les enfants sortirent dans la cour qui représentait également la principale route, pour attendre l'arrivée du camion avec une effervescence comparable à celle qui anime une foule qui attend l'arrivée de son idole. Le camion arriva, enfin. Tous les enfants couraient après le chauffeur. Celui-ci était accueilli comme un héros. Les enfants le touchaient, le palpaient, fouillaient dans ses poches et lui réclamaient des bonbons. Les enfants agissaient ainsi parce qu'ils savaient que le chauffeur venait de Kinshasa, la capitale. Entre-temps, ma mère et moi tentions de nous frayer un passage pour accéder au camion. Mais il était plein de monde et de marchandises. Ma mère et moi parvînmes, malgré tout, à trouver une place. Ouf, l'essentiel était fait ! Mais pas tout à fait puisque personne ne savait quand repartirait le camion.

Il est d'usage que les chauffeurs s'arrêtent dans les villages où ils ont une maîtresse. Ils y restent aussi longtemps qu'ils le désirent, sans se préoccuper de ce que peuvent ressentir les passagers. Mais ce jour-là, nous avions eu beaucoup de chance. La maîtresse du chauffeur était en déplacement. Le camion redémarra quelques heures après son arrêt. Nous arrivâmes enfin sains et saufs à la maison familiale.

À peine arrivés, mes copains et moi nous mîmes à jouer à cache-cache. Curieusement et inconsciemment, je me dirigeai en pleine nuit vers le bois qui séparait mon quartier et le quartier voisin. Soudain, je fus stoppé par des barbelés en fer qui m'arrachèrent de trois traits la peau sur l'abdomen. Je saignais du ventre. Très vite, je rentrai à la maison montrer ma plaie à mes parents. Un cousin de mon père, Papa Mpia Daniel, qui était infirmier, me soigna la plaie. Mais, jusque-là, tout mon entourage ne se doutait pas de ce qui allait m'arriver tard dans la nuit. D'autant plus que mes parents et les voisins avaient mis cet accident sur le compte du hasard.

Ma grande sœur, mon grand frère et moi dormions dans une même chambre, d'environ vingt mètres carrés. Ma grande sœur occupait seule son lit tandis que mon grand frère et moi partagions le même lit. Pendant que tout le monde dormait, je fus réveillé par de terribles frissons. En ouvrant bien mes yeux, je constatai que la chambre était illuminée de couleur rouge ocre. Pourtant, notre lampe à pétrole était éteinte par mesure d'économie. Quand je voulus me lever pour voir d'où venait cette lumière, j'eus la sensation que mon corps était paralysé. Quand je voulus crier pour alerter mes parents, j'eus également la sensation que ma bouche était cousue.

Pendant que je réfléchissais à la manière dont j'allais me sortir de là, je vis sur le bord du lit une entité installée face à mon visage. Elle m'éblouissait à mesure que je la regardais avec insistance. Elle me faisait des grimaces avec sa bouche, qu'elle ouvrait et refermait comme un jeu d'accordéon. Elle avait la taille et la forme d'une poupée blanche d'environ quinze centimètres. Je tentai de réveiller mon frère en le pinçant avec mes doigts, mais rien à faire, le pauvre dormait et ronflait comme une touffue. Même chose du côté de ma grande sœur : elle dormait comme un cadavre. L'entité surveillait tous mes faits et gestes et me souriait affreusement comme pour se moquer de mes tentatives d'alerte infructueuses.

À un moment donné, il me vint à l'idée de penser à une femme du quartier qui nous enseignait le catéchisme. Immédiatement, l'entité s'éloigna de moi et alla « stationner » derrière la porte de notre chambre. Il revint vers moi aussitôt que j'arrêtai mes pensées catéchistes. Elle était très mobile et se déplaçait comme une soucoupe volante. Chaque fois que je pensais à cette femme (pas que je priais), l'entité partait et elle revenait lorsque j'arrêtais d'y penser, et ainsi de suite. Quand elle s'éloignait de moi, je retrouvais mes cinq sens, y compris la force vocale. Quand elle revenait parce que j'avais arrêté de penser à notre professeure de catéchisme, je redevenais un véritable légume. Je compris finalement comment procédait l'entité et comment j'allais m'y prendre pour envoyer un cri d'alerte.

Ce moment arriva. Je me remis à penser à la catéchiste et l'entité s'éloigna de moi immédiatement, mais tout en surveillant mes « mouvements » de là où elle était perchée. Chaque fois qu'elle s'éloignait de moi, l'atmosphère redevenait normale, je profitai de ce moment pour appeler mon père au secours. L'entité n'eut pas le temps de revenir pour m'empêcher d'appeler mon père à l'aide. C'était trop tard pour elle. Les cris de la pintade s'étaient déjà libérés du carcan des hautes herbes !

Mon père puis ma mère et, finalement, toute la famille accoururent vers moi. L'entité se mit en colère : elle s'agitait en voltigeant d'un bout à l'autre de la chambre. Personne ne la voyait à part notre chien, un berger allemand, Pipo, et, bien sûr, moi-même. Mon père, muni d'un bâton, envoyait des coups à l'entité en suivant mes indications et celles concordantes du chien qui aboyait. On aurait dit que nous étions dans un cirque puisque l'entité faisait tourner mon père en bourrique en vivotant dans tous les sens. Parfois, elle se déplaçait en faisant des mouvements circulaires. La chambre était toujours éclairée d'une lumière rouge ocre, mais j'étais le seul à voir cette fameuse lumière. De plus, l'entité éclatait de rire de manière assourdissante. Personne d'autre que moi n'entendait ces rires. Je voyais aussi sa tête changer de taille et de forme, tantôt petite et ronde, tantôt très grande et ovale. Sa tête était transparente comme ce que l'on voit dans les dessins animés. Elle finit par sortir de la chambre en traversant la fenêtre qui était pourtant fermée.

Le lendemain, très exactement à midi, alors que j'étais dans le salon entouré des membres de la famille venus m'apporter leur soutien psychologique[20], j'eus les mêmes sensations que pendant la nuit. Quand soudain, dans ma chambre, on entendait des drôles de bruits. Pipo, le chien qui ne me quittait guère depuis la nuit précédente et qui m'accompagnait à chacun de mes déplacements, se mit à aboyer et se

[20] Il n'y avait pas de cellule psychologique formelle en dehors de la famille et des amis du quartier.

dirigea vers la chambre. On entendit un énorme fracas par la fenêtre. Un cousin alla avertir mon père. Ce dernier arriva aussitôt. Je devins subitement et presque sourd. En effet, les voix des gens qui étaient pourtant proches de moi me paraissaient lointaines.

Mon père demanda de l'aide à une guérisseuse. La pauvre dame fit une chute incroyablement brutale après avoir tenté de me toucher la tête. Elle déclara forfait. Les autres guérisseurs refusèrent de m'aider par peur de connaître le même sort que leur consœur. Un voisin, assez âgé, vint rendre visite à mon père et il lui conseilla de me mettre les gouttes d'une feuille, *lumba lumba,* dans les yeux. Cela permettrait de libérer mes yeux de certains éléments invisibles qui m'avaient permis de voir l'entité pendant la nuit. Ce voisin expliqua à mes parents que les choses étranges que j'avais vues la nuit étaient le résultat d'une tentative d'envoûtement fomentée par l'oncle de ma mère chez qui on avait logé en attente du camion qui devait nous ramener en ville. Cet événement m'avait tellement traumatisé qu'il me fallut de nombreuses années pour pouvoir réussir à dormir seul dans une chambre, la nuit comme le jour.

Quand j'eus fini de raconter cette histoire à Mademoiselle Nollet et à toute la classe, elle m'exprima de la compassion avec, du moins en apparence, une petite dose de sincérité. Mais finalement, elle sous-entendit que je m'en étais sorti davantage grâce au Saint-Esprit qu'aux fétiches donnés par notre voisin.

— Mon fils, tu dois donc reconnaître que Dieu est tout-puissant et que le Seigneur était avec toi, et que sans lui, tu serais mort ou devenu fou. Arrête donc de poser des questions qui n'ont pas de sens !

— Ma sœur, comme je vous l'ai dit, je ne conteste pas l'existence de Dieu ni celle du Seigneur, mais je ne comprends pas que vous nous cachiez la vraie identité du père biologique de Jésus. Si ce n'était pas Joseph, ce serait qui alors ? Tantôt on nous dit que c'est Dieu, tantôt on nous répète que c'est le Saint-Esprit. Et si c'était vrai, cela voudrait dire que Jésus avait trois pères : Joseph, le père adoptif humain, Dieu le créateur et le Saint-Esprit ? Tout cela n'est pas clair ! À mon avis,

Jésus était un enfant bâtard élevé par Joseph, le mari de sa mère, pour éviter à celle-ci la lapidation[21].

À peine sorti cet horrible mot, le couperet tomba. Tout le ciel me tomba sur la tête. Mademoiselle Nollet envoya un camarade de classe chercher de toute urgence tous les responsables et autorités du collège : le directeur du cycle d'orientation, le préfet des études, le préfet de discipline, les surveillants, le président des étudiants, voire certains professeurs. Ils pensaient tous que quelque chose d'extrêmement grave venait de se produire dans notre classe : un accident, un décès ou une bagarre qui aurait mal tourné.

Ce fut le préfet des études qui entra le premier puis le directeur du cycle d'orientation et enfin les autres.

— Qu'est-ce qui se passe ici ? demanda le préfet des études.

— C'est à l'élève de répondre ! dit mademoiselle Nollet, en parlant de moi.

Je répondis :

— Citoyen[22] préfet, étant donné que Mademoiselle Nollet m'a laissé entendre que Jésus n'avait pas de père biologique attitré, je me suis dit qu'il était un enfant bâtard.

— Quoi ? Tu as osé dire des choses pareilles ? me demanda le citoyen préfet.

La gifle était déjà partie en direction de ma joue où elle atterrit comme une foudre qui s'abat sur un stick. La violence de cette gifle était telle que j'avais perdu l'équilibre. Les deux surveillants m'amenèrent *manu militari* dans le bureau du préfet des études, en attendant l'arrivée de mon père. Ce dernier arriva en catastrophe. Il débarqua en trombe dans le bureau du préfet des études. Ce bureau avait les allures d'un tribunal pour mineurs.

En entrant dans le bureau, père sentait la sardine. Probablement, n'avait-il pas eu le temps ni le réflexe de passer un coup de brosse dans sa bouche, pressé par le caractère urgent et grave de l'appel. Je

---

[21] Enfant que j'étais, je ne pouvais tenir ce genre de propos sans être influencé par une tierce personne. En effet, mon oncle paternel, Boketi Mpoma, le grand-frère de mon père, très critique à l'égard du christianisme et du monothéisme en général, était ma source d'inspiration.

[22] Citoyen remplaçait monsieur du temps de l'authenticité imposée par Mobutu.

m'attendais à ce que Père me loge à son tour une baffe, mais, curieusement, il m'épargna ce supplice.

Les autorités décidèrent de me renvoyer définitivement du collège. Père usa de son influence pour ramener la peine à une semaine d'exclusion. Pour la petite histoire, ma famille connaissait le directeur du collège par l'intermédiaire d'une des sœurs du quartier qui faisait partie de son cheptel de maîtresses. Cette affaire m'attira toutes les malédictions de la planète et me poussa à me révolter dans mon for intérieur contre l'Église catholique et à prendre mes distances vis-à-vis d'elle.

Avec une bande de copains, nous montâmes un petit commando anticlérical avec pour objectif d'aller à la messe tous les dimanches, ou presque, pour y foutre la merde, mais poliment. Par exemple, quand toute l'assistance chantait en lingala, une des langues nationales de la RDC, nous chantions en lolia, un des dialectes du coin, et cela perturbait une partie de l'assistance qui était près de nous. Un autre camarade provoquait une crise de toux pendant que le prêtre officiait dans le silence et le recueillement. Nous communions plusieurs fois en changeant de file. Un camarade était allé beaucoup trop loin en tirant la langue au prêtre pendant que celui-ci lui logeait l'eucharistie dans la bouche. Sur le cou, le prêtre ne dit rien, mais il le blâma vigoureusement devant ses parents. Nous bénéficions du soutien discret, mais efficace de mon oncle paternel, Boketi Mpoma, le grand frère de mon père. Il détestait à mort l'Église catholique et toutes ses différentes manifestations. Par exemple, il nous demandait de refuser l'Eucharistie, car il était interdit dans nos traditions de manger la chair humaine et de boire également son sang.

Ce rejet de l'Église catholique et du christianisme en général n'empêcha pas mes frères et cousins de concocter à mon oncle paternel, Boketi Mpoma, des cérémonies religieuses chrétiennes lors de son décès. Pourtant, de son vivant, il nous répétait son refus d'être amené à l'Église et d'avoir droit à des cérémonies religieuses. Il souhaitait vivement qu'on lui fasse des cérémonies traditionnelles à l'image de sa philosophie. Mais les siens, croyants et pratiquants invétérés, ne respectèrent guère sa volonté pourtant renouvelée jusqu'à son dernier souffle.

— Si vous m'amenez à l'Église et vous mettez des chansons à la gloire de votre Jésus à la place de celles qui honorent nos ancêtres et nos dieux, je vous montrerai qui je suis ! avait-il prévenu mes frères et cousins pendant qu'il était à l'agonie.

Après ces quelques mots, le vieil homme (quatre-vingt-quinze ans) s'éteignit. Juste après son décès, on vit sortir de sa dépouille des fourmis de toute nature. Elles sortaient de partout : des orifices nasaux, des oreilles, de sa bouche pourtant fermée et du lit où était sa dépouille. Face à cet événement effrayant, on courut très vite avertir Monsieur l'Abbé Ese Ndoba, un prêtre exorciste très connu dans le district pour ses talents en la matière. Malgré ses pouvoirs, il ne réussit pas à faire disparaître ces fourmis. Dépassé par les événements, l'entourage familial prit peur. Tout le monde quitta le salon où était la dépouille du défunt pour se réfugier dans la cour.

Mes frères et cousins eurent l'idée de m'appeler à Paris, à plus de dix mille kilomètres de l'endroit où se tenait le deuil. Je leur conseillai de demander de l'aide à un ami de la famille qui connaissait très bien nos traditions. Il saurait peut-être comment faire arrêter ce phénomène inédit. Le type comprit tout de suite que ces fourmis étaient l'expression de la colère du défunt. Il lui parla :

— Boketi Mpoma[23], je sais pourquoi tu es en colère ! Mais les fourmis qui sortent de ton corps ne donnent pas une bonne image de ta famille que tu as tant aimée de ton vivant. Les gens vont se moquer d'elle et de toi. Nous devons t'enterrer dignement et proprement…

Puis, l'homme demanda de l'alcool pour implorer la pitié des ancêtres et la coopération du défunt. On lui tendit une bouteille de vin de palme. Il prit une gorgée puis passa la bouteille à mes frères et cousins présents, qui burent à tour de rôle. Il en restait un petit fond. L'homme renversa le reste d'alcool au sol, en formant une croix. Ce symbole n'a rien à voir avec celui de la crucifixion. Comme il a été dit plus haut, les quatre pointes de la croix représentent les quatre sources

[23] Ce qui signifie la vague géante, le surnom de guerre de mon oncle paternel.

biophysiques de l'être humain. La ligne verticale représente les sources paternelle et maternelle de la mère d'un individu, la ligne horizontale, les sources paternelle et maternelle du père de l'individu. L'homme fit les mêmes gestes en vidant la bouteille tout autour du lit. Il appela un chanteur conteur pour venir chanter à la gloire des ancêtres et du défunt oncle. Il interdit formellement les chansons funèbres religieuses dont certaines étaient en latin.

Après cette intervention, les choses rentrèrent dans l'ordre. Les fourmis disparurent complètement de la dépouille du défunt. Mais ses neveux l'amenèrent quand même à l'Église « pour permettre à son âme d'accéder au paradis », dirent-ils.

Mon oncle, Boketi Mpoma, fut enterré au bord d'une des routes principales de la ville. Mais un an après, lorsque ma famille et moi-même nous voulûmes lui construire une sépulture, nous ne retrouvâmes pas sa tombe malgré l'aide des gardiens du cimetière et des amis et proches qui avaient assisté et participé à l'enterrement. Le défunt vint me dire en rêve ainsi qu'à l'un de mes frères que sa tombe était bel et bien à l'endroit où on l'avait enterré et qu'il nous avait toutefois envoyé du « brouillard » pour éviter que nous ne la retrouvions. Il expliqua son geste par le fait qu'il était mécontent qu'on l'ait amené à l'Église contre son gré.

Ma révolte s'accentua pour d'autres motifs beaucoup plus graves que mon exclusion d'une semaine du collège.

Deux prêtres en avaient marre de la popularité de leur homologue, Monsieur l'Abbé Pius Boyi, un de mes oncles maternels. Avec la complicité de leur supérieur hiérarchique, ces deux prêtres pourrissaient la vie à mon oncle afin de l'obliger à accepter d'être muté loin des siens, loin de sa ville natale. C'était aussi, pour ces prêtres, une manière d'isoler mon oncle et de mettre fin à sa popularité. Mon père était un des principaux soutiens de cet oncle. Il lui mit la puce à l'oreille en l'informant d'un projet d'empoisonnement que fomentaient ces deux prêtres. Un homme averti en valant deux, Monsieur l'Abbé Pius Boyi commença à se montrer très prudent et méfiant à l'égard de presque tous ses confrères du diocèse. Par exemple, il ne partageait plus de repas avec eux. Il ne mangeait désormais que le repas préparé par ma mère, et ce, chez mes parents. *Grosso modo*, Monsieur l'Abbé Pius Boyi s'abstint de tout partager avec ses confrères à l'exception, peut-être, de la foi. Voyant que leur complot avait été déjoué à cause de mon père, ces prêtres décidèrent de le faire tuer.

Ils engagèrent un type, Mokoba, qui était notre voisin du quartier et qui avait la réputation d'avoir une force d'éléphant, car cet animal était son totem familial. Tout le monde craignait celui qui se faisait appeler l'homme-éléphant, Mokoba, pour sa force physique qui puisait ses racines dans celle d'un éléphant.

Un soir, alors que j'étais au cinéma en train de regarder un film, je sentis mon cœur battre à vive allure, des palpitations, des palpitations telles que je pensais un moment donné à l'amorce d'une crise cardiaque. J'avais l'addition de tous les ingrédients d'un mauvais pressentiment. Je décidai de sortir de la salle de cinéma et je rentrai à la maison en courant. Je trouvai ma mère en train de converser avec d'autres membres de la famille, mais sans mon père.

— Où est papa ? demandai-je à ma mère.

— Je ne sais pas où il est, me répondit ma mère.

Quelque temps après, ma mère entendit crier le nom de mon père dans la rue.

— Papa, va voir ce qui se passe dans la rue, me demanda ma mère.

Je sortis précipitamment de la maison pour aller voir ce qui se passait dehors, dans la rue.

À quelques mètres de la maison, je vis mon père allongé par terre et inerte. Une mère du quartier pleurait à ses côtés et me dit qu'il était mort.

— Qui l'a tué ? lui demandai-je.

Cette mère du quartier me montra de son doigt l'homme-éléphant. Ce dernier avait frappé mon père d'une bouteille de bière pleine à la figure. La figure de père avait doublé de volume, mais il respirait encore. Il n'était donc pas mort, mais il avait perdu connaissance avec un tel coup qui aurait pu lui provoquer un traumatisme crânien.

Je me dirigeai vers l'homme-éléphant pour venger mon père. Un gamin de treize ans pouvait-il affronter un adulte, robuste, d'une quarantaine d'années ? Le combat était tellement inégal qu'il était perdu d'avance pour le gamin. Que fallait-il faire ? Me résigner à la défaite avant le combat ou sauver l'honneur de la famille ? J'optai pour la deuxième solution. Mais l'homme-éléphant me prévint :

— Petit, si tu t'approches de moi, tu connaîtras un sort pire que celui de ton père.

— Tu ne m'auras pas, car je suis le petit-fils de mon grand-père, tu ne m'auras pas ! lui rétorquai-je.

Alors que je lui tenais tête verbalement, il me logea un violent coup de poing au visage. Je l'esquivai de justesse grâce à la technique de combat que j'avais apprise en regardant des films westerns au cinéma et auprès de Cassius Bonyaa et de Wilson Engombe, deux entraîneurs d'un club de boxe dont j'étais le benjamin.

Ayant loupé son coup, il tenta de me faire une prise de catch pour être sûr de me neutraliser, au vu de ma chétive corpulence. Il était certain que si je tombais entre les mains de l'homme-éléphant ou devait subir quelques-uns de ses coups, mon sort serait réglé. Mais ma tactique était de rester à distance de l'adversaire et de le fatiguer en le harcelant sans cesse. Chaque fois que Mokoba s'approchait de trop près, je lui envoyais un coup de pied au tibia pour l'obliger à respecter la règle des distances. En voyant le poing levé de l'homme-éléphant, et avant qu'il ne put s'abattre sur mon visage, je me baissai. Profitant de son instabilité d'équilibre, je lui envoyai un coup de tête sous le menton. Il s'écroula sous les regards et les sifflets des spectateurs. Je lui assenais plusieurs coups de tête chaque fois qu'il tentait de se relever. Mokoba perdit connaissance et j'en profitai pour m'asseoir sur son ventre afin de lui envoyer encore une avalanche des coups de poing au visage.

Ses enfants et sa femme se réfugièrent dans une des pièces de leur maison. Je les poursuivis, mais je n'eus pas le courage de les tabasser. Les enfants pleuraient à chaudes larmes et hurlaient de peur tandis que leur maman, qui était rongée par une maladie chronique et dont le frère cadet, Djo Moke, était un de mes camarades, implorait ma pitié. Je revins au salon où était allongé l'immense corps amorphe de l'homme-éléphant. Pour moi, ma mission était accomplie ! J'avais miraculeusement vengé mon père, sauvé son honneur et celui de la famille tout entière.

Il fallait déguerpir, partir de là, prendre les nouvelles de mon père, puisque durant tout ce temps-là, j'ignorais ce qu'il était devenu. Avait-il repris connaissance ? L'avait-on emmené à l'hôpital ? Était-il mort ? Beaucoup de questions me vinrent à l'esprit, d'autant plus que nos proches voisins s'étaient montrés incroyablement indifférents à notre égard malgré mes appels au secours. J'avais vite compris que mon père était victime d'une violente tempête de jalousie dans le quartier et que nombreux étaient les voisins qui lui voulaient du mal. Ils faisaient payer à mon père tout ce qu'eux pensaient ne pas avoir : son côté intello, son *look* de gentleman, ses succès professionnels[24], ses bonnes relations avec les autorités administratives, le moteur hors-bord qui permettait à Père de faire des tours en canot rapide sur le lac pendant le week-end ou les jours fériés.

C'est peut-être pour cela que l'homme-éléphant avait accepté la mission sordide de tuer mon père. Pourtant, dans le quartier, mes parents étaient le grenier de la plupart des voisins. Quand ils revenaient de la pêche avec des corbeilles et sceaux remplis de poissons, ils les partageaient systématiquement avec tous les voisins. Chaque maisonnée recevait sa part. Père dispensait gratuitement des cours de soutien à tous les enfants du quartier qui avaient des difficultés à l'école, y compris ceux de l'homme-éléphant. Mais cette soirée-là, sous l'indifférence quasi générale des voisins, ce dernier avait tenté de lui supprimer la vie. Mais ce n'était pas son jour ! Cette soirée-là, un miracle s'était produit, car un gamin de treize ans avait vengé son père en rossant copieusement l'homme qui avait tenté de le tuer. Et quel homme ? Pas n'importe qui ! C'est l'homme dont on disait qu'il avait une force éléphantesque. C'est l'homme qui était

---

[24] Père formait les futurs directeurs d'école qui venaient séjourner chez nous pour préparer le concours sous les auspices de celui qu'on appelait « Maître ».

protégé par la haute autorité de l'Église catholique d'Inongo. C'est l'homme qui avait également des membres de la famille au sein du gouvernement d'un des régimes les plus sanguinaires et les plus corrompus de la planète. C'était, en définitive, l'homme parmi les plus craints de la petite zone semi-rurale d'Inongo.

Un bon soldat ne pleure pas ses camarades tombés sous les balles de l'ennemi, mais il doit tout faire pour empêcher celui-ci de le tuer avec d'autres camarades. Mon père nous répétait ce principe que lui avait enseigné son oncle paternel, Papa Bitengeli, qui était un soldat hors pair à la force publique, l'armée coloniale belge. Papa Bitengeli était un soldat téméraire, très courageux, car il était toujours volontaire pour aller en première ligne. On lui donna d'ailleurs le nom d'un général de l'armée allemande des années 1940-1945.

Je me disais dans mon for intérieur, si je pleurais mon père ou j'attendais que la police – et quelle police ! – vienne constater son état et qu'elle aille arrêter l'homme-éléphant, ce serait du pipeau. Il fallait passer à la contre-offensive et se dire : « advienne que pourra ». Après avoir mis l'homme-éléphant hors d'état de nuire, du moins c'est ce que je pensais, j'invitai ma mère à sortir de sa maison pour aller retrouver mon père je ne sais où. À peine avions-nous quitté les lieux, je vis mon père foncer dans notre direction dans le but d'aller se battre avec son agresseur. Je lui barrai la route en lui faisant comprendre que les hostilités étaient finies et qu'il était temps qu'on l'amène à l'hôpital. Père ne l'entendit point de cette oreille. Il voulait coûte que coûte en découdre avec l'homme-éléphant. Je pris Père par la taille, comme me l'avait montré Grand Mbuli Cordy, un grand frère du quartier, qui nous apprenait la self-défense. Je réussis à bloquer Père à la taille, tout en m'excusant puisque toucher son père physiquement est un acte absolument interdit et qui soumet son auteur à la damnation. Mais je n'avais pas le choix, car je savais pertinemment au fond de moi-même que Père n'avait pas repris tous ses esprits et toutes ses forces, au vu de la gravité de l'enflure qui occupait une bonne partie de son front.

Père m'envoya une avalanche des coups pour m'obliger à le relâcher, mais j'étais déterminé à lui éviter de se faire humilier pour la deuxième fois devant un public acquis à la cause de l'homme-éléphant et avide de ce type de scène. Si j'avais eu la certitude que Père avait repris toutes ses forces, je l'aurais laissé se battre avec son agresseur, car il en avait physiquement les moyens. Père avait la corpulence de Joe Frazier, le tombeur de Mohamed Ali. Un corps à corps avec son agresseur pouvait tourner à son avantage, d'autant plus que ce dernier était déjà affaibli par les coups de poing et de tête que je lui avais administrés auparavant. Mais je ne pouvais pas faire courir à mon père un tel risque.

Pendant que je me battais pour empêcher mon père d'aller rejoindre son agresseur, celui-ci prit une bouteille en verre, le même type de bouteille avec laquelle il avait frappé mon père, et il l'envoya à ma mère, qui la reçut au milieu de la tête. Puis il s'enfuit aussitôt. Cette fois-ci, j'étais obligé de relâcher mon père pour m'occuper de ma mère. Je réalisai qu'il était inutile de poursuivre l'homme-éléphant, car ma mère perdait beaucoup de sang et je craignais qu'elle fasse une hémorragie qui lui aurait été fatale. Ses cheveux avaient un tout petit peu amorti la violence de ce coup, mais la plaie était énorme.

— Mère, tu es la fille aînée de ton père, l'homme le plus fort du village. Si tu pleures à cause de la douleur, tu déshonoreras ton père. Les enfants de Ngeli Ombaka ne pleurent pas. Ce sont les faibles qui ressentent la douleur. Les hommes forts, eux, dominent la douleur. Serre les dents, je t'amène à l'hôpital et là-bas on va soigner ta plaie.

Je lui proposai de la porter sur mon dos, mais elle me fit comprendre qu'elle pouvait marcher seule. Je pris la précaution de lui faire un garrot avec un morceau de tissu de ma chemise pour stopper l'hémorragie. Nous arrivâmes tant bien que mal à l'hôpital. Sans anesthésie, on lui cousit la plaie. Elle eut dix points de suture. Durant l'intervention, j'invoquais les esprits de ses ancêtres pour lui donner de la force, comme si j'étais moi-même possédé par ces esprits. Nous rentrâmes à la maison tous les trois, Père, Mère et moi. J'étais au milieu et je leur tenais la main. Le calme était revenu dans le quartier.

Tout le monde dormait. L'éclairage public était éteint. Il faisait une nuit noire et j'avais peur que l'homme-éléphant, profitant de ce moment où il n'y avait plus personne dans la rue et où la visibilité était réduite à néant en raison d'une sévère obscurité, nous tende un guet-apens. Heureusement pour nous, nous ne rencontrâmes aucun obstacle sur notre chemin de retour à la maison.

Le lendemain, au petit matin, notre maison ressemblait à un lieu de pèlerinage. Des gens affluaient pour venir soutenir psychologiquement mes parents. Mais je n'étais pas dupe. Je pris une décision radicale en interdisant à tous les voisins du quartier de venir verser les larmes de crocodile chez mes parents. Sur le chemin de l'école et partout où je passais, les gens m'arrêtaient ou m'appelaient pour me féliciter d'avoir évincé l'homme qui se croyait invincible. Certaines personnes croyaient même que j'avais des fétiches enfouis dans mon corps pour réaliser un tel exploit physique. Pour d'autres, c'était, ni plus ni moins, l'œuvre de Dieu.

— Fils, viens nous raconter comment tu as fait pour terrasser l'homme-éléphant ! me demandait-on.

— Si j'avais un garçon comme toi, je ne craindrais rien, me lançaient certaines mères.

Mais personne ne pouvait comprendre ni partager ma douleur, ma peine, ma tristesse, car du haut de mes treize ans j'avais vécu les pires moments où mes parents avaient frôlé la mort. De plus, les prêtres qui avaient commandité la tentative d'assassinat à l'encontre de mon père ne furent jamais inquiétés. Au contraire, le tribunal condamna mon père à une amende symbolique pour « diffamation » et « provocation ». Il fallait s'en douter, car, comme dit un proverbe africain : « Quand le crocodile est juge, le caïman ne peut pas perdre le procès ». Ce fut une raison de plus qui me poussa à prendre mes distances vis-à-vis de l'Église catholique romaine et de la foi dite chrétienne en général.

9
La conférence des esprits sous l'eau

L'expérience montre que l'on ne peut pas voir un disparu face à face, les yeux dans les yeux, sauf cas exceptionnel. Comme je l'ai dit plus haut, les rêves sont le canal le plus utilisé par les disparus pour communiquer avec nous. De cette communication peut jaillir un certain nombre de choses telles que les formules médicinales ou des opportunités financières ou matérielles, ou encore l'annonce des événements à venir dans la famille, voire en dehors de la famille (décès, naissance, trahison, etc.). Je rappelle que les disparus ne communiquent pas avec n'importe qui, fût-ce un membre de la famille. Ils choisissent la ou les personnes les plus réceptives, qui ont une certaine prédisposition pour ce genre de choses et qui ont des capacités médiumniques et spirituelles fortes.

Cependant, on a tendance à prêter aux disparus une puissance spirituelle supérieure à celle des vivants, allant jusqu'à créer chez ces derniers un sentiment de peur. Il s'agit de la peur du mort, la peur du cimetière, des peurs mélangées d'une certaine méfiance vis-à-vis de l'au-delà. Pourtant, les disparus ne sont pas forcément plus puissants que nous. Ce qui nous distingue c'est le fait que leur âme est libérée du corps physique alors que la nôtre continue de vivre dans notre corps physique. Dès lors, ils bénéficient d'une mobilité incalculable par rapport à nous qui ne pouvons pas nous déplacer aussi facilement à cause de notre corps physique qui pèse très lourd. D'ailleurs, lorsque ce corps est mis au repos pendant notre sommeil, notre âme retrouve une mobilité comparable à celle de l'âme des disparus. On peut, par exemple, dans son sommeil, rêver d'être à Bamako, à Tokyo ou dans des endroits insolites que l'on ne pourrait fréquenter en réalité. C'est notre âme qui voyage, qui peut voyager d'un continent à l'autre, et ce, en un temps record. Le voyage astral participe du même principe. Nul ne peut faire un voyage astral en état de veille.

Une nuit, alors que je dormais je me retrouvai en rêve dans une assemblée de défunts chefs traditionnels et spirituels de la RDC. Cette assemblée avait eu lieu sous l'eau, au sein du lac Maï-Ndombe, sous les auspices des deux grands esprits de ce lac, Mbomb'ipoku, l'époux, et Mpomb'impandja, l'épouse. Les deux forment un couple très connu de tous les grands chefs spirituels et traditionnels du territoire de Maï-Ndombe. Si ce sont les morts et les ancêtres qui choisissent le *Nkumu*, qui désignent le chef de tribu, en revanche, aucun *Nkumu* ne peut accéder au trône sans le concours mystique de Mbomb'ipoku. En songe, le *Nkumu* doit rendre visite à Mbomb'ipoku qui valide par la suite le choix des ancêtres pour l'élu concerné. Les deux époux ont deux enfants, Ngobila et Mangengelinge, les deux grands esprits du fleuve Congo. Une fois, je rendis visite de courtoisie à Mbomb'ipoku en rêve, avec la compagnie de mon défunt grand-père Léon. Cette visite me permit d'en savoir un peu plus sur la réalité invisible de la vie sous l'eau.

Dans la réalité, la résidence aquatique de Mbomb'ipoku est symbolisée par un promontoire herbeux situé près de l'embouchure de la rivière Ndjalemenge, au Nord-Ouest du lac Maï-Ndombe. Ce promontoire possède une pointe extrême qui est coupée de la terre ferme par un canal d'une vingtaine de mètres de largeur. Face à cette pointe surgie du lac, une île rocheuse d'une dizaine de mètres de diamètre. Cette île et ses alentours sont le théâtre des phénomènes étranges. Par exemple, on doit pagayer à proximité de ce lieu mystérieux dans un silence respectueux. Quiconque oserait élever la voix provoquerait le mécontentement de Mbomb'ipoku par des éclats de voix provenant des profondeurs du lac. Mais les coqs, transportés en pirogue, n'ont pas cette discrétion. Ils lancent parfois des cris auxquels répond aussitôt, des profondeurs du lac, un concert de cocoricos. Parfois, les habitants des villages avoisinants aperçoivent de loin en pleine nuit un grand bateau qui traverse le lac, grâce à ses feux de navigation et au ronronnement assourdissant de son moteur. Mais ils ne le voient jamais s'approcher d'un quelconque rivage. Ce bateau disparaît au lever du jour sans que l'on puisse s'en rendre compte.

L'endroit où se tenait la réunion était d'une solennité et d'un prestige dignes des palaces ultrachics de Paris où se tiennent des réceptions officielles de chefs d'État. Tous les coins et recoins étaient illuminés au point que l'on aurait pu voir une petite aiguille sur un tapis. Cette réunion était ultrasecrète et donc interdite non seulement aux vivants, mais aussi à tous les défunts qui n'avaient pas le statut de chef traditionnel. Mais toujours est-il que je me retrouvai, sans savoir pourquoi et comment, à cette réunion.

À mon arrivée, je vis certains chefs de tribu décédés que j'avais connus quand ils étaient vivants. Avant que la réunion ne commençât, je me fis repérer par un défunt chef de tribu, Bokolo Ntomba Wat'olopo[25], qui était proche de ma famille. Il était surpris de me voir à cet endroit. Il avait aussi peur pour moi. Il me demanda comment j'avais fait pour être là et qui m'avait invité à cette réunion secrète. Il me prévint que si d'autres chefs me voyaient également, leurs gardes me tueraient pour éviter que je n'aille raconter ce que j'aurais vu et entendu aux vivants. Il me proposa de m'aider à sortir de là. Terrifié par cette mise en garde, je n'hésitai point à accepter sa proposition. Je lui posai la question de savoir si je pouvais le toucher, car j'étais ravi et heureux de le revoir. Il me répondit que les circonstances ne permettaient pas de se livrer à ce genre de marque de familiarité, mais qu'il viendrait me rendre visite là où je vivais à Paris (ce qui fut fait).

Avant de le quitter, je mitraillai Bokolo Ntomba Wat'olopo de questions sur la vie après la mort et sur les circonstances mêmes de sa propre mort, mort qui avait surpris plus d'une personne à Inongo. Pendant que nous conversions, il n'arrêtait pas de regarder à gauche et à droite pour s'assurer que personne ne nous voyait ou ne nous suivait.

---

[25] Décédé en 1982, il fut le 21e souverain de Inongo.

À un moment donné, il arrêta brusquement notre discussion et me fit signe de le suivre, avec tout de même quelques consignes : ne parler à personne, éviter de croiser les regards des gens que j'allais rencontrer sur le chemin, rester toujours et systématiquement derrière lui, et ce jusqu'à la sortie. Il me fit déguiser en chef pour que je puisse ressembler aux autres chefs de tribu présents à la réunion, car j'étais le seul « convive » qui était habillé ordinairement, ce qui pouvait susciter la curiosité des autres convives et donc me porter préjudice. Ce déguisement me donna l'envie de rester pour participer à cette réunion. Le chef Bokolo Ntomba Wat'olopo me fit comprendre que cela était impossible, compte tenu du fait que, non seulement, je n'étais pas un chef de tribu, mais aussi que je faisais encore partie du monde des vivants. Le chemin était très labyrinthique et la luminosité baissait à mesure que l'on s'éloignait du lieu où se tenait la réunion.

Soudain, au bout du tunnel, j'aperçus l'horizon du lac Maï-Ndombe. Le chef de tribu se tourna vers moi pour me dire :

— Nous sommes arrivés à la frontière qui sépare nos deux mondes, je dois donc te laisser. Mais je vais te donner quelque chose et j'espère que tu ne vas pas l'oublier quand tu vas te retrouver dans le monde des vivants. Je te le donne pour te remercier de ton attitude à l'égard des disparus que nous sommes et pour te prouver notre existence après la mort.

— Mais je n'ai jamais nié votre existence après la mort !

— Je le sais, mais autour de toi, il y a des gens qui pensent que les morts sont définitivement morts.

À la fin de notre conversation, il me communiqua les noms de certaines plantes médicinales, dont j'ignorais totalement l'existence et les procédés de fabrication. Certaines de ces plantes aident à lutter contre les hémorroïdes, les troubles d'érection, l'asthme, par exemple. À mon réveil, j'écrivis non sans empressement et une certaine effervescence toutes ces indications sur papier pour ne pas les oublier. L'écrit étant la seule garantie d'une mémoire infaillible.

Depuis cette rencontre, j'ai fabriqué quelques onctions à partir des plantes et des formules qui m'ont été délivrées par le chef Bokolo

Ntomba Wat'olopo. Mais les choses n'ont pas été aussi simples que cela. Il a fallu que je me rende au fin fond du village pour me renseigner d'abord sur l'existence de ces plantes sans dévoiler le pourquoi de mes recherches puis, une fois leur existence confirmée, que je m'enfonce dans la forêt pour cueillir ces plantes. La plupart des personnes qui ont utilisé mes modestes onctions n'ont pas démenti leur relative efficacité. Ce qui prouve la véracité des indications données par le défunt chef de tribu, Bokolo Ntomba Wat'olopo.

D'ailleurs, à ce propos, un ami extrêmement sceptique, Européen de souche, ne voulait pas entendre parler de mes onctions alors qu'il souffrait d'hémorroïdes chroniques. À force d'insister, il finit par accepter d'utiliser le remède donné par le chef Bokolo Ntomba Wat'olopo. Dès l'instant où il utilisa ce remède, ses crises d'hémorroïdes s'estompèrent. Cet ami déclara ne pas savoir s'il y avait un lien entre l'utilisation de mon remède et la fin de ses crises d'hémorroïdes. Pour ma part, et à la lumière d'autres témoignages que j'ai pu recueillir, ce remède a véritablement tenu ses promesses, comme d'ailleurs celui qui soigne l'asthme.

Il existe bien une vie au fond des lacs, des rivières et des océans. Une vie qui reste invisible à l'œil nu et qui échappe aux regards physiques des non-initiés et des humains vivants. C'est une partie de l'au-delà qui est occupée par des femmes et des hommes qui y ont toujours vécu et par d'autres qui sont arrivés par le biais de la réincarnation. La société présente sous l'eau est très bien organisée avec une forte hiérarchie, ses règles, ses rois, ses reines, ses dieux appelés *bilima* ou *monama*, et ses cités interdites.

Les deux époux qui avaient organisé la réunion de tous les chefs coutumiers disparus sont des *bilima*. Leurs enfants, Ngobila et Mangengelinge, vivent par contre dans les profondeurs du fleuve Congo, comme je l'ai souligné plus haut. La résidence aquatique de Ngobila est reconnue par la présence de tourbillons au milieu du fleuve Congo. Celle de Mangengelinge est située à un endroit où les voyageurs sont invités à faire des offrandes au passage de leur bateau. Le règne de Mangengelinge s'étend jusqu'à la petite rivière qui passe sous le pont Maï-Ndombe et qui sépare la province de Bandundu et celle de Kinshasa. Cette rivière est connue pour son caractère mystérieux et pour sa dangerosité. Le nombre de camions et de personnes que cette rivière a engloutis à la suite d'accidents de circulation est incalculable.

Avec la raréfaction de poissons dans le lac Maï-Ndombe, Mbomb'ipoku chargea l'homme-crocodile d'une mission auprès de Mangengelinge. Cette mission avait pour objet de négocier un transfert de poissons du fleuve Congo vers le lac Maï-Ndombe. Lorsque l'homme-crocodile arriva chez Mangengelinge, il fut mal reçu par ce dernier, car pour lui l'homme-crocodile n'avait aucune légitimité pour être chargé d'une mission de cette nature. Mangengelinge aurait préféré un des chefs de tribu du district de Maï-Ndombe à la place de l'homme-crocodile. Or, si Mbomb'ipoku avait choisi l'homme-crocodile pour effectuer une telle mission, c'est parce que ce dernier était la personne la mieux placée, du fait d'une part, de sa capacité à se transformer en *monama* et d'autre part, en raison de la transversalité de son état d'esprit. Par exemple, contrairement à l'homme-crocodile, un chef traditionnel n'aurait jamais négocié pour le bien de tous, mais uniquement pour celui des habitants de son groupement ou de sa tribu. On imagine mal le député d'une circonscription négocier une aide de l'État pour le bien-être de toutes les circonscriptions d'Île-de-France, par exemple.

En contrepartie de sa générosité, Mangengelinge demanda à l'homme-crocodile des sacrifices humains, par exemple, en provoquant le chavirage d'un bateau qui pourrait entraîner des pertes humaines considérables. L'homme-crocodile refusa ce type de marchandage qui lui semblait incompatible avec les directives que lui avait données Mbomb'ipoku. Mais il parvint, malgré tout, à s'emparer d'une espèce de poissons jusque-là absente des eaux du lac Maï-Ndombe. Il s'agit de *Ndakala*, qui est aujourd'hui pêché partout dans le Maï-Ndombe, de Mushie jusqu'à Kiri en passant par Kutu et Inongo. L'homme-crocodile reconnut tout de même qu'il avait été poursuivi par les sbires de Mangengelinge jusqu'à l'entrée de Mushie, là où s'arrête le fleuve. Les sbires n'avaient pas le droit de franchir la ligne de démarcation qui sépare les eaux claires du fleuve et celles foncées de Maï-Ndombe.

Il ne faudrait pas s'imaginer que l'homme-crocodile soit allé à la rencontre de Mangengelinge sous sa forme physique et humaine. Il y était allé mystiquement, sous sa forme magique d'âme désincarnée. À part les chefs traditionnels et quelques initiés, peu de gens savent que la présence de *Ndakala* dans le Maï-Ndombe est l'œuvre de l'homme-crocodile. C'est cette humilité et cette discrétion dont faisait preuve l'homme-crocodile qui avaient motivé Mbomb'ipoku à lui confier cette mission, hormis son côté *monama* et la transversalité de son état d'esprit évoqués plus haut.

Le *monama* a la forme d'un crocodile tellement long et immense que nul ne peut déterminer avec précision sa vraie taille. De plus, c'est une entité mystérieuse dont il est difficile de cerner intégralement les caractéristiques physiques extérieures, à moins de rester toute sa vie sous l'eau, ce qui semblerait impossible. C'est un crocodile qui brille de toutes les couleurs et dont les yeux sont aussi gros qu'une ampoule de 20 cm de diamètre, capables d'éclairer toute une plage. Certains êtres vivants humains ont la capacité de se transformer en *monama*, comme fut le cas de l'homme-crocodile dont nous avons évoqué les exploits plus haut. L'ignorance amène les gens à parler de *monama* sous un angle légendaire. Pourtant, le phénomène *monama* est une réalité dans le monde irréel. La particularité de *monama* réside dans le fait qu'il vit dans l'eau aux côtés des autres divinités associées aux forces naturelles aquatiques, mais il se nourrit de gibier chassé dans la forêt. Pour chasser dans la forêt, il se transforme en un fauve très puissant et féroce. C'est pourquoi ses quelques rares excréments ne sont composés que de poils d'animaux qu'il mange après les avoir tués. Ces excréments sont une denrée rare très recherchée par certains guérisseurs, car ils servent à élaborer des fétiches ultrapuissants comme le *nkaké*, la foudre, ou son antidote.

Si le *monama* est une entité invisible aux regards des humains, il est cependant possible de le voir réellement autrement. Il se manifeste par la présence d'un énorme tronc d'arbre immobile qui trône à la surface et qui coupe la rivière ou le lac en deux. Il se manifeste également sous la forme d'un gigantesque phare qui illumine les abords de la rive, par la présence d'un essaim de papillons multicolores au beau milieu du lac, à quelques kilomètres du rivage. Le sanctuaire des *monama* est reconnaissable par la présence massive des nénuphars dans la périphérie des rivières et des lacs. Certaines tribus ou familles ont une longue tradition de réincarnation en *monama*. Quand l'un des membres meurt, il faut vite l'enterrer puisque son corps inerte peut menacer de se transformer en *monama*.

Une femme de cette tribu était morte. Du fait de sa puissance spirituelle, ses proches et ses amis lui réservèrent des funérailles dignes d'une reine. Ils se mirent à chanter des chansons mystiques et sacrées et à danser à sa gloire et à celle de ses ancêtres. Le rythme des tambours qui accompagnaient ces chants était tellement endiablé que certains des proches du défunt tombèrent en transe et furent saisis de convulsions. Les Anciens diraient que l'esprit du défunt et celui des ancêtres leur étaient montés dessus.

En pleine transe et sous l'emprise de l'alcool, certains déversaient de torrents de mots incantatoires dans une langue, *lohoko*, la langue des esprits, que personne ne connaissait, à part les initiés. C'était une sorte de défiance à l'égard de la défunte qui devait y répondre par un miracle prouvant qu'elle était la vitrine d'une *monama*. Les gens qui étaient aux abords ou à proximité du lac entendirent soudainement des ronronnements venant du fond des eaux, accompagnés d'une brusque pluie diluvienne et des vagues qui retournaient des pirogues et embarcations.

C'est alors que les plus hauts gradés, spirituellement, de la lignée déclarèrent :

— Ça y est, l'âme de la défunte est descendue dans l'eau rejoindre ses ancêtres.

Tout à coup, le lit où était posée la dépouille de la défunte se mit à tanguer et craquer. Les yeux de la défunte s'ouvrirent, doublèrent de volume et se mirent à clignoter comme des gyrophares. La dépouille de la défunte commençait à enfler au point de déchirer les vêtements qu'elle portait. Des bulles sortaient de sa bouche…

Face à cette amorce de métamorphose, le maître de cérémonie ordonna d'arrêter le tambour, les champs et les danses. Chose qui fut faite. Il profita de l'occasion pour demander à la défunte de se ressaisir et de stopper sa métamorphose :

— Sœur, tu viens de nous montrer de quoi tu es capable, même morte. Il n'y a plus l'ombre d'un doute dans nos têtes sur tes capacités spirituelles. Maintenant, il est temps qu'on aille t'enterrer sinon nous risquerions tous de mourir si jamais tu te transformais totalement en *monama* sous nos yeux.

L'inhumation eut lieu dans la précipitation, à minuit, fait rarissime.

Le décès reste un moment de tous les dangers pour les vivants et, pourquoi pas, de joie pour les disparus. Dans certains cas, la dépouille du défunt reste à l'intérieur de la maison entourée des proches qui pleurent. Il est déconseillé de rester devant la porte d'entrée de la maison, car les disparus ne cessent de faire des va-et-vient. Ils peuvent « heurter » un des vivants qui gênerait leur passage. Si ce dernier n'est pas bien entouré, c'est-à-dire s'il n'a pas d'esprits protecteurs autour de lui, il pourra en mourir. Il n'y a pas pire que la collision d'un vivant et d'un mort. De plus, certains défunts en profitent pour choisir leur compagnon ou leur compagne, par exemple, parmi les vivants. Les plus vulnérables parmi ces derniers sont ceux qui n'ont pas autour d'eux d'ancêtres capables de dissuader ce type de rafle opérée par les disparus. C'est pourquoi il y a toujours au moins un décès parmi les gens qui viennent aux obsèques de quelqu'un. Certains vivants ayant « quatre yeux » peuvent aussi en profiter pour tenter de s'emparer par des moyens occultes de l'héritage spirituel de la famille du défunt. Mais à leurs risques et périls.

Mon père venait de décéder. Toutes les richesses de la faune et de la flore léguées par ses ancêtres et dont il était le dépositaire traînaient encore dans la cour, à côté d'un ancien puits, l'endroit où ces choses-là étaient stockées, en attente d'être récupérées par l'enfant héritier, choisi par les ancêtres. On ne lègue pas ce genre de choses à n'importe qui et n'importe comment : avant même le décès du dépositaire de ce patrimoine spirituel, le futur héritier est déjà choisi mystiquement. Les critères de choix sont déterminés par les ancêtres eux-mêmes. Le futur héritier doit être doté de certains pouvoirs spirituels et faire preuve de loyauté à l'égard des ancêtres.

Ces richesses sont invisibles et échappent aux regards d'un profane. Mais, en réalité, elles se manifestent par le fait que l'héritier prospère et fait prospérer les siens dans des activités telles que l'agriculture, la pêche et la chasse, par exemple. L'héritier a la main verte au point qu'il est capable de faire pousser une plante dans une terre réputée non arable. Il peut pêcher avec un filet, une nasse, une canne à pêche, voire à mains nues, des poissons là où il n'y en a pas ou peu. Il peut chasser le gibier de son choix avec un fusil, une flèche, voire à mains nues dans des endroits où le gibier se fait rare.

Ces richesses suscitent assez souvent beaucoup de convoitises au sein même de la famille qui les possède et, quelquefois, de la part des personnes extérieures à la famille. Les convoiteurs peuvent se les procurer de deux manières, soit par le canal de l'héritier lui-même qui en fait don pour récompenser une amitié ou une gentillesse, soit par le convoiteur qui les dérobe à l'héritier par des moyens occultes, mais à ses risques et périls.

Pendant que les proches et les amis s'amassaient autour de la dépouille de mon père, Ntuta, un ami proche de la famille, avait choisi de s'isoler. L'homme s'était éloigné des autres personnes parce qu'il voulait se concentrer, probablement pour réaliser quelque chose dont lui seul connaissait les tenants et aboutissants. Quelques minutes plus tard, on le surprit en train de se toucher douloureusement les mains. La stupéfaction fut d'autant plus forte que Ntuta avait jusque-là l'air en forme.

— J'ai la sensation d'avoir les mains coupées et cela me fait terriblement mal, déclara-t-il plusieurs fois.

— On ne va pas à la Mecque pour voler, mais pour prier, sinon il faut s'attendre à la charia, répliqua mon oncle paternel, Boketi Mpoma, le grand frère aîné de mon père.

Pourtant, il ne connaissait rien sur l'islam.

C'était un message crypté et parabolique que mon oncle paternel avait bien voulu adresser à Ntuta. Certaines personnes trouvaient les propos de mon oncle paternel incohérents et déplacés par rapport à la situation de Ntuta qui était pourtant venu apporter son soutien à la famille endeuillée. Mais mon oncle n'exprima pas la moindre compassion à l'égard de Ntuta. Au contraire, il en rajouta :

— Quiconque s'attaque à un nid de guêpes doit savoir courir.

À peine avait-il lancé ces quelques mots que Ntuta se mit à hurler de douleur, laquelle, selon lui, se propageait dans tout son corps. Il décida de rentrer chez lui, mais il n'avait plus la force de marcher en toute autonomie. On l'emmena en vélo.

Ntuta devint physiquement méconnaissable. Son ventre enflait comme s'il allait exploser, tandis que ses bras s'atrophiaient. Son état de santé s'était tellement aggravé que sa famille décida de l'emmener à l'hôpital. Ntuta refusa catégoriquement cette idée en assurant que son heure de partir était arrivée. Sous la pression de sa famille, il déclara :

— Quand j'étais aux obsèques de Christophe, j'ai vu traîner énormément de richesses, beaucoup de poissons, de gibiers et de terres fertiles. Je ne sais pas ce qu'il m'a pris de tenter de les prendre. J'ai été soudainement envahi par des douleurs atroces au niveau de mes deux mains, comme si on me les avait coupées.

Ntuta rendit son âme peu de temps après sa déclaration. Il fut enterré un jour après l'inhumation de mon père.

Mon oncle paternel, Boketi Mpoma, le grand frère de mon père, nous confia qu'il avait assisté à l'exécution de Ntuta après que les ancêtres l'avaient attrapé en flagrant délit de vol. En effet, il avait tenté de voler nos affaires.

Ginette, une amie médium et voyante originaire de la Bretagne, avait décidé de m'envoûter afin de s'emparer de tout ce qu'elle pouvait trouver dans les profondeurs de ma caverne spirituelle. Ma femme avait fait sa connaissance sur son lieu de travail. Les deux femmes se lièrent d'amitié. Un soir, alors qu'elle était en train de travailler avec

Ginette, ma femme fut saisie par des douleurs dorsales aiguës. Ginette la conduisit dans une pièce à côté pour lui débloquer le dos. En effet, par le toucher, Ginette localisa exactement le siège de la douleur et avec ses deux pouces posés à l'endroit en forme de ciseaux et en appuyant légèrement sur le siège de la douleur, elle parvint à débloquer la situation. Quelques jours plus tard, Ginette demanda à ma femme de me rencontrer, car, selon elle, elle et moi aurions beaucoup de choses à nous dire et à partager.

Un soir, Ginette vint nous rendre visite avec à la main un sac rempli de fétiches qui, selon ses dires, lui auraient été transmis par son maître également originaire de la Bretagne. À peine arrivée chez nous, elle nous fit comprendre que notre appartement était habité par de mauvais esprits que j'aurais fraîchement ramenés d'Afrique.

En effet, Ginette était venue nous rendre visite deux jours après mon retour d'Afrique où j'étais allé me recueillir sur la tombe de mon père. Mais le fait de soutenir que j'avais ramené de mauvais esprits (pour je ne sais quelle raison) me semblait ahurissant. Je la défiai alors de fournir la preuve de la présence de ces mauvais esprits dans notre appartement. Sûre d'elle, Ginette décida de son propre gré de s'adonner à une séance d'exorcisme. J'aurais pu l'en empêcher, mais je préférais voir jusqu'où elle pouvait aller.

Ginette avait ramené un énorme cierge de chez elle. Elle le posa sur un grand et épais cendrier que nous avions puis elle l'alluma. Elle nous demanda de nous asseoir à même le sol, d'ouvrir nos mains et de les poser sur nos cuisses. Afin d'entrer en communication avec ses esprits, dit-elle, elle nous réclama le silence le plus absolu. Puis elle nous demanda de fermer les yeux et pendant ce temps-là elle se livra à une litanie de soi-disant mauvais esprits qui occuperaient notre appartement, tout en leur enjoignant de le quitter sans délai, par des gestes qu'elle qualifiait de purificateurs.

Mais ce qu'elle ne savait pas, c'est qu'au même moment je me jouais de ses simagrées en invoquant tous mes ancêtres par la méditation afin d'implorer leur soutien et leur défense face à quiconque abuserait de ma confiance et de mon hospitalité. Les esprits de mes ancêtres répondirent immédiatement par une violente détonation sur la table en verre au milieu de laquelle était posé le cierge susmentionné. Le cendrier fut réduit en poussière tandis que le cierge qui était presque entier fut immédiatement liquéfié. Ginette prit peur et resta frileusement béate. Elle se leva et elle prit la fuite en courant dans la direction de la porte de sortie de notre appartement. Je la rattrapai aussitôt pour lui remettre son sac de fétiches qu'elle avait oublié dans le salon lors de sa débâcle.

Deux jours après sa tentative d'envoûtement avortée, elle m'appela au téléphone pour m'avouer qu'elle était intéressée par mes pouvoirs magnétiques et qu'elle avait monté ce scénario d'exorcisme pour tenter de me ravir mystiquement ces pouvoirs et qu'elle ne s'attendait pas à ce que cette tentative rencontre un échec aussi cuisant que dangereux pour elle. Toutefois, elle n'hésita point à me proposer un marché qui consistait à lui transmettre mes pouvoirs magnétiques contre ses dons de médiumnité et de voyance. Et si j'avais accepté ce *deal*, elle se serait offert le plaisir de me faire rencontrer son maître qui pouvait m'aider à développer mes facultés spirituelles. Je mis Ginette en garde contre sa tentative de « mesurer la profondeur des rivières où règnent les crocodiles et les hippopotames avec son doigt ».

10
Professeur Soundjata Kadiali : un marabout atypique

Une nuit, je fis un rêve dans lequel j'étais pommé et financièrement à sec. Je ne cessais de me lamenter jusqu'à ce qu'une voisine me donne un peigne pour me coiffer, car elle estimait que ma tête ressemblait à celle d'un fou. Elle me donna également l'adresse d'un monsieur et me recommanda vivement d'aller le voir. À mon réveil, je notai toutes ces informations et je décidai d'aller à la recherche de ce monsieur à l'adresse que cette voisine m'avait donnée en rêve. Après des heures d'errance, je finis par trouver l'adresse dans le onzième arrondissement de Paris. Ce monsieur était un marabout d'origine malienne. Pendant que j'étais sur le chemin, il avait fait part à son entourage d'une vision dans laquelle il aurait vu quelqu'un de sexe masculin qui était en train de le chercher. Il avait également indiqué que la personne en question était en route pour venir jusqu'à lui. En effet, j'arrivai devant la porte de son studio situé dans un immeuble vétuste et crasseux du onzième arrondissement de Paris. Cela ne donnait pas envie d'y rester, en raison d'une longue file d'attente qui débordait jusqu'à l'extérieur. Je passai devant tout le monde sans me faire chamailler par les gens qui étaient là avant moi. Tout se passait comme si on leur avait anesthésié la bouche. Je frappai à la porte. Quelqu'un m'ouvrit la porte et me demanda d'entrer sans autre forme de protocole.

Je reconnus sans difficulté Professeur Soundjata Kadiali qui était entouré de quelques personnes avec lesquelles il déjeunait. Sans même me demander de me présenter ou de lui décliner mon identité, il m'invita à prendre part au festin collectif. Ils mangeaient tous à la main et je ne me voyais pas partager le repas dans ces conditions avec les gens que je ne connaissais pas. Je déclinai poliment l'invitation, mais Professeur insista pour que je prenne ne fût-ce qu'une bouchée. C'était un plat de riz *Yassa*. Je finis par céder face à ce beau geste d'hospitalité et de convivialité. Après le déjeuner, Professeur demanda à tout le monde de sortir à l'exception de ma personne. Quand nous nous retrouvâmes tous les deux seuls, il me révéla que ma visite faisait suite à un rêve que j'avais fait où l'on m'avait vivement conseillé d'aller à sa rencontre. Je confirmai ses propos et lui demandai comment il avait fait pour savoir que j'avais fait un tel rêve. Il m'apprit que depuis le Mali, ses esprits et les miens s'étaient déjà rencontrés. Il aurait vu cette rencontre plusieurs fois au Mali, mais il ignorait à quel moment et où cela allait se produire. C'est quand il est arrivé en France que ses ancêtres lui avaient dit que l'homme dont il avait rencontré les esprits au Mali vivait à Paris et qu'il ne tarderait pas à se manifester.

Prof, comme nous l'aimions l'appeler, ne parlait aucun mot français. Il ne parlait que bambara. Mais la barrière de la langue ne nous empêcha nullement de communiquer, car Prof avait un interprète. De mon côté, je m'activais à apprendre le bambara. J'avais plus de possibilités que lui pour apprendre une langue étrangère. Prof était également analphabète et illettré. Il ne savait ni lire ni écrire, sauf quand il était emporté par ses esprits qui lui dictaient des versets de coran qu'il écrivait par la suite sur un papier, avec de l'encre, fait à base de la sève de l'écorce d'un arbre sacré utilisé depuis des siècles par le peuple malien mythique, les Dogons. Prof était un marabout particulier, car il faisait ses consultations gratuitement, mais il ne manquait jamais de moyens de subsistance puisque les personnes qui étaient satisfaites de son travail lui retournaient des gratifications et des dons. Prof donnait à son tour tout ou partie des dons qu'il recevait aux plus nécessiteux parmi les personnes qui venaient le consulter, chômeurs, sans abris, etc. Par exemple, quand quelqu'un venait le voir pour qu'il l'aide à résoudre un problème, Prof lui donnait à manger, voire de l'argent, si cette personne en avait vraiment besoin. Il justifiait son geste par un raisonnement très simple : il s'abstenait de demander quoi que ce soit à un consultant qui était déjà démuni à cause des intempéries de la vie telles que le chômage, les problèmes de papiers ou ceux d'ordre sentimental, par exemple. Il n'hésitait pas à traiter d'escrocs tous ses confrères qui se livraient à de telles pratiques. Ce que l'un d'eux ne lui pardonna pas. Quand bien même il recevait des gens aisés qui venaient le voir pour protéger leur confort de toutes sortes d'ennemis, il ne leur demandait non plus rien.

Je vis défiler chez Prof des gens tout aussi importants qu'inattendus tels que des officiers de la police française qui venaient le consulter pour qu'il les aide à monter en grade, des commerçants européens qui venaient chercher une amulette pour doper leurs affaires, des personnes qui souffraient des troubles psychiatriques. Les gens importants ne venaient chez Prof que tard la nuit, vers minuit, pour des raisons de sécurité et de discrétion. J'étais parmi les quelques rares personnes que Prof autorisait à rester à ses côtés quand il recevait des personnalités importantes à des heures aussi tardives. Prof ne se reposait presque jamais, car il travaillait sans interruption.

Une nuit, je rêvai que Prof était harponné par des malfaiteurs. Le harpon lui avait transpercé la poitrine. Prof était suspendu au mur de mon salon et complètement amorphe. Du sang coulait à flots de sa poitrine et de sa bouche. D'une voix lointaine et lugubre, il m'appelait au secours. J'intervins en lui retirant le harpon de sa poitrine. Je le mis allongé à même le sol. Je dispersai dans la plaie une poudre faite à base des plantes médicinales pour stopper l'hémorragie, désinfecter et cicatriser la plaie. Puis, je lui pris la main pour l'aider à se lever. Tout à coup, je me réveillai ! Après ce rêve, je m'empressai d'appeler Prof pour avoir de ses nouvelles. Son interprète m'apprit que Prof ne se portait pas bien en raison des douleurs atroces au dos et à la poitrine, et qu'il avait annulé toutes ses consultations pour se reposer. Je décidai d'aller lui rendre visite. En arrivant chez lui, je vis Prof allongé sur le lit et en train de se tortiller parce qu'il avait très mal au dos et à la poitrine. Il me fit comprendre que je pouvais le soulager de ces douleurs parce que je l'avais déjà fait la nuit en rêve. Prof me fit cette révélation alors que je ne lui avais pas encore raconté mon rêve. C'est peut-être en se servant de ses facultés médiumniques que Prof avait su que je pouvais lui venir en aide.

Toute la question était de savoir comment je pouvais l'aider concrètement alors que j'ignorais tout sur l'existence de la poudre que j'avais utilisée comme remède dans le rêve.

— Maître Jean[26], comme il aimait m'appeler, tu peux m'aider avec les pouvoirs que tu as dans tes mains.

— Mais quels pouvoirs ? Tu veux parler du magnétisme ?

— Oui. Mes ancêtres m'ont montré que tu soignais des gens en faisant l'imposition des mains.

— Oui, mais cela fait un petit moment que je ne pratique plus du magnétisme.

En effet, j'ai découvert grâce à madame Kerulen que j'avais des pouvoirs magnétiques dans les mains. Au départ, je ne croyais pas à ce type de révélation qui me semblait complètement incongrue. Madame Kerulen me fit changer d'avis lorsqu'elle me mit à l'épreuve des faits lors de sa visite à notre domicile. Elle me demanda de lui donner un de nos albums de photos. Puis elle s'isola dans la cuisine pour tirer de cet album une photo quelconque qu'elle avait pris soin de cacher dans une enveloppe. Elle me banda les yeux avec un tissu noir posé sur mon front. Elle me demanda de lui dire tout ce que je ressentais en touchant la photo. Ma première sensation fut que cette photo me semblait très familière. Ma deuxième sensation fut celle d'une forte fraîcheur à mes pieds, un peu comme si ces derniers étaient immergés dans l'eau. Ma troisième sensation fut celle du dédoublement du volume de mon corps. Je finis par lâcher le morceau : la personne sur la photo était une femme, un parent proche du côté maternel. Finalement, je parvins à identifier ma mère dont le

[26] Prof m'appelait maître parce que, selon lui, j'avais autant, voire plus, de capacités spirituelles que lui.

père et la grand-mère paternelle étaient des « maîtres d'hippopotames ».

— Monsieur, vous avez du magnétisme et vous pouvez même soulager, sinon faire disparaître, certaines douleurs rien que par l'imposition des mains, me confirma Madame Kerulen.

— Comment je fais alors pour pratiquer ce pouvoir ? lui demandai-je.

— Dieu te montrera comment t'en servir.

— Quand viendra-t-il vers moi, ce Dieu ?

— Je n'en ai pas la moindre idée.

Un jour, alors que je m'entraînais à grande sueur dans mon club de boxe à Aubervilliers, je vis un jeune homme s'écrouler par terre comme s'il était saisi par un malaise. En réalité, il avait très mal au genou et cela le gênait énormément quand il devait monter sur le ring. Je lui proposai de le soulager de ses douleurs. Je lui demandai de me laisser localiser par mes propres moyens le siège de la douleur. Je posai mes deux mains au-dessus des genoux du boxeur. Je fus soudainement alerté par de forts picotements sur la paume de ma main gauche. Je réalisai aussitôt que le foyer de la douleur était situé au genou droit. Pendant ces manœuvres, le jeune homme me déclara qu'il avait la sensation d'avoir très froid à l'endroit où il avait mal à chaque fois que je passais ma main dessus. Je compris que le jeune homme était réceptif à mon magnétisme. Cela me motiva à passer ma main plusieurs fois en mimant les gestes de massage sans le toucher. À la fin de la séance, le jeune homme me déclara qu'il ne ressentait plus de douleurs au genou. Requinqué, il retourna sur le ring pour continuer son entraînement. À partir de cette expérience, j'eus confiance en moi et je commençai à pratiquer du magnétisme sans aucun complexe ni hésitation. J'avais dorénavant la certitude d'avoir les pouvoirs de mains. Mais rares étaient les membres de mon entourage qui me prenaient au sérieux.

Le sérieux et la confiance ne tardèrent pas à s'installer chez eux. Un homme de ménage à l'université venait de faire un accident en voulant monter dans l'ascenseur avec un chariot rempli d'ordinateurs. L'université appela aussitôt les pompiers, car la main du monsieur doublait de volume et le pauvre n'arrêtait pas de hurler de douleur. Je lui proposai de lui faire une imposition des mains en attendant l'arrivée des Secours. Il n'émit aucune opposition, si ce n'est le fait qu'il n'y croyait vraiment pas. Vingt minutes plus tard, il me laissa entendre qu'il n'avait plus mal. Visiblement, je constatai que sa main commençait à désenfler. Les pompiers retournèrent aussi vite qu'ils étaient arrivés puisque le monsieur n'avait plus mal et que tout était rentré dans l'ordre.

À Inongo, alors que je discutais avec un ami, je vis arriver Grand Ekulé, un grand frère du quartier, qui avait marqué une partie de ma jeunesse comme celle de mes contemporains de l'époque. Il était un tireur d'élite. Il faisait tomber les noix de cocotier en les visant avec une petite pierre qu'il envoyait avec une précision absolue. Grand Ekulé se déplaçait très difficilement. Il marchait en s'appuyant sur une canne en bois. Il avait le genou enflé. Certains disaient qu'il souffrait de rhumatisme. D'autres avançaient qu'il était tout simplement victime de sorcellerie. Je lui proposai de lui faire une imposition des mains. Il accepta volontiers, eu égard à l'état dans lequel était son genou. À peine posé ma main gauche légèrement au-dessus de son genou, Grand Ekulé se mit à hurler de douleur. Je lui demandai de m'expliquer pourquoi il hurlait. Il me répondit qu'il ressentait de la douleur comme si on lui piquait le genou avec des petites aiguilles. Quand j'enlevai ma main du siège de la douleur, il arrêta ses cris effrayants. Il me confirma qu'à partir de ce moment-là, il ressentait une forte fraîcheur à la place de la douleur. Lorsque je renouvelai l'imposition des mains, il se mit de nouveau à hurler de douleur. Il m'expliqua que la douleur disparaissait au fur et à mesure que je déplaçais ma main du genou vers le pied. J'effectuai ces mouvements plusieurs fois. Je les arrêtai lorsque Grand Ekulé me déclara qu'il n'avait plus mal. Pour prouver qu'il ne me flattait pas et qu'il disait la vérité, il se leva sans s'appuyer sur sa canne. Il se mit à marcher normalement. Pour Grand Ekulé et pour les gens du coin qui avaient assisté à cet événement, je venais de réaliser un miracle.

Après six mois d'inactivité, Grand Ekulé reprit ses activités agricoles. Sur le chemin qui le conduisait à ses plantations, il rencontrait des gens qui ne l'avaient point vu depuis longtemps à cause de son genou. Il ne se privait pas de leur parler de moi et, surtout, du « miracle » que j'aurais réalisé en lui soignant le genou. La nouvelle se répandit dans toute la ville comme une traînée de poudre. En arrivant dans la parcelle familiale, je constatai que la cour était remplie de monde qui attendait le magicien, le guérisseur, Moïse, le marabout, le sorcier, bref toutes sortes de noms que les personnes concernées m'avaient attribués. D'abord, j'étais à la fois gêné et dépassé par les événements, car je ne m'attendais guère à ce que les petits mouvements de mains que j'avais faits puissent m'attirer autant de sollicitations et qu'ils prennent une ampleur aussi considérable. Je renvoyai poliment tous ces gens chez eux en leur indiquant que l'hôpital était le meilleur endroit où ils pouvaient se faire soigner et que je n'étais pas du tout ce qu'ils pensaient, ni marabout, ni guérisseur, ni Moïse, ni leur homme providentiel. Certains rétorquèrent que je pouvais les soigner puisque je l'avais fait pour Grand Ekulé. Malgré leur insistance, ma position resta inchangée. Ces personnes répartirent, à l'exception d'une dame, Madame Iséka, que ma mère avait fait patienter discrètement dans une pièce de la maison.

Depuis quinze ans, il était impossible à Madame Iséka de dormir la nuit. Son père avait gagné un procès contre un voisin avec lequel il était en conflit. Ce voisin avait tenté de se venger contre le père de Madame Iséka, sans succès. Il décida alors de s'en prendre à cette dernière en lui jetant un sort. Madame Iséka ne dormait jamais la nuit, mais uniquement la journée. Elle était donc venue me consulter pour que je l'aide à pouvoir dormir la nuit, car elle exerçait une activité professionnelle la journée. Cette requête me paraissait d'autant plus singulière que je ne savais pas comment y répondre. Avec l'insistance de ma mère, j'acceptai de faire l'imposition des mains à Madame Iséka, pendant environ une trentaine de minutes.

Quand la séance fut terminée, la dame me déclara qu'elle avait la sensation d'avoir été soulagée d'un énorme poids qu'elle portait sur sa tête et une forte envie de dormir. Après m'avoir fait cette déclaration, Madame Iséka répartit chez elle. Le lendemain, elle me ramena un cochon pour me remercier de lui « avoir sauvé la vie ». En effet, elle avait pu dormir la nuit sans la moindre difficulté, chose qui ne lui était pas arrivée durant quinze ans.

Mon entourage familial voyait déjà un ragoût de porc dans son assiette. Mais je refusai de prendre ce cochon, considérant que l'aide que j'avais apportée à Madame Iséka était totalement désintéressée.

Je ne voulais pas faire l'imposition des mains à Prof en présence de ses consultants par peur de lui faire perdre son prestige et donc de le démystifier vis-à-vis de ces derniers. Humble comme il était, il accepta une séance de magnétisme « à ciel ouvert », mais qui ne lui apporta qu'un soulagement de courte durée. En même temps, la nuit, mes ancêtres vinrent me montrer le piège qu'on avait tendu à Prof.

Dans un rêve, alors que Prof et moi étions en train de passer à la caisse dans un supermarché, il fut flatté par les avances d'une jeune femme qui était derrière l'hôtesse de caisse. La jeune femme avait une silhouette de mannequin et elle était d'une beauté extraordinaire. Malgré mes réticences et ma méfiance envers elle, Prof accepta de répondre favorablement aux avances de cette jeune femme et d'abandonner ma compagnie pour la suivre sans savoir où elle l'emmenait exactement. Quelque temps après, je vis une foule immense de personnes en train de poursuivre Prof tout en criant au voleur. Cette foule finit par l'attraper et le battit à mort. Je tentai de l'extirper de cet engrenage, mais je n'y parvins point. Je réussis toutefois à tuer quelques-uns des assaillants. À mon réveil, je téléphonai immédiatement à Prof pour lui demander s'il pouvait me recevoir de toute urgence. Ce qui fut fait. Je lui racontai le fameux rêve et le mis en garde contre ses choix sentimentaux parce qu'il risquerait de tomber dans un piège dont il aura du mal à sortir. Prof n'eut pas l'air de prendre mes mises en garde au sérieux.

Quelques mois plus tard, il me présenta une jeune femme africaine, Cathie, sans préciser s'il s'agissait ou non d'une banale connaissance ou d'une de sa énième conquête. Comme on dit : « Ce n'est pas au vieux singe que l'on apprend à faire la grimace ». Je compris que la jeune femme avait conquis le cœur de Prof, mais pas l'inverse. Compte tenu de la différence d'âge, je n'étais pas convaincu que la jeune femme s'accrochait à Prof par amour. Je pensais qu'elle se cramponnait à Prof comme une naufragée à un rivage sauveur, par intérêt. Prof cédait pratiquement à tous ses caprices, même les plus éhontés. Je compris également que la jeune femme sortait avec d'autres hommes, qui étaient de son âge et donc de loin plus jeunes que Prof. Mais il m'était difficile de le faire comprendre à Prof, même à demi-mot, car Prof était complètement aveuglé par l'amour qu'il éprouvait pour cette jeune femme.

Je fis un autre rêve où je vis la mère de Prof que je n'avais jamais connue ni vue physiquement. Prof me parlait souvent d'elle, mais je n'avais point eu l'occasion de la rencontrer physiquement. La vieille dame vint en rêve m'annoncer son départ de ce bas monde et me remercier de m'être bien occupé de son fils qui était, selon elle, davantage entouré de gens méchants que de gens bons. Elle déclara que je faisais partie des gens qui voulaient du bien à Prof. Comme à l'accoutumée, chaque fois que je faisais un rêve au sujet de Prof, je le lui en parlais immédiatement. Ce jour-là, j'allai le voir pour lui raconter ce rêve. Alors qu'il était en pleine consultation, il s'arrêta pour me dire :

— Maître Jean, je sais pourquoi tu es venu me voir : c'est pour me raconter ton rêve. En effet, ma mère est venue se présenter à toi et je ne sais pas pourquoi elle n'est pas directement venue me voir moi. Qu'est-ce qu'elle t'a dit ?

— Prof, il faut absolument l'appeler et lui dire combien tu l'aimes. Tu lui dis de te pardonner toutes les erreurs que tu aurais pu commettre à son égard et que tu lui pardonnes aussi les siennes, faites vis-à-vis de toi.

Prof comprit vite que sa mère était soit morte, soit gravement malade. Il l'appela aussitôt par téléphone, mais la vieille dame était déjà morte.

Prof sombra dans une tristesse profonde. Je décidai d'aller le voir tous les soirs après le travail pour lui remonter le moral. Lui qui passait son temps à aider tant matériellement que psychologiquement les gens en détresse, se trouvait désormais sur le banc des démoralisés. Malgré sa douleur, il continuait toujours à recevoir des gens comme si de rien n'était. La plupart des consultants ignoraient que Prof était endeuillé et qu'il avait besoin d'être entouré des siens et de ses amis proches par respect pour la mémoire de sa mère. Mais quand on avait un cœur comme celui de Prof, ses propres problèmes, quelle qu'en soit la nature, passaient après ceux des autres, parfois des inconnus qui venaient de nulle part pour aller nulle part, des gens souvent en difficulté, qui venaient chercher tous quelque chose, un mot, un verset du coran, une amulette, un gri-gri, un peu d'argent, un carnet de tickets, parfois de la nourriture. Prof donnait aux uns tout ce qu'il recevait des autres, comme je l'ai souligné plus haut. Il faisait montre d'une altérité déconcertante, lui qui ne savait ni lire ni écrire, lui qui ne parlait pas un mot de français, mais qui, habité par les esprits, était capable de reproduire sans aucun support, à part sa plume, des versets de coran en arabe.

Un soir, Prof m'appela pour me demander de passer le voir après vingt-trois heures trente, car il avait quelque chose d'important à me dire. En arrivant chez lui, mon cœur se mit à tambouriner et j'eus un mauvais pressentiment. Je constatai qu'il n'y avait personne d'autre que Prof lui-même dans son minuscule studio. Je lui demandai où était passé tout ce monde qui s'agglutinait autour de lui en permanence, et ce, jusqu'à des heures tardives, voire très tardives.

— Je les ai virés, me répondit-il.

— Pourquoi tu les as virés ?

— Parce que je voulais rester seul.

— Mais tu n'es pas seul puisque je suis là.

— Ce n'est pas pareil. Tu n'es pas comme les autres. Tu n'es pas mon ami. Tu es mon frère. Et c'est pourquoi je t'ai demandé de venir, car je dois absolument te confier quelque chose.

Après ces quelques mots échangés, je vis des larmes déferler sur les joues de Prof.

— Pourquoi pleures-tu ? C'est à cause du décès de ta mère ?

— Non Maître Jean. Je pleure à cause de mon fils, mon unique fils qui va à l'école pour devenir plus savant que son pauvre père que je suis.

— Prof, j'ai du mal à te suivre. Tu pleures à cause de ton fils ? Tu devrais au contraire te réjouir du fait qu'il aille à l'école en France et que tu aies réussi à le sortir du village où il était condamné à garder les moutons comme tu le faisais avant de devenir ce que tu es aujourd'hui.

— Maître Jean, je ne pleure pas à cause de mon fils, mais parce que tu as une mauvaise nouvelle à m'annoncer.

— Prof, avec le respect que je te dois, je crains de constater que tes propos soient de plus en plus incohérents. La mort de ta mère a dû provoquer un choc chez toi. Tu devrais te reposer et quitter ton studio pendant quelque temps. Tu pourrais venir chez moi, ne fût-ce que pour une semaine. Et je me garderai de dire à quiconque où tu te trouves. Cela te fera du bien.

— Maître Jean, il faut que tu me dises ce que tu as à me dire me concernant.

— Prof, je n'ai rien à te dire ne serait-ce que parce que c'est toi qui m'as demandé de venir te voir, car tu aurais quelque chose d'important à me dire. Alors, je t'écoute !

— Maître Jean, il y a deux jours, les esprits de tes ancêtres sont venus te voir pour te révéler quelque chose me concernant. N'est-ce pas vrai ? C'est vrai, je t'ai dit de venir me voir parce que j'ai quelque chose d'important à te dire. C'était un subterfuge pour réveiller ta curiosité et t'obliger ainsi à venir me voir dare-dare. Je ne suis pas du tout instruit comme toi, mais j'ai des capacités médiumniques qui me donnent l'autorité de voir et de connaître le monde invisible. Alors, maître Jean, c'est moi qui t'écoute.

Prof avait raison d'insister sur cette révélation. En effet, deux jours avant mon passage chez lui, alors que je m'étais assoupi dans mon salon, j'avais entendu dire qu'il ne restait à Prof que deux ans à vivre. Je recoupai cette annonce avec les rêves que j'avais auparavant faits au sujet de Prof, et ce, depuis notre première rencontre. Mais je n'avais pas l'intention de communiquer à Prof cette annonce, qui relevait plutôt de la claire audience que d'un rêve. Mon épouse était la seule personne à qui j'avais confié cette mauvaise nouvelle. Toutefois, face à l'insistance de Prof, je me résolus à lui annoncer qu'il ne lui restait plus beaucoup de temps à vivre.

— Je sais, maître Jean, me confirma-t-il.

— Prof, comment tu sais ?

— Parce que j'ai une maladie incurable.

— Quelle maladie ?

— Le sida !

— Le sida n'est pas incurable si l'on s'y prend tôt. Sais-tu au moins depuis quand tu l'as ?

— Depuis mes premiers rapports avec la jeune fille que tu connais.

— Tu es en train de me dire que c'est Cathie qui t'a contaminé ?

— Oui, Maître Jean.

— Comment peux-tu en être aussi sûr ? Il se peut que ce soit toi qui l'aies contaminée.

— Non. Ce n'est pas moi. Un de mes compatriotes marabouts qui me déteste parce que j'ai plus de succès que lui m'a piégé en m'envoyant Cathie qui était déjà séropositive.

— Mais d'où tiens-tu ces informations ?

— C'est Cathie elle-même qui me l'a dit. D'ailleurs, elle a attendu d'arriver à Londres pour me le dire par téléphone. Si je t'avais écouté, Maître Jean, on n'en serait pas là.

Quand Prof m'annonça cette nouvelle, je fus littéralement abattu et je compris pourquoi il me parlait de son fils en pleurant. Il me pria de ne révéler sa séropositivité à personne, à l'exception de mon épouse. Il était sous trithérapie, mais la prise de médicaments était très compliquée pour lui au regard des conditions dans lesquelles il exerçait son métier. Il fallait qu'il prenne ses médicaments en cachette et il lui arrivait d'oublier d'en prendre, ce qui ne faisait qu'aggraver sa situation. Quelques mois plus tard, Prof décida d'aller dans son pays pour rendre visite à ses trois femmes et ses enfants, mais aussi pour aller se recueillir sur la tombe de sa mère. Je lui déconseillai vivement de faire ce voyage en raison de son état de santé. En même temps, je saisis son souhait d'aller voir sa famille, peut-être pour la dernière fois.

Prof partit pour le Mali et il y resta six bons mois. À son retour à Paris, il avait beaucoup maigri. Il expliquait à ses consultants et à ses amis, qui étaient très ravis de le revoir, que son amaigrissement était dû à la chaleur et aux mauvaises conditions de séjour dans son village. J'étais le seul à savoir la vraie raison de son amaigrissement. Malgré cela, je ne modifiai guère mes habitudes et mon comportement vis-à-vis de lui afin de lui montrer la sincérité de l'amitié et de la fraternité que je lui vouais. Mais j'étais triste de voir se dégrader de jour en jour l'état de santé de Prof, jusqu'à ce que son médecin l'oblige à se faire hospitaliser. Durant son hospitalisation, Prof m'interdit formellement de lui rendre visite, car, selon lui, si nos regards se croisaient, il mourait immédiatement et je risquerais de récupérer, de gré ou de force, certains de ses pouvoirs. J'étais également malheureux et triste de ne pas pouvoir aller au chevet de celui que je considérais comme mon frère. Mais je me devais de respecter sa volonté.

Une nuit, je fis un rêve au sujet de Prof. Dans ce rêve, je le vis d'abord traverser un grand boulevard avec un cercueil qu'il portait sur la tête, puis devant mon domicile, à l'intérieur du cercueil qui était ouvert. Je lui posai la question de savoir ce qu'il faisait dans un cercueil ouvert. Il me répondit :

— C'est mon avion qui va m'emmener dans l'au-delà.

— Mais tu n'es pas mort pour aller dans l'au-delà !

— Maître Jean, je suis déjà mort. Je suis venu te l'annoncer moi-même parce qu'ils ne veulent pas que tu le saches, du moins pas maintenant. Ils veulent te l'annoncer après avoir fait des cérémonies mystiques.

En me réveillant, j'appelai immédiatement un des proches collaborateurs de Prof pour avoir de ses nouvelles. Il m'informa que Prof était mort depuis deux jours et que sa dépouille était à la morgue de l'hôpital parisien Saint-Louis.

Le choc que je reçus à la suite de l'annonce du décès de Prof était tellement fort que j'étais à deux doigts de faire un malaise. Je me rendis aussitôt à l'hôpital Saint-Louis où je trouvai une foule immense qui attendait la levée du corps de Prof. Je pris soin de compter combien nous étions, environ quatre cents personnes, venant toutes des divers horizons. Cette diversité rappelait celle qui caractérisait les personnes qui venaient consulter Prof. Certains, quand ils me virent, ils vinrent en trombe m'interroger sur la ou les causes du décès de Prof. Je répondis que je n'en savais pas plus qu'eux sur la mort de Prof. Puis sa dépouille fut rapatriée au Mali quelques heures après.

Un mois plus tard, je vis Prof en rêve. Il vint me faire une révélation d'outre-tombe à laquelle je ne pouvais en aucun cas m'attendre. Tous les comptes financiers de Prof, y compris son compte sur livret, étaient gérés par son aide de camp, Akouda. Quand la famille de Prof et moi-même lui demandâmes de nous présenter l'état des comptes de Prof, Akouda nous apprit que ce dernier n'avait plus rien sur son compte, car il avait dépensé tout son argent peu de temps avant sa mort. Or, Prof vint me rapporter le contraire en rêve. Il me signala qu'il avait laissé six mille trois cent vingt francs français sur son compte sur livret et que son assistant Akouda était la personne qui gérait ce livret. Il me demanda d'exhorter ce dernier à rendre immédiatement cet argent à sa famille. Cet argent servirait au financement de la pose de sa pierre tombale. Prof m'enjoignit d'avertir Akouda du danger qu'il encourait s'il ne remettait pas cet argent à sa famille. Il viendrait le hanter jusqu'à ce que la mort l'emporte.

Je convoquai Akouda chez moi et je lui transmis clairement le message de Prof. Visiblement, Akouda était mal à l'aise. Il avait des sueurs froides, tandis que sa voix s'altéra, mourut dans l'embarras et la conscience d'avoir trahi celui qui le considérait comme son fils, Professeur Soundjata Kadiali. Il me demanda un verre d'eau, du thé puis du café. Il était emporté par un vent de panique. Il finit par cracher le morceau en avouant le fait d'avoir intentionnellement gardé l'argent de Prof. Il avait déjà utilisé une partie de cet argent et il promit d'en restituer la totalité à la fin du mois à la famille de Prof. Il tint sa parole.

Avant sa mort et avant d'apprendre sa séropositivité, Prof avait reçu une lettre de la part de Cathie. Dans cette lettre, Cathie l'avait informé qu'elle était enceinte de lui. Sachant qu'elle était condamnée par le sida, Cathie ne souhaitait pas garder cette grossesse. Elle réclama à Prof de l'argent pour payer les frais d'avortement et d'hospitalisation en prétextant que l'enfant avait une grave malformation, alors que la vraie raison était la peur pour Cathie d'accoucher d'un bébé séropositif. Prof me chargea d'aller à Londres pour remettre à Cathie une somme d'argent pour qu'elle réalise cette opération. Bien qu'une telle mission me soit difficile au regard de mes valeurs morales et spirituelles, j'acceptai de l'accomplir en allant rencontrer Cathie, uniquement par amitié pour Prof. À mon arrivée chez Cathie, tout me semblait normal et j'étais loin d'imaginer qu'elle avait le sida. Cathie avait une silhouette de mannequin et était physiquement attrayante, avec une superbe poitrine, bombée d'une paire de seins dont les pointes étaient comme des poires. Sûre d'elle, du moins, du caractère irrésistible de sa beauté, Cathie tenta de me séduire, comme peut-être, elle avait fait vis-à-vis de Prof. Je repoussai vigoureusement ses avances en lui faisant fermement savoir que j'étais l'homme de confiance de Prof et qu'en aucun cas je n'allais le trahir. Je lui rappelai également que j'étais marié.

Cathie vivait dans un minuscule studio payé par Prof. Elle proposa que nous dormions ensemble dans le même lit sous prétexte qu'il n'y avait pas d'autre solution. La solution, du moins, la mienne, vint de l'au-delà, tout droit de mes ancêtres. Ils m'empêchèrent de manger et de boire entre les mains de cette jeune femme et de dormir dans le même lit qu'elle, ou de dormir tout court. D'abord, tous les ustensiles dans lesquels Cathie me servait à manger et à boire se renversaient avec leur contenu, ce qui m'amena à douter d'elle. Peut-être n'avait-elle pas mis une substance hallucinogène pour tenter de m'avoir autrement ? Puis lorsque vint le moment de dormir, je décidai de m'asseoir sur l'unique fauteuil qui était dans un coin de la pièce. Je n'avais pas prévu d'aller dormir dans un hôtel. Il faisait tellement froid que je ne pouvais pas non plus me permettre d'aller dormir dehors. Durant la nuit, je ne pus fermer l'œil, car j'entendais autour de moi les gens chanter les chants *iboki* avec le son aigu du tam-tam. En définitive, je passai une nuit blanche pendant que Cathie dormait, seule, paisiblement, dans son lit, du moins en apparence, comme un bébé qui a fini par céder au sommeil après avoir attendu en vain l'arrivée de sa mère.

Le lendemain, après cette épreuve, je rentrai à Paris et je fis à Prof le compte rendu détaillé de la mission qu'il m'avait confiée auprès de Cathie et des agissements malsains de celle-ci. Quelques mois plus tard, j'appris de la bouche même de Prof que Cathie avait le sida et qu'elle le lui avait transmis. Et si je n'avais pas été guidé par mes principes moraux et par les esprits de mes ancêtres, n'aurais-je pas subi le même sort que celui de Prof et de bien d'autres hommes que Cathie aurait délibérément contaminés ?

11
Les prophètes Ngamba et Mpongonzoli face à l'Église

Mon arrière-grand-oncle maternel, Ngamba, mort à l'âge de cent dix-sept ans, communiquait aisément avec les esprits de ses ancêtres et ceux de la nature, un don auquel s'ajoutaient ceux de double vue, de prédiction, de prophétie et du discernement. Dans les années 50, il prédit la fin de l'Union soviétique alors que ce pays venait fraîchement de vaincre l'Allemagne nazie aux côtés de ses alliés occidentaux. Il prédit, pour le Congo dit belge, une recrudescence des sectes évangéliques qui allaient distiller le poison de la division et de la déchirure dans les couples et les familles. Il prédit l'arrivée d'un quatrième chef de l'État au Congo postindépendance, très jeune. Il prédit une terrible dépravation des mœurs et une remise en cause sans précédent des valeurs traditionnelles. Dans les années 50, il vit arriver dans le village un miroir assez particulier dont il donnait une description caractéristique du poste de téléviseur doté d'un écran à plasma que l'on connaît de nos jours. S'il était entouré d'observateurs attentifs et non bornés, cette vision n'aurait-elle pas pu servir de base ou d'idée à l'invention de l'écran à plasma au Congo dit Belge des années 50 ?

Il disposait à son gré de la chasse et de la pêche. Par exemple, quand il n'y avait pas suffisamment de nourriture dans le village, il se rendait au bord d'une rivière sacrée. Il se concentrait pendant quelque temps puis il se mettait à chanter à la gloire de ses ancêtres. Il sifflait pour faire venir les poissons. Ces derniers sortaient de nulle part et convergeaient massivement jusqu'aux pieds de la pierre où les attendait mon arrière-grand-oncle. Enfin, les quelques personnes qui l'accompagnaient n'avaient qu'à sortir leurs instruments de pêche pour capturer ou tuer les poissons en masse. Il partait souvent seul à la chasse. Il attirait le gibier de son choix par des moyens occultes. Puis quand le gibier s'approchait de lui, à une distance d'environ deux mètres, il lui parlait pour lui expliquer pourquoi il avait besoin de le tuer. La raison qu'il évoquait assez souvent était la nécessité de nourrir sa famille et de contribuer à réguler la population de l'espèce concernée lorsqu'elle était en surnombre. Il ne tuait jamais les femelles ni les petits. Il lui arrivait de rester seul dans la forêt pendant des mois, car, disait-il, il trouvait son bonheur dans l'immensité de la forêt.

Il était connu pour son excellence dans la traduction et l'explication des rêves. Chefs traditionnels, autorités administratives et politiques, des anonymes, beaucoup de gens, avaient recours à ses lumières prophétiques et à sa sagesse. Certaines personnes n'hésitaient pas à l'appeler « prophète », au grand dam des représentants de l'Église catholique très majoritaire dans le village. Au début des années 70, alors qu'il était âgé d'environ quatre-vingt-dix ans, je marchais à ses côtés sous un soleil de plomb. Nous allions dans un quartier voisin rendre visite à des membres de la famille. Ngo Ngamba (sa majesté Ngamba) marchait à l'allure d'un athlète éthiopien, au point que c'était moi qui courais pour le rattraper. Pire encore : en forêt, il parcourait seul de longues distances à pied en un temps record, en allant parfois même plus vite que n'importe quel moyen de déplacement motorisé. Comment procédait-il ? Avec un petit sourire au coin des lèvres, il disait que c'étaient les esprits des ancêtres qui le transportaient. À force de le cuisiner par mes questions, il finit par me donner quelques bribes d'explication au sujet de sa technique de déplacement rapide. Il nouait deux sticks se trouvant de part et d'autre du sentier ; cela donnait la forme d'un arc de cercle. Puis, après avoir prononcé quelques mots à l'attention des esprits de ses ancêtres, il enjambait l'arc et, comme par enchantement, il se retrouvait à des centaines de kilomètres plus loin. Cette technique lui permettait de réduire la distance qu'il parcourait pour aller d'un endroit à l'autre.

Le prophète Ngamba était polygame, comme la plupart des hommes du village. Sa dernière femme ne pouvait pas lui donner d'enfant, mais, à la place, elle lui faisait voir de toutes les couleurs pour l'obliger à concentrer toute son attention sur elle, et ce, au détriment des autres coépouses. La famille du prophète demanda à celui-ci de divorcer de cette femme. Le prophète ne suivit point les recommandations de sa famille. Il décida en revanche de tenter de mettre un terme à sa vie. Très discrètement, il partit, comme d'habitude, seul, en forêt pour, disait-il, tuer un peu le temps, se soustraire un peu au brouhaha du village et, surtout, pour s'offrir un petit moment de tranquillité. Arrivé dans la forêt, il prépara soigneusement une cordelette pour se pendre. Il l'attacha à une branche d'arbre avant de se la mettre autour du cou. Lorsque vint le moment de passer à l'acte, la branche fut violemment arrachée de l'arbre puis le prophète tomba à même le sol. Il s'évanouit immédiatement. Pendant ce temps-là, son chien qu'il avait laissé au village se mit à sa recherche et finit par le retrouver évanoui sur le sol. Le chien retourna vite au village pour donner l'alerte. Le village entier courut en suivant le chien, jusqu'à l'endroit où le prophète était allongé. Il sortit de son évanouissement après avoir été léché à plusieurs reprises par son chien. Le prophète Ngamba expliqua son geste ainsi : ne voulant pas répudier sa dernière femme pour éviter d'en faire un martyr sur le plan affectif, il avait préféré rejoindre le royaume de ses ancêtres, car c'était le seul endroit où il pouvait vivre éternellement en paix.

Face à la pression de la famille du prophète et à celle des autres coépouses, la femme exaspérante finit par quitter définitivement le prophète. Elle quitta également le village. Mais avant de partir, elle promit au prophète qu'elle ferait tout pour retrouver son amour qu'elle avait été contrainte d'abandonner. Visiblement, cette femme aimait le prophète de façon très possessive, oubliant qu'elle devait le partager avec ses autres coépouses et qu'elle était la dernière arrivée. Elle mourut quelques années plus tard. Sa mort fut le début d'un nouveau calvaire pour le prophète, car le fantôme de son ex-coépouse le hantait en permanence. Alors qu'il était en train de fabriquer ses nasses dans la forêt où il s'était retiré depuis un mois, le prophète entendit des éclats de rire de sa défunte ex-coépouse. Ayant remarqué que le prophète ne prêtait guère attention à ces phénomènes étranges, cette dernière passa à la vitesse supérieure. Elle posa brutalement un fagot au bord du feu de bois que le prophète avait allumé puis un paquet de chikwangues chaudes qui dégageaient de la vapeur et enfin du poisson préparé à la manière de son ex-coépouse. Mais le prophète continuait à vaquer à ses occupations, sans accorder la moindre attention à ces phénomènes qui auraient pu affoler et effrayer n'importe qui d'autre. Irritée par l'indifférence du prophète, sa défunte ex-coépouse l'appela :

— Ngamba, Ngamba, c'est moi, je t'ai apporté à manger et de quoi rallumer ton feu !

— Laisse-moi tranquille, je n'ai pas besoin de ton aide, j'ai suffisamment de provisions pour avoir besoin des tiennes. D'ailleurs, je sais que si je goûte à ta nourriture, je mourrai. C'est ça que tu veux ? répliqua le prophète.

— Non ! Mais tu me manques, je me sens si seule là où je suis, répondit la femme fantôme.

Lorsque le chien du prophète rejoignit son maître, il se mit à aboyer anormalement. La femme fantôme disparut aussitôt.

À une certaine période, le prophète était en convalescence chez mes parents après avoir subi une lourde intervention chirurgicale. Pendant une semaine, il ne s'alimentait pas. Il refusait catégoriquement la nourriture que mes parents ou n'importe quel autre membre de la famille lui donnaient. Il disait toujours qu'il n'avait pas d'appétit. Paradoxalement, il se portait bien et son poids était stable. Inquiets, mes parents firent venir un médecin à la maison pour l'examiner. Tout allait bien, d'après le diagnostic du médecin. Mais ce dernier était tout de même inquiet du fait que le prophète ne mangeait pas. De plus, le prophète ne sortait pas de sa chambre ; il était toujours allongé sur son lit. Un jour, à midi, j'allai dans le *kikoso* (urinoir traditionnel qui sert également de douche) pour uriner. En entrant dans le *kikoso*, j'aperçus au milieu du *kikoso* une femme noire aux cheveux longs et onduleux, à moitié nue, assise sur un tabouret où l'on s'asseyait pour se doucher. Je la vis de profil, car elle prenait soin de ne pas croiser mes regards. Je ne savais pas qui était cette femme, d'où elle venait et ce qu'elle faisait dans un endroit aussi privatif que le *kikoso*. J'alertai aussitôt mes parents :

— Venez vite voir !

Quand mes parents arrivèrent sur les lieux, la femme disparut. Puis vint l'heure des questions.

Pendant que mes parents me bombardaient de questions dans la cour, ma mère entendit le prophète l'appeler avec insistance. Ce que nous allions apprendre était édifiant. Le prophète exigea d'abord ma présence puis il révéla à mes parents que la femme que j'avais vue dans le *kikoso* était le fantôme de son ex-coépouse. Depuis sa sortie d'hôpital, c'était ce fantôme qui lui donnait à manger et à boire afin de le préparer à la vie dans l'au-delà. Le prophète allait finir par mourir. Le fait que j'aie vu ce fantôme mit fin à ses desseins. Le prophète me remercia vigoureusement de lui avoir « sauvé la vie » en déjouant les plans de sa défunte ex-coépouse. Puis il me donna des bénédictions en me crachant sur la tête. Après cet épisode, le prophète retrouva de l'appétit. Il reprit son étonnante vitalité. Mes parents étaient cependant inquiets pour moi, car ils craignaient que le fantôme ne se retourne contre moi. Le prophète les rassura en leur faisant comprendre que c'était sa défunte ex-coépouse qui aurait désormais peur de moi, car je l'avais affaiblie par le simple fait de l'avoir vue.

— Si, à la place de ma défunte ex-coépouse, Jean avait rencontré un être humain qui avait pris l'apparence d'un animal ou d'un défunt, par exemple, cet individu serait mort sur le champ, ajouta-t-il.

J'étais d'autant plus rassuré par les propos du prophète que cela me rappelait l'histoire que j'avais vécue avec Grand Katangais à Inongo et une autre, similaire, avec un voisin, Papa na Théo (le papa de Théo), à Kinshasa. On disait de ce dernier qu'il se transformait la nuit en léopard pour attaquer mystiquement les enfants du quartier. Il se nourrirait alors de l'âme de ses victimes afin d'avoir de la longévité.

Pourtant, dans notre quartier, la mortalité infantile n'était pas plus élevée que dans les autres quartiers de la commune. Du moins, je n'avais pas cette impression. Toutefois, ce soir-là, nous étions tous à la maison en train de regarder les variétés musicales d'un certain Mbole Tambwe à la télévision. À la fin de l'émission, tout le monde monta se coucher au premier étage sauf moi. Je restai quelques minutes dans le salon puis j'allai vérifier que toutes les portes et fenêtres étaient bien fermées. Après cette ronde, j'empruntai l'unique escalier de la maison pour aller dans la chambre que je partageais avec mes cousins. Je dus m'arrêter à mi-chemin, car je me trouvai nez à nez avec un léopard dont la queue était particulièrement longue. Cet animal venait du haut de l'escalier, car il le descendait pendant que je le montais.

Je criai au secours :

Nkoyi ... nkoyi [léopard… léopard] !

Tout le monde descendit et s'employa à rechercher le fameux léopard, sans succès. Pourtant, toutes les issues étaient fermées. Était-ce le produit de mon imagination ou hallucination visuelle, comme pourraient le dire certains ? Mais en ce qui me concernait, j'étais sûr d'avoir vu ce léopard. De plus, ce phénomène se produisit le dimanche soir et le vieil homme mourut le mardi à l'aube.

Après ce décès, je fus l'objet de tous les curiosités et questionnements de la part des voisins et des habitants du quartier. Voici ce qui se disait à mon sujet : « Ce petit garçon a découvert le secret du "Vieux" en le rencontrant sous sa forme animale (léopard) alors qu'il s'apprêtait à manger l'âme d'une de ses victimes potentielles. »

Pendant quelques jours, on m'arrêtait dans la rue pour me demander de raconter l'histoire du léopard. Ma grande sœur, chez qui j'habitais, eut également droit à une série d'interrogations sur le présupposé mystère qui entourait ma personne. Certains voisins tentèrent même de me faire dire des choses que je n'avais pas vues, autrement dit d'inventer un récit, avec une bonne dose d'exagération bantoue. Sans oublier le pasteur Muteba qui me supplia de lui transmettre mes « pouvoirs » pour qu'il puisse débusquer les « sorciers » parmi ses fidèles et devenir exorciste. Il me promit de m'envoyer faire mes études en Belgique si je lui donnais tout ou partie de mes « pouvoirs ». Une requête similaire m'avait été formulée par un groupe de compatriotes à Brazzaville, mais pas pour les mêmes raisons. Après une séance de spiritisme que j'avais improvisée à Brazzaville, les participants m'avaient suggéré de m'installer dans cette ville afin de créer une église dont je serai le pasteur. Avec mes « pouvoirs », disaient-ils, j'attirerai beaucoup de monde et je gagnerai beaucoup d'argent en peu de temps. Aujourd'hui encore, à Paris où je vis, nombreux sont les gens qui me demandent de monter une église pour mercantiliser mes « pouvoirs ».

Le prophète Ngamba mourut de vieillesse, entouré des siens. Mais de son vivant, il avait prédit qu'il mourrait quatre ans après avoir perdu toute mobilité. Ces quatre années étaient, selon lui, le délai imparti pour la construction de sa demeure dans le royaume des ancêtres. Durant ces quatre années, le prophète, qui avait toute sa tête malgré une mobilité réduite à néant, se livra à une série de démonstrations miraculeuses. Chaque fois que les gens autour de lui se plaignaient de manquer de nourriture, le prophète leur demandait ce qu'ils voulaient manger. Ils choisissaient un gibier, le sanglier, par exemple, et le prophète leur disait :

— Allez dans la forêt, le gibier préparé par les ancêtres vous attend.

Et à peine entrés dans la forêt, les gens rencontraient un sanglier et le tuaient. Lorsque les gens demandaient du poisson à la place du gibier, le prophète leur répétait la même chose :

— Allez à la rivière, le poisson préparé par les ancêtres vous attend.

Rebelote, les gens ramenaient une corbeille remplie de poissons.

Le prophète communiquait en permanence avec les défunts, sa défunte ex-coépouse, ses parents, ses sœurs, etc. Quand les défunts l'informèrent que la construction de sa demeure dans le royaume des ancêtres était terminée et qu'ils attendaient son arrivée avec impatience, le prophète demanda à son neveu, Mpika, de le préparer pour son dernier voyage. Mpika le lava, lui coupa les cheveux et les ongles et l'habilla correctement. Il demanda également à Mpika s'il avait de mes nouvelles. Mpika répondit par l'affirmative. Le prophète formula quelques requêtes à mon attention. Il tint à ce que je vienne me recueillir sur sa tombe et que je lui construise un mausolée après sa mort : c'est ce que je fis avec beaucoup d'enthousiasme, de respect et d'émotion. Mpika se mit à pleurer, car il avait compris que l'heure du prophète était arrivée. Ce dernier lui demanda une dernière chose : le fait d'aller lui chercher une pipe parce qu'il avait envie de fumer une dernière fois. C'était une manière pour le prophète d'éviter que son neveu assiste à son extinction. En effet, lorsque Mpika revint, le prophète était déjà mort.

Inongo a connu depuis le dixième siècle de notre ère vingt-quatre chefs traditionnels dont le dix-neuvième, Mpongonzoli, était le plus connu de tous, aussi bien aux yeux de son peuple qu'à ceux des explorateurs blancs. Il était connu pour sa puissance et ses capacités prophétiques inégalées. Alors qu'aucun Blanc n'avait encore mis ses pieds à Inongo, Mpongozoli déclara à son peuple qu'il avait vu arriver un Blanc au Maï-Ndombe. Il ne voulait pas de ce Blanc, car celui-ci allait maltraiter son peuple et piller ses richesses. Il somma son peuple de refuser les « cadeaux » que cet homme blanc allait lui apporter. Il considérait que ces « cadeaux » avaient pour but de faire tomber ce peuple sous la domination du Blanc. Pour écarter son peuple de ce péril, il demanda à ce dernier de l'entourer et d'honorer les ancêtres davantage qu'auparavant. Au moment où il s'adressait à la population, il lévitait. La population contesta les déclarations de Mpongonzoli. En réponse à cette méconduite, le prophète répliqua en promettant de terribles souffrances aux habitants d'Inongo après sa mort. Avant l'arrivée de cet homme blanc, la population d'Inongo connut des catastrophes jamais vécues ici sur terre. Puis, après l'arrivée de l'homme blanc, cette population fut sous son impitoyable domination.

Le prophète Mpongonzoli mourut jeune à la suite d'une maladie. Lorsqu'il était à l'agonie, il s'adressa à la population d'Inongo :

— Voilà que je vous laisse, j'ai pitié de vous, car l'éclat que ce peuple porte sur les épaules est fantastique. Me voici presque à la fin.

Si je meurs aujourd'hui, trois jours après, vous m'amènerez mon fils devant ma tombe. Je dis bien le troisième jour…

Étant donné que Mpongonzoli était considéré comme le chef le plus puissant de tous les souverains Ntomba, les gens eurent peur d'aller au cimetière le troisième jour. Ils pensèrent qu'ils allaient rencontrer les morts dans le cimetière. Ils ne se rendirent au cimetière que le quatrième jour. Ils constatèrent des choses déconcertantes. Le cercueil du défunt était sur la tombe, fermé et vide. Ses habits et tous les biens qu'on avait mis dans ledit cercueil étaient accrochés sur un arbre.

Que se serait-il passé si la population avait honoré ce rendez-vous ?

L'histoire ne s'écrit pas avec des « si ». Mais, pour la population, son chef était monté au ciel après sa résurrection le troisième jour. Mpongonzoli se distingua également des autres souverains lorsqu'il traversa le lac Maï-Ndombe à pied lors d'une guerre.

Après sa mort et à cause de ce rendez-vous manqué, la variole ravagea la population. Des serpents mordirent les gens jusque dans leurs maisons. Peu de temps après, le Blanc annoncé par le prophète Mpongonzoli arriva. C'était H.M Stanley[27]. Avec l'arrivée de Stanley, les Ntomba subirent le sort que le prophète Mpongonzoli leur avait prédit et plus particulièrement dans le cadre des travaux forcés connus sous le nom de « caoutchouc rouge », avec leur cortège de châtiments corporels, de viols, de mutilations, d'assassinats légaux et de supplices psychoaffectifs. Les Congolais mouraient comme des bêtes. Par exemple, lorsqu'ils ne récoltaient pas la quantité du caoutchouc exigée par les colons belges, on leur coupait les mains, les bras et parfois les oreilles ou bien on les tuait[28].

Pour l'Église catholique et chrétienne en général, les facultés des prophètes Ngamba et Mpongonzoli sont l'œuvre de Satan et quiconque s'en féliciterait se rapprocherait de la porte d'entrée en enfer.

---

[27] Commandant de l'expédition anglo-américaine d'exploration d'Afrique.

[28] Le livre d'Adam Hochschild, *Les fantômes du roi Léopold : La terreur coloniale dans l'État du Congo 1884-1908*, paru aux Éditions Tallandier en 2007, est très évocateur à ce sujet.

L'Église se discrédit, car admettre l'existence de Satan et de l'enfer éternel c'est faire un sérieux outrage envers Dieu monothéiste. Il est difficile de concevoir que ce dernier ait pu créer l'immense majorité de ses enfants pour les perdre et pour faire leur malheur en les jetant dans les bras de Satan en enfer. Satan n'est qu'une allégorie, un mot qui symbolise le mal. L'enfer est un mot qui désigne un lieu inférieur. Or, la terre est un des lieux inférieurs de l'univers. Pourquoi chercher l'enfer dans des régions chimériques alors qu'il est autour de nous ? Il suffit de jeter les yeux autour de nous pour voir que, partout, sur terre, les maux de toutes sortes nous guettent. Il n'est pas nécessaire de sortir de ce bas monde pour trouver des souffrances proportionnées à toutes les fautes qu'on aurait commises de notre vivant et les conditions expiatoires pour tous les coupables. L'enfer est donc nulle part ailleurs que sur terre. C'est pourquoi je considère que tout ce que l'Église catholique et chrétienne proclame sur Satan et l'enfer n'est que les chimères de l'imagination troublée de l'homme face aux dures réalités de la vie sur terre. Je ne suis pas certain que les chefs de ces Églises soient eux-mêmes réellement convaincus de l'existence de Satan et de l'enfer éternel. Peut-être, ne voient-ils pas dans Satan et l'enfer des épouvantails illusoires, mais qui pourraient s'avérer nécessaires à la conduite de l'humanité ?

L'Église s'oppose à ces deux prophètes en obligeant par tous les voies et moyens possibles les Africains noirs de les oublier et d'oublier leurs ancêtres en général. Je me permettrais d'étayer mon argument par une citation tirée de la causerie du ministre des colonies belge, Jules Renquin, en 1920, avec les premiers missionnaires catholiques de l'actuelle République démocratique du Congo : « Dites-leur que leurs statuettes sont l'œuvre de Satan. Confisquez-les et allez remplir nos musées : de Tervuren, du Vatican. Faites oublier aux noirs leurs ancêtres ». Il était donc difficile aux Noirs de continuer à honorer leurs divinités, leurs prophètes et leurs saints alors qu'ils étaient sous le joug du triumvirat colonial formé par l'Église, l'appareil d'État et le Capital. Ce triumvirat représentait une formidable force de frappe écrasant irrémédiablement la société noire et toutes formes de résistance locale au système colonial. Les facultés et les dons de prophétie dont disposaient les prophètes Mpongonzoli et Ngamba ne pouvaient que connaître un sort anéantissant pour permettre à l'Église catholique et chrétienne en général d'asseoir son pouvoir hégémonique et impérialiste en République démocratique du Congo.

En considérant comme des miracles les seuls phénomènes attribués à des personnes évoluant dans la sphère du catholicisme et du christianisme en général, l'Église fait montre d'un despotisme séculaire. Elle s'octroie le monopole des communications occultes et le droit de les interpréter. C'est pourquoi, pendant des siècles et des siècles, elle n'aura de cesse de combattre tous les individus convaincus d'avoir des relations avec le monde invisible. Plusieurs d'entre eux furent persécutés et brûlés comme sorciers.

L'Église catholique et chrétienne en général interdisait et continue d'interdire ses fidèles et bien au-delà, de recourir à des pratiques animistes et d'honorer les divinités et les prophètes inspirant ces pratiques. Certains représentants de cette Église n'hésitent pas à qualifier l'animisme de satanisme. Cette philosophie est relayée, voire amplifiée, par des églises ou sectes évangéliques ou dites de réveil qui grouillent comme des poux à travers une bonne partie de la planète. Il suffit d'assister à une de leurs messes pour entendre des diatribes que vomissent les pasteurs généralement autoproclamés. Le nom de Jésus est cité autant de fois que ces pasteurs respirent. Il est invoqué pour lutter contre le mal. Ce mal a un nom : la sorcellerie, incarnée, selon ces pasteurs, par des pratiques animistes. Il ne faudrait pas s'étonner de voir certains parents se débarrasser de leurs enfants accusés de sorcellerie d'après le diagnostic fait par le pasteur.

Le plus jeune de ces enfants « sorciers » repérés par une organisation non gouvernementale n'avait que quatre ans. J'avais moi-même sauvé de justesse un petit enfant accusé de sorcellerie par sa propre mère. Alors que je travaillais avec les membres d'une association pour la rénovation d'un bâtiment au sein de l'hôpital général de référence d'Inongo, je vis une mère donner à répétition des gifles à son petit garçon âgé d'environ deux ans qui était hospitalisé en pédiatrie. Certes, le petit n'arrêtait pas de pleurer et donc de tourmenter sa mère. Mais méritait-il vraiment que sa mère le confonde avec un sac de boxe ? La mère n'arrêtait pas de trompeter que son garçon était possédé par le démon. Je proposai vite à la mère une séance d'exorcisme très particulière. J'achetai d'abord dix beignets et une bouteille de soda de deux litres. Je demandai à la mère l'autorisation de donner un beignet à l'enfant. Elle me prévint que l'enfant déclinerait mon offre puisque, depuis quelque temps, il refuse de manger de la nourriture destinée aux humains. D'après le pasteur de son Église, l'enfant serait nourri par le démon. Je finis par la convaincre de donner un beignet à l'enfant. Chose faite. L'enfant m'arracha presque le beignet et il le mangea en deux temps, trois mouvements. Il m'en réclama un deuxième puis un troisième. Il but également un verre de soda que je dus lui arracher par la force, car il ne voulait pas s'en séparer.

Au final, le petit garçon avait arrêté de pleurer et finit par s'endormir. Je demandai à la mère si elle maintenait encore ou non sa thèse selon laquelle le petit garçon était possédé par le démon. Tout ce que cette mère trouva à me dire fut :

— Papa, je suis désolée, pardonnez-moi, que Dieu me pardonne !

Je ne pus m'empêcher de lui répliquer que les vrais démons étaient elle et son pasteur. D'abord elle, parce qu'elle avait refusé de voir la détresse de son enfant. Le rôle de tout parent est de protéger sa progéniture en subvenant aux besoins de celle-ci. Cette femme n'avait qu'à nourrir son petit garçon et si elle n'y parvenait pas, elle n'avait qu'à s'en prendre à elle-même et non au pauvre enfant qui n'avait pas demandé à naître. Puis le pasteur, parce qu'il avait détourné la mère de l'enfant des causes réelles des pleurs de celui-ci en lui mettant dans le crâne le fait que l'enfant était habité par le démon. Pourtant, le vrai mal dont souffre une majeure partie de la population est le manque de moyens pour se nourrir, se loger, se soigner et s'instruire correctement. Curieusement, ce mal n'intéresse point certains pasteurs puisqu'ils n'ont aucun intérêt à ce que les gens s'en sortent, sinon il n'y aura plus personne dans leurs églises. C'est simple à comprendre : la paupérisation des fidèles fait le bonheur de certains pasteurs.

Il arrive que le pasteur soulève des questions relatives à la pauvreté, l'adultère, la fécondité, par exemple. Mais, le plus frappant est que le pasteur fait valoir que seul le christianisme et pas n'importe lequel, celui charismatique incarné par le pasteur lui-même, permet de vaincre ces fléaux. Ainsi, les fidèles, poussés par la volonté d'espérer un miracle de la part du pasteur, sont prêts à tout lui abandonner, leur temps, leurs biens, leur argent, voire leur intimité, pour accélérer la réalisation de leurs vœux.

L'Église honore elle-même quelques saints guérisseurs même si elle le fait avec prudence. Cela ne choque personne, en tout cas, pas grand monde. Pourquoi, lorsqu'il s'agit de guérison en dehors de sphères de l'Église s'installe chez les membres de l'Église une méfiance ? Cette méfiance s'explique par le fait que L'Église associe systématiquement les guérisons réalisées par les Africains sous l'influence de leurs divinités à la magie noire ou à la sorcellerie. L'Église procède ainsi parce que cela semble un moyen parmi tant d'autres pour elle de pousser les Africains noirs à avoir peur de leurs ancêtres, à les haïr puis à se débarrasser des savoirs, connaissances scientifiques et mystiques qu'ils leur ont léguées afin de pouvoir les garder dans sa sphère et attirer de nouveaux fidèles pour remplir ses bancs désertés par ses fidèles historiques qui s'intéressent de moins en moins à la religion chrétienne ou à la religion tout court. Pourtant, nos ancêtres sont les équivalents des saints chrétiens, par exemple ! Il faudrait souligner que sur le marché de la religion, un marché libre et quasi totalement déréglementé, tous les coups sont permis pour fidéliser sa clientèle et en attirer une nouvelle. La politique de dénigrement opérée par l'Église à l'encontre des guérisons réalisées en dehors de sa sphère en est une illustration remarquable.

Si tous les chrétiens noirs décidaient de se détourner de la religion chrétienne pour renouer avec les religions ancestrales, la plupart des églises du monde fermeraient leurs portes et tous leurs représentants se retrouveraient au chômage partiel ou total. Il ne faut pas se voiler la face. Face à la désaffection à l'égard du christianisme en Occident, ce sont les Noirs qui remplissent les églises chrétiennes ici et qui continuent d'en créer d'autres en Afrique et un peu partout dans le monde, là où cela semble possible. L'Église n'est donc pas prête à perdre ce fonds de commerce qui lui donne un sacré second souffle, sinon sa survie serait fortement compromise. Le combat de l'Église contre les pratiques animistes inspirées de nos ancêtres s'explique, finalement, par la peur que l'Église a de voir son pouvoir s'éroder face à d'autres formes de croyances et de religions dont le vaudou, par exemple, qui est une des véritables religions de nos ancêtres.

De quel droit l'Église se permet-elle d'interdire aux Africains, Indiens et autres peuples de pratiquer leur religion ? Par exemple, qui a décrété qu'il n'y avait qu'un seul Dieu ? Chacun n'est-il pas libre d'adopter la religion de son choix ? Nul n'a le droit de combattre la religion d'autrui et de lui imposer la sienne. Chacun doit vivre librement ses croyances tout en respectant celles des autres. De plus, je n'ai pas besoin de me soumettre à un quelconque culte clérical pour savoir comment je dois me comporter en société, vis-à-vis des autres. En même temps, je comprends que certaines personnes s'accrochent à la bible ou au coran, par exemple, pour se sentir bien ou avoir de l'assurance face aux épreuves de la vie. La seule prière dans laquelle je puis me sentir bien et à l'aise réside dans l'invocation permanente de mes ancêtres, furent-ils athées, païens, laïques, croyants ou non-croyants.

Cependant, si je suis appelé à m'associer à l'invocation de saints juifs, chrétiens, musulmans ou bouddhistes pour accomplir une œuvre altruiste, je n'hésiterai pas à le faire si tant est que cela puisse sortir la personne concernée de son dédale. J'ai porté plusieurs fois la kippa en allant à la synagogue pour assister mes frères et sœurs juifs. Je suis allé plusieurs fois apporter des produits de première nécessité à mes frères et sœurs musulmans dans une mosquée. J'ai fait un mariage religieux et catholique pour respecter les convictions religieuses de mon épouse et de ma belle-famille. Mais ce mariage était précédé d'une cérémonie ancestrale pour solliciter spirituellement l'aval de mes ancêtres. Ils m'ont donné l'autorisation de me marier parce qu'ils n'y voyaient aucun inconvénient. Les ancêtres de ma future épouse se sont manifestés aussi de leur côté pour lui donner leur aval. Pendant une semaine, nous avons assisté à des manifestations spirites de leur part. En effet, une semaine avant notre mariage, un verre se brisait en mille morceaux tous les jours, et ce, quel que soit l'endroit où nous le posions. Ce phénomène cessa la veille du mariage. En effet, à la veille du mariage, vers midi environ, alors que j'étais à moitié endormi, je vis le fantôme du défunt père de mon épouse l'air joyeux. Cela s'appelle « ouverture d'esprit » qui est une des qualités premières de l'animisme.

12
L'animisme : le roseau qui résiste au cyclone

L'animisme vient du latin *animus*. On le définit vaguement comme une religion fondée sur la conviction que la nature est régie par des esprits et que chaque chose est gouvernée par une entité spirituelle. Mais l'animisme est plus qu'une croyance ou une religion. C'est « un système intellectuel qui permet de concevoir le monde comme un vaste ensemble. Il comporte aussi un système d'indications relatives à la manière dont on doit se comporter pour dominer les esprits des hommes, des animaux et des choses »[29]. En Afrique, sous l'influence de l'impérialisme monothéiste, ces règles de conduite sont systématiquement qualifiées de sorcelleries, au sens péjoratif du terme. Pourtant, il y a de l'animisme dans toutes les religions, y compris la chrétienne. La spécificité de l'animisme par rapport aux autres religions réside dans le fait qu'il n'est pas allergique au syncrétisme religieux, car c'est une des rares religions qui ne rejette pas des religions concurrentes.

Dans les villages Lébou du Sénégal, par exemple, les femmes s'occupent d'organiser les cérémonies dédiées aux *rabs*, les génies collectifs marins, pour l'abondance du poisson et la protection des pêcheurs, les hommes s'attellent à tout ce qui relève du coran. On assiste ainsi à une coexistence pacifique assez exemplaire de l'animisme et de l'islam. À Cuba et au Brésil, l'animisme, incarné par la religion yoruba, et le christianisme occidental coexistent également

[29] Lilyan Kesteloot, op. cit.

pacifiquement. Les fidèles assistent à la messe catholique d'abord puis, à la sortie, ils vont rejoindre des espaces où l'on prie les divinités africaines. Il y a également des cas où l'animisme et le christianisme coexistent, mais en sourdine. En RDC, par exemple, certains guérisseurs, rebouteux ou féticheurs, endossent les habits de pasteur pour échapper à la méfiance de leurs fidèles vis-à-vis des guérisons réalisées en dehors de la sphère de l'Église. De même, mon ami marabout, le professeur Soundjata Kadiali, faisait des amulettes à partir des versets du coran rédigés avec l'encre faite à base de l'écorce d'un bois sacré utilisé par le peuple mythique Dogon du Mali pour chasser les mauvais esprits. En clair, il était à la fois musulman et animiste. Certains diraient qu'il était un faux musulman. D'autres comme moi diraient qu'il était un vrai animiste, car l'animisme n'est pas une doctrine dogmatique. Il tolère l'existence des différentes cultures ou ethnies sans centraliser le pouvoir, contrairement à l'islam et au christianisme qui ont largement contribué à la centralisation du pouvoir en Afrique.

Cette centralisation du pouvoir explique l'impérialisme de ces deux religions monothéistes qui se sont imposées dans le monde et en Afrique en particulier souvent par la violence, l'argent et la négation de notre propre système de croyances.

Si nos ancêtres esclaves ont contribué à contraindre les États négriers à abolir l'esclavage physique, il n'en demeure pas moins que l'esclavage culturel et spirituel continue de sévir en Afrique, aux États-Unis, dans les Caraïbes, partout où vivent les Africains, pour ne pas dire les Noirs tout court. Cet esclavage est d'autant plus renforcé qu'il est réclamé et pratiqué à grande échelle par les Africains eux-mêmes. L'Occident, par exemple, n'a plus besoin d'envoyer un contingent de prêtres ou missionnaires blancs pour évangéliser l'Afrique. Les Africains le font eux-mêmes avec une ferveur qui dépasse parfois l'entendement. La plupart d'anciens guérisseurs ou féticheurs se sont convertis en pasteurs, par exemple, car cela paraît nettement beaucoup plus lucratif et mieux vu que le vaudou, par exemple, qui est pourtant une des véritables religions de nos ancêtres.

Le vaudou, également appelé « Zebola » ou « Mpombo », dans certaines contrées de la République démocratique du Congo, jouit incontestablement d'une longue antériorité sur le sol africain comparativement aux religions impérialistes, celles des anciennes puissances négrières, esclavagistes et colonisatrices en l'occurrence le christianisme et l'islam. Le vaudou a survécu à toutes les tentatives de décapitation opérées à son encontre par ces anciennes puissances au travers d'une infatigable et impitoyable campagne de diabolisation à l'échelle planétaire.

Nombreux sont ceux qui n'associent au vaudou que des images ou scénarios d'envoûtement ou de mauvais sorts. Ces images envahissent le subconscient collectif dans lequel le vaudou est généralement représenté par des figurines de poupées qu'on pique avec des aiguilles et par des sacrifices animaliers. Pourtant, le culte du sacrifice animalier n'est pas spécifique au vaudou. Que dire des sacrifices animaliers, voire humains, pratiqués dans certaines religions monothéistes ? Les Hébreux n'ont-ils pas élaboré le sacrifice de l'agneau pour signifier et conjurer la tendance des parents à sacrifier leur premier-né ? Que dire du discours : « Ceci est mon sang, buvez… » ? On ne nie pas qu'il puisse y avoir des dérapages verbaux ou physiques dans la pratique du vaudou, comme il en existe dans d'autres religions. Que dire de l'autoflagellation pratiquée par les adeptes de certaines religions ? Que dire de l'inquisition médiévale ? Que dire du fanatisme et du dogmatisme religieux de certains États qui plongent leur peuple dans la logique de l'obéissance infantilisante et de la domination ?

Pour comprendre la force transcendante du vaudou, il faudrait aller dans les Amériques et les Caraïbes où les hommes et les femmes, arrachés à l'Afrique, ont été vendus et revendus comme du bétail. Dépourvus de tout repère dans un monde inconnu, ces esclaves noirs africains sont toutefois restés attachés à leurs racines culturelles, rituelles et spirituelles africaines. Ils s'en sont inspirés pour développer de multiples formes de résistance à l'oppression et à la barbarie de leurs maîtres blancs : « résistance culturelle, par la floraison de chants, contes, danses, rythmes de tambour ; résistance religieuse, à travers les syncrétismes forgés au carrefour des croyances animistes diverses et des mystiques monothéistes ; résistance surnaturelle, par des échappées mentales, transes ou rituels magiques »[30].

Contrairement aux idées reçues, le vaudou va bien au-delà de la sphère religieuse, car il incarne ces trois formes de résistance. Par la prière et l'invocation des divinités africaines associées aux forces naturelles, le vaudou endurcit l'esprit et le mental des esclaves notamment face à l'article 38 du Code noir[31]. Il permit aux esclaves noirs d'élargir leurs champs de connaissances scientifiques et mystiques. Il leur donna, par exemple, l'intelligence de soutirer du nouveau territoire les secrets de ses plantes. Celles qui empoisonnaient le bétail du maître et, à l'occasion, le maître lui-même. Celles qui provoquaient des avortements chez les femmes victimes de viols perpétrés par les maîtres. Celles qui soignaient certaines maladies affectant les esclaves noirs tant physiquement que mentalement.

Le vaudou rassembla également les esclaves autour d'une cause commune : celle de briser les chaînes de l'esclavage et de la colonisation par la lutte armée. Dans la nuit du 22 au 23 août 1791, dans la forêt de Bois Caïman en Haïti, se tint une cérémonie vaudou où les esclaves jurèrent de libérer la colonie du joug de la France impériale de Napoléon et de faire le sacrifice de leur vie si nécessaire pour l'abolition de l'esclavage. Ce fut le coup d'envoi de la guerre de libération dirigée par Jean-Jacques Dessalines[32], Toussaint Louverture, Pétion, Christophe. Cette guerre mit en déroute les valeureux soldats de Napoléon au terme de treize années de combats intenses et elle aboutit ainsi à l'indépendance d'Haïti en janvier 1804. Il faut souligner que la bataille finale dura environ onze heures, de six

[30] Christiane Taubira, op.cit.

[31] Aux termes de cet article, l'esclave repris devait avoir l'oreille coupée, être marqué au fer rouge, avoir le jarret coupé (il était considéré non pas comme un être humain, mais comme un animal au sens zoologique du terme). La troisième fois, il était puni de mort, déclinée en trois séquences : le fugitif était écartelé, pendu et brûlé.

[32] Le général Jean-Jacques Dessalines, meneur des troupes, est né en l'actuelle Guinée-Conakry. Alors qu'il n'avait que 2 ans, il fut déporté en Haïti avec ses parents, vendus comme esclaves.

heures à cinq heures du matin, et se termina par un orage providentiel marquant le signe des dieux vaudous qui accompagnaient et chevauchaient l'Hérault.

Au Brésil, au moment où l'Église catholique romaine appuyait l'esclavage et la soumission du « Nègre sauvage » à son maître blanc « civilisé » et « civilisateur », au moment où les Portugais forçaient leurs esclaves noirs à s'agenouiller devant la statue de Sainte-Catherine, les prêtres vaudous essayaient, par la prière et l'invocation des divinités africaines associées aux forces naturelles, d'encourager les Noirs à la résistance et à la contre-offensive. Le vaudou ne fournit pas de canons aux Noirs pour se défendre, mais endurcit l'esprit et le mental pour résister et transcender la torture et la barbarie infligées par les esclavagistes portugais.

Le vaudou n'a jamais combattu les religions monothéistes, car, comme toutes les religions animistes, il est respectueux du principe selon lequel chacun est libre de choisir sa foi, son ou ses dieux et ses croyances.

La croyance est une certitude sans preuve. Lorsque j'honore mes ancêtres, je ne suis plus dans le registre de la croyance absolue puisque mes ancêtres ont eu une existence physique réelle. Celle-ci est vérifiable par des objets et des faits qu'ils ont réalisés de leur vivant. Je peux donc prouver que mes ancêtres ont réellement existé. Chez l'homme africain anhistorique, les ancêtres qui se sont positivement distingués de leur vivant dans la société sont déifiés par leur descendance. L'homme africain n'a donc pas attendu l'arrivée du monothéisme pour cerner la notion de Dieu. Le Dieu de l'homme africain anhistorique n'est rien d'autre que ses ancêtres qui, de leur vivant, avaient mis leur vie au service des autres. De ce point de vue, la notion de Dieu chez l'homme africain anhistorique se différencie catégoriquement de celle du monothéisme. Contrairement à celle-ci, la première notion n'est pas abstraite et elle ne confine pas l'individu dans une certitude sans preuve.

La croyance étant une certitude sans preuve, je ne crois pas en Dieu parce que je n'ai pas à croire en quelqu'un dont je peux prouver l'existence réelle, matérielle et physique. Ce quelqu'un n'est rien d'autre que mes ancêtres, que je vois, avec qui je vis et dont le sang coule à flots dans mes veines. Que l'on ne me demande pas qui a créé mes ancêtres, car je répondrais que ce sont les ancêtres de mes ancêtres qui ont créé mes ancêtres et ainsi de suite. De plus, je ne suis pas adepte de la croyance en Dieu chirurgien qui créa d'abord l'homme puis la femme à partir d'un bout de chair prélevé sur les côtes de l'homme, qui créa la flore et la faune et le tout, en seulement six jours. Qui peut avaler de telles affirmations qui insinuent de surcroît l'infériorité de la femme par rapport à l'homme ? À partir d'un certain âge, il devient difficile de croire ou de faire croire à l'existence de « Père Noël ».

Pour dire clairement les choses, je ne crois pas en Dieu de la traite négrière, de l'esclavage et de la colonisation. Il s'agit de Dieu que les religions monothéistes, en l'occurrence le christianisme et l'islam, ont imposé à mes aïeux et à mes ancêtres depuis la traite arabo-musulmane jusqu'à la traite eurochrétienne. Pour asseoir sa domination en Afrique, domination indispensable au développement du commerce triangulaire et donc à la prospérité des économies pauvres des puissances négrières, esclavagistes et colonisatrices, l'Église catholique romaine et chrétienne en général se chargeait, par le truchement d'un travail spirituel et religieux très concentrationnaire, de veiller à la soumission et à la docilité des esclaves africains noirs en leur promettant le paradis céleste contre la patience durant l'enfer sur terre.

Si je déclare que je vois mes ancêtres et que je vis avec eux, c'est parce qu'il y a une vie après la mort. L'homme ne meurt jamais, mais il continue à vivre autrement, c'est-à-dire sans son corps matière abandonné par son âme qui devient ainsi l'esprit. Autrement dit, l'esprit est l'être humain dépouillé de l'enveloppe corporelle. C'est pourquoi, il est une entité en principe invisible à l'œil nu, mais qui vit autour de nous, dans certains lieux, pour ne pas dire partout. Il se déplace de façon tout à fait fluidique, un peu comme le vent. Selon son degré d'élévation, l'esprit est capable d'agir sur la matière, le corps physique. De même, l'homme matière vivante est, selon son degré d'élévation, capable de sentir la présence de l'esprit, de le voir, voire de l'entendre. L'esprit peut aussi prendre une forme humaine, physique dans certaines circonstances ou pour faire passer un message.

De façon générale, le sommeil ou un état de demi-inconscience est un des moments idéaux où les esprits viennent communiquer avec certains vivants ou vice versa. Les esprits n'ont pas vocation à aller chez n'importe quel vivant, fût-il un proche, ami ou membre de la famille, car la lumière arrive toujours à celui qui veut la recevoir. Les ancêtres se montrent rarement auprès des personnes qui se jouent d'eux, qui se fichent de savoir ce qu'ils sont devenus dans l'au-delà, qui ne les invoquent jamais dans leurs prières, qui les ignorent purement et simplement. Dans l'au-delà, comme sur terre, il y a des règles de conduite. Les esprits ne peuvent pas tout faire sur les autres esprits ni sur les vivants. Il n'y a pas d'endroit qui soit spécialement réservé à l'au-delà. Contrairement à certaines croyances inspirées du monothéisme, l'au-delà n'existe pas dans le ciel. L'au-delà existe partout où il y a la vie au sens large du terme, sur terre, dans nos maisons, dans les cimetières, dans les profondeurs des lacs, des rivières, des océans et des mers, sur les routes, dans les airs, etc. Cela s'explique par le fait que les esprits n'existent que parce que nous, vivants, existons. Nos prières et nos invocations donnent du sens à leur existence en tant qu'esprit. D'ailleurs, ils le reconnaissent et n'hésitent pas à nous le montrer chaque fois que le besoin se fait sentir.

Léonie, ma défunte camarade de classe, n'arrêtait pas de venir me voir en rêve pour se plaindre de sa mort qui était prématurée, selon elle. Elle désirait revenir sur terre pour reprendre la vie qu'on lui avait prématurément ôtée. Je lui fis comprendre qu'il était impossible de revenir sur terre pour y vivre comme tous les êtres humains. Je lui soulignai également que, désormais, nous ne faisions plus partie du même monde, au sens matérialiste du terme, et qu'il était temps qu'elle abandonne ses rêves de retour sur terre sous forme humaine et physique. Je la voyais en rêve, au moins, une fois par an. Je pris la décision d'en parler à un de ses proches au bled. Je profitai de l'occasion pour lui demander si la famille de Léonie avait déjà célébré ou non une messe en sa mémoire. Ce proche me répondit que sa famille n'avait pas organisé de messe pour Léonie, à part celle qui avait été célébrée lors de son décès. Je lui suggérai d'en organiser une deuxième pour permettre à l'âme de Léonie de se libérer des soucis matériels et de reposer en paix. Depuis qu'une messe a été dédiée à Léonie, je ne la revois plus en rêve.

Après une longue journée de travail à Paris, j'étais dans le métro pour rentrer à mon domicile. Je vis un vieil homme monter dans le train et se diriger vers moi. Mes yeux se refermaient à mesure que je le regardais fixement. Puis je m'étais assoupi. L'homme profita de ce moment pour me livrer un message en lingala destiné à son fils qui était mon ami.

— *Mbote mwana, ngai papa ya moninga wa yo Bidi. Loba na ye, ngai mikolo na ngai esili ekoki. Asala nyonso, papa na mwana bayokana. Soki nakufi ngai na ye toyokani te, nakokenda na nkanda mingi mpe ekozala mabe mpo na ye. Lamuka sika oyo. kobosana te maloba natindeli ye.* (Bonjour mon fils, je suis le père de Bidi. Tu lui diras que ma vie sur terre touche à sa fin. Mais avant de partir, j'aimerais que le père et le fils se réconcilient. Si je meurs sans m'être réconcilié avec lui, je partirai très en colère et cela lui portera préjudice. Réveille-toi maintenant et n'oublie pas de transmettre mon message à Bidi.)

Alors que cela faisait dix ans que nous nous connaissions, Bidi ne m'avait jamais parlé de son père. J'étais même persuadé que ce dernier était mort. Il m'était donc difficile de lui transmettre ce message. Après quelques moments d'hésitation, je finis par me décider à lui balancer le fameux message textuellement. C'est ainsi qu'il m'apprit que son père était vivant et qu'ils ne s'adressaient plus la parole depuis une trentaine d'années. Bidi semblait néanmoins très touché par le message de son père et, surtout, par le fait que celui-ci m'ait sollicité pour lui transmettre ledit message. Il envoya aussitôt un peu d'argent à son père. Il l'appela ensuite au téléphone pour avoir la confirmation de réception de cet argent. Son père fut très ravi de ce geste. Il mourut deux semaines plus tard. Quand son père était venu se présenter à moi, il était déjà dans le monde des disparus et il avait besoin de mon intermédiation pour pouvoir entrer en contact avec son fils.

De nombreux témoignages des disparus viennent appuyer l'idée qu'ils ont besoin de nous pour monter dans l'échelle de la perfection spirituelle ou tout simplement pour mener à bien leur existence après la mort physique. Ils sont malheureux lorsque leurs proches vivants les oublient, ne parlent pas d'eux, ne leur rendent pas visite là où leur dépouille est enterrée, ne déposent pas une gerbe de fleurs sur leur tombe, lorsqu'ils laissent celle-ci à l'abandon, lorsqu'ils n'organisent pas de cérémonies (religieuses ou autres) en leur mémoire, et plus généralement lorsqu'ils se jouent de savoir ce qu'ils sont devenus après leur mort physique.

Mon défunt père m'a toujours fait comprendre combien il détestait qu'on l'appelle avec le vocable « défunt ». Il m'a démontré plus d'une fois qu'il était présent à mes côtés malgré sa mort physique. Un soir, j'étais seul dans mon salon. Ma femme était de garde à l'hôpital. Mes enfants dormaient. Je n'arrêtais pas de penser à mon père. Je me mis tout à coup à lui parler pour lui exprimer combien il me manquait. Les larmes ne cessaient de déferler sur mes joues. Je pris la précaution de laisser la lumière de mon salon allumée, car l'obscurité des lieux présente l'inconvénient d'enflammer l'imagination. Je demandai à mon père de me donner une preuve tangible de son existence après la mort. D'abord, j'entendis craquer le bahut qui était à gauche du fauteuil où j'étais assis. Puis je vis notre statuette en bois, qui était posée au milieu du bahut, se déplacer comme si quelqu'un la poussait vers moi puis elle tomba au sol avec fracas, mais sans le moindre endommagement.

Un après-midi, je pensais si fort à mon père que j'avais l'impression qu'il était tout près de moi. Je pensai à une des chansons qu'il aimait beaucoup. Une chanson intitulée *Balabala*[33], composée et chantée par l'artiste congolais Tabu Ley dit Seigneur Rochereau. Mon

[33] Ce qui signifie la rue.

père aimait beaucoup Tabu Ley non seulement pour son talent artistique exceptionnel, mais aussi pour sa sensibilité lumumbiste. Tabu Ley avait chanté Mobutu, le tueur de Lumumba, à l'instar de son concurrent Luambo Makiadi, dit Franco, et de bien d'autres artistes, pour ne pas dire tous les artistes musiciens congolais, à l'exception, peut-être, de Max Mongali. Mais mon père avait pardonné à Tabu Ley ce revirement idéologique et politique.

Pendant que jouait la musique, je vis surgir de la fenêtre de la cuisine une forme humaine de taille très moyenne. Elle apparaissait de profil, l'épaule et la tête se montrèrent d'abord, puis graduellement, tout le corps. Toutefois, la partie inférieure du corps ne formait qu'une masse confuse parce qu'elle était plus vaporeuse. Je n'eus aucune difficulté à reconnaître mon père. Il ne marchait pas, il glissait. Sa partie inférieure balançait au rythme de la chanson. En clair, mon défunt père dansait. À ce moment-là, mes oreilles étaient engourdies comme lorsqu'on est dans un avion qui se prépare à l'atterrissage et j'entendais la musique de loin. Quand ce morceau fut terminé, l'entité se dirigea lentement vers la fenêtre de la cuisine au travers de laquelle elle disparut.

Un jour, je rentrais du travail. En arrivant à mon domicile, je fus saisi par une extrême fatigue. Je ne comprenais pas pourquoi j'étais dans un pareil état. J'allai immédiatement me réfugier dans la pièce où se trouve mon bureau. Je m'assis sur un fauteuil pour me reposer. À peine assis, je fus envahi par un profond sentiment de tristesse. Puis les larmes commencèrent à couler abondamment sur mes joues. Ma main droite se mit à trembler. Dans la pièce où j'étais, il y avait une atmosphère très pesante. Quelque temps après, au travers de mes yeux qui étaient pourtant complètement fermés, je crus apercevoir la silhouette de ma défunte belle-mère. Je la vis entrer dans la pièce puis se diriger vers moi. À ce moment-là, je sentis une présence à ma droite et machinalement, ma main saisit un stylo et un bloc-notes qui étaient posés sur mon bureau. Je commençai à écrire des phrases avec des mots bien structurés sans avoir la moindre conscience de ce que j'écrivais. L'écriture s'arrêta brusquement vingt minutes après. Quand j'ouvris les yeux, je constatai que les phrases étaient bien alignées et écrites en créole littéraire. J'attendis que mon épouse rentre du travail pour lui présenter ces notes, dans un premier temps, sans lui dire de qui je les tenais. Sa réaction fut surprenante :

— C'est ma mère, ce sont des expressions que ma mère utilisait ! Où as-tu trouvé ça ?

Mon épouse me fit une traduction qui correspondait totalement au sentiment de tristesse que j'avais éprouvé lorsque l'esprit de sa défunte mère était entré dans la pièce où je me trouvais. En effet, sa défunte mère était malheureuse et triste à cause du mauvais climat qui régnait dans la famille.

Plus tard, en regardant une émission à la télévision consacrée aux phénomènes paranormaux, j'entendis parler d'écriture automatique commandée et dictée par l'esprit du défunt. C'est ainsi que je réalisai que j'étais en communication avec ma défunte belle-mère via ce procédé.

Le combat de l'Église contre les pratiques animistes inspirées de nos ancêtres continue jusqu'à nos jours, mais sous d'autres formes. Il s'explique par la peur que l'Église a de voir son pouvoir s'éroder face à d'autres formes de croyances et de religions. Le don de prophétie qu'avaient mon arrière-grand-oncle Ngamba et le chef coutumier Mpongonzoli ainsi que la communion constante avec les esprits sont des forces qui minent sans cesse le pouvoir d'une Église hégémonique et impérialiste. Celle-ci, effrayée, et sous prétexte des abus que ces pratiques engendraient, s'est résolue à mettre un terme à cette lutte en étouffant le prophétisme de mes ancêtres. Cette Église a aiguisé son matraquage idéologique en se basant sur de fausses évidences, sur des mensonges relatifs à la résurrection de Jésus-Christ. D'ailleurs, Saint-Paul confirme très nettement cette opinion lorsqu'il déclare :

« Si les morts ne ressuscitent pas, Jésus-Christ n'est donc pas ressuscité, et si Christ n'est pas ressuscité, notre prédication est vaine et votre foi est vaine aussi. Il se trouverait même que nous sommes de faux témoins par rapport à Dieu, car nous avons rendu de lui ce témoignage qu'il a ressuscité Jésus-Christ ; or il ne l'a point ressuscité, si les morts ne ressuscitent point ».

En clair, le Christ, selon l'expression qu'il s'applique à lui-même, n'est que l'interprète et le porte-parole de Dieu chrétien. Il est un esprit doué de facultés spéciales et de pouvoirs exceptionnels qui inspirent respect et dévotion à quiconque serait épris d'amour, de paix et de liberté. Mais sa clairvoyance, ses inspirations, le don de guérir qu'il possédait à un si haut point sont loin d'être exclusifs. On les retrouve à différentes époques et à divers degrés chez d'autres individus, qu'ils soient noirs, blancs, jaunes ou rouges.

De plus, Jésus aurait grandi en Galilée. On ignore tout de son apparence physique. Dans les Évangiles, il n'y a pas une ligne sur l'apparence physique de Jésus. Son premier portrait fut imaginé par les artistes byzantins du IVe siècle de notre ère : Jésus était représenté avec un visage d'homme mature, au nez fin, barbu, portant les cheveux longs et la raie au milieu. Au VIe siècle, malgré l'interdiction des représentations de Dieu, du Christ, de la Vierge Marie et des saints, certains artistes laissèrent libre cours à leur imagination en faisant un portrait de Jésus où il était représenté de face, le regard droit, immobile, digne et solennel. Au XIIe siècle, Léonard de Vinci présenta Jésus à travers le portrait d'un adolescent angélique. Au XVIIe siècle, Rembrandt peignit le portrait de Jésus en homme ordinaire. En 1920, le peintre russe Jawlensky dressa le portrait du Christ sauveur au travers d'un visage de l'abstraction. En 2002, Richard Naeve reconstitua le visage du Christ à partir d'un crâne datant du 1er siècle retrouvé à Jérusalem. Les évangélistes ne disant rien de l'enfance de Jésus, ce sont les artistes qui ont fait le boulot à leur place en faisant évoluer le portrait du sauveur chrétien au gré des époques.

On a donc déversé de torrents d'encre en écrits sur Jésus-Christ sans l'avoir connu. La conception virginale de Jésus n'est qu'une légende, car Joseph, stoïque, avait épousé Marie pour la sauver d'une éventuelle lapidation que les juifs pratiquaient, comme certains musulmans de nos jours. On va jusqu'à inventer le massacre des Innocents par Hérode pour justifier, je ne sais quoi !

Si tous les fidèles avaient connaissance de toutes ces données et en prenaient conscience, tout l'édifice des dogmes et des mystères liés à Jésus-Christ, à sa conception, à sa naissance et à la notion de Trinité, tirée d'une légende hindoue, s'écroulerait. Que deviendraient alors le christianisme et tous les chefs de l'Église catholique et chrétienne qui ont construit leur pouvoir politique et financier – et qui continuent de le faire – au nom de Jésus-Christ ? Mais le christianisme et tous les chefs de l'Église catholique et chrétienne peuvent compter sur l'obscurantisme des fidèles noirs de tous les coins de la planète. Animés par un furieux désir de croire et poussés par la volonté d'espérer, ces derniers se fichent d'acquérir la connaissance réelle du christianisme et ce d'autant plus que la plupart d'entre eux ont abdiqué leur libre arbitre au profit des prêtres ou des pasteurs dont certains n'hésitent pas à pervertir la pensée de Jésus-Christ en la mélangeant d'éléments divers dans le but d'assurer, de fortifier et de rendre inébranlable leur autorité et donc leur emprise mentale sur leurs fidèles.

Comme il a été souligné précédemment, on peut constater l'existence des facultés attribuées à Jésus-Christ chez les médiums de nos jours, les médiums d'Afrique, comme ceux d'autres continents, même si certains courants spirites objectent que ces facultés ne sont pas réunies de manière à constituer une personnalité puissante comme celle du Christ. Elles sont dispersées et réparties chez un grand nombre d'individus. Mes ancêtres, dont je suis parmi les descendants, avaient ces facultés. De ce point de vue, ils sont, ni plus ni moins, mon « Jésus ». Je ne peux donc pas m'empêcher d'en être fier, d'autant plus fier que je ne suis pas dans l'obligation ou la nécessité d'aller chercher d'autres sources de vénération ou de références spirituelles que celles émanant de mes ancêtres dont le sang coule à flots dans mes veines. Quand je m'adresse à eux, ils me répondent, aussi bien tangiblement, s'il le faut, qu'immatériellement. N'ai-je pas vu la main de mon défunt grand-père maternel, Grand-père Léon, que je n'ai pas eu de mal à reconnaître, sur le bord de mon lit alors que j'étais conscient et éveillé ?

Ce phénomène se produisit le jour où je devais soutenir un mémoire de fin d'études. Déjà, la soutenance s'était déroulée la nuit, au travers d'un rêve fortement significatif. Les membres du Jury n'appréciaient pas mes positions tranchées sur le pillage du tiers-monde. Ils s'étaient ligués contre ma personne avec comme objectif de me faire rater la soutenance. Et pourtant, le mémoire représentait un gros coefficient et si j'échouais, je grillerais toutes mes chances d'obtenir le diplôme. Cette nuit-là, je me vis dans la salle de soutenance, assis face à trois membres de Jury. Ils ouvrirent la séance et me demandèrent de présenter mon topo. Je présentai brièvement les grandes lignes de mon mémoire afin de laisser une large place à la discussion.

Après avoir fini la présentation de mon travail, le président du jury reprit la parole pour la céder à l'un des deux autres membres de Jury. Tout à coup, je vis mon défunt grand-père apparaître au milieu de la salle, comme s'il jouait les intermédiaires entre le jury et moi. Chaque fois que le jury me posait une question, Grand-père Léon la réceptionnait, la traduisait de français en patois et me la transférait par la suite. De mon côté, je répondais en patois, et Grand-père Léon traduisait ma réponse de patois en français puis la transférait au Jury. L'ensemble de jurys était particulièrement monté contre moi, non pas à cause de la qualité de mon mémoire, mais parce qu'il voulait me faire payer le prix de mon franc-parler contre le Fonds monétaire international que je traitais de criminel avec la complicité de la Banque mondiale.

Quand le moment de la délibération arriva, je vis Grand-père Léon prendre la chaise pour s'asseoir en face des membres du Jury et nez à nez avec ceux-ci. Il engagea une discussion houleuse avec eux pour défendre ma cause. Quelque temps après, il vint me rejoindre pour dire :

— Calme-toi, ça y est, tu l'as eu !

Puis je me réveillai et je réveillai également ma copine qui dormait encore pour lui raconter ce rêve. C'est pendant que je lui racontais ce rêve que je vis posée sur le bord du lit, une main humaine. Cette main était celle de mon grand-père que j'avais reconnue sans la moindre difficulté ni hésitation. Cette apparition fut de courte durée, quelques fractions de seconde environ pendant lesquelles ma copine se rendormit. De mon côté, je restai impassible. J'établis aussitôt le lien entre ce rêve sur la soutenance de mon mémoire et cette main. J'en déduisis que la soutenance allait avoir un caractère « abracadabrantesque » et que je m'en sortirais grâce, entre autres choses, à l'intervention de mon défunt grand-père maternel, Grand-père Léon.

En effet, dans la journée et dans la réalité, la soutenance se déroula comme je l'avais vécu dans le rêve, mais en l'absence de Grand-père Léon, du moins physiquement.

Rappelons de nouveau que les guérisons de Jésus ne sont pas des phénomènes exceptionnels, car elles existaient déjà en Afrique et avant Jésus-Christ. Elles sont les effets d'un pouvoir fluidique et magnétique que nous retrouvons, plus ou moins développé, chez certains guérisseurs d'Afrique et ceux d'autres continents de notre époque.

Au Gabon, un des pays de l'Afrique centrale aussi affectés par la fièvre évangélique que la RDC, les chefs d'une religion ancestrale qui s'appelle *bwiti* sont capables de produire certains phénomènes qui n'ont rien à envier à ceux que l'on attribue à Jésus-Christ ou à d'autres prophètes. Au Bavongo et plus particulièrement chez les Mitsogho, lorsqu'un haut gradé *bwiti* meurt, il arrive que son cadavre se rende au cimetière par ses propres moyens. Le seul soutien dont bénéficie le cadavre reste les tam-tams et les gestes hallucinants des initiés présents à cette cérémonie. Ces derniers reculent pas à pas, tandis que le cadavre avance au fur et à mesure. Il ne marche pas puisque ses membres – bras et jambes – ne bougent pas. Il avance comme s'il était porté par une vague. Pendant le trajet, les batteurs de tam-tams continuent de jouer de façon ininterrompue pour éviter que le cadavre ne s'affaisse. Le son des tam-tams redouble quand le cadavre arrive au bord de la fosse. Au moment où ce dernier se met dos à la fosse, le maître de cérémonie fait un signe pour stopper les tam-tams. Aussitôt le silence s'installe. Le cadavre tombe à la renverse dans le trou.

Ce phénomène du « mort qui marche » est attribuable à une grande force spirituelle née de l'union des volontés tendues comme un fluide électrique des hommes qui ont participé à cette cérémonie.

Les membres de la religion *bwiti* n'ont pas d'argent ni de fusils pour imposer leur religion dans le monde entier ni pour s'encombrer des cultes fastueux, des cérémonies et pratiques, à l'instar des « fous » de Jésus, par exemple. D'ailleurs toutes ces pratiques étouffent la pensée de Jésus et n'ont rien à voir avec sa religion. Celle-ci se caractérise par un culte simple et pur, qui consiste à mettre la conscience humaine en rapport direct, sans intermédiaire, avec celui que Jésus appelle son père, c'est-à-dire Dieu chrétien. Jésus ne prêchait pas dans des temples ou des églises. Il ne portait pas de beaux costumes ni de chaussures en peau de crocodile pour se montrer « présentable » devant son père, Dieu chrétien. Il ne demandait pas d'offrandes à ses fidèles pour les aider à résoudre certains de leurs problèmes. Les seuls dons que Jésus acceptait étaient des repas offerts à ses disciples avec lesquels il vivait dans un dénuement le plus total. À ses disciples qui s'inquiétaient de savoir ce qu'ils allaient manger et où ils allaient dormir, Jésus répondit : « Ne vous inquiétez pas pour votre vie de ce que vous mangez ni pour votre corps de quoi vous le vêtirez » (Luc, 12, 22).

Jésus demanda à ses disciples de se séparer de tous leurs biens. Ces derniers étaient désormais réduits au strict minimum : une seule tunique par personne (Marc, 6, 56). Sur la route, « leur pauvreté est radicale : ils n'ont ni pain, ni besace, ni menue monnaie, simplement un bâton et des sandales » (Marc, 6, 8-9).

Kinshasa, devenu une des plaques tournantes du commerce mondial de l'Évangile, enregistre une forte inflation des pasteurs, prophètes et prédicateurs. Certains de ces prédicateurs viennent du Nigéria, des États-Unis, d'Allemagne, de la Corée du Sud, etc. Ils proposent à leurs clients congolais une offre extrêmement variée, qui va de la guérison du sida jusqu'à faire ressusciter les morts, en passant par d'autres produits tels que faire marcher des handicapés, donner la vue aux aveugles, aider de jeunes femmes à trouver un mari ou un visa pour l'Europe. La liturgie n'a rien à voir avec la foi. C'est du *business* à l'état pur. Les méthodes de publicité que ces marchands de « miracles » utilisent n'ont rien à envier à celles des grandes firmes multinationales[34]. Ces prophètes et prédicateurs appliquent tout simplement la fameuse « loi des débouchés » de l'économiste français Jean-Baptiste Say, loi selon laquelle « l'offre crée sa propre demande ». Le pire est que les gens les suivent de façon plus ou moins moutonnière. On pourrait expliquer ce suivisme par le fait que ces prophètes et prédicateurs surévaluent leur intelligence pour mieux exercer leur emprise mentale sur leurs fidèles. C'est dans ces conditions qu'ils parviennent à extorquer des biens et de l'argent à leurs fidèles extasiés par la promesse de voir leurs vœux se réaliser. Cette emprise mentale n'est pas sanctionnée par la justice parce qu'il n'existe pas de loi à ce sujet. Pourtant, il y a des excès dans la pratique du christianisme en RDC ou ailleurs en Afrique noire qui devraient entraîner une très sévère répression de certaines sectes ou églises pentecôtistes et une condamnation amenant à une interdiction puis à leur complète disparition.

Par exemple, on est très loin de la pensée et des enseignements de Jésus-Christ lorsque les femmes, nues comme un ver de terre, se font laver à tour de rôle par leur pasteur pour purger leurs corps de la malchance qui les hanterait dans leur vie quotidienne, lorsque les fidèles jeunes femmes d'une vingtaine d'années se font sucer les tétons à tour de rôle par leur pasteur pour lutter contre le démon qui trouverait refuge dans leurs seins, lorsque le pasteur fait boire du fioul à ses fidèles pour je ne sais quelle raison, lorsque les enfants d'une même famille tabassent à mort leur propre mère accusée par leur pasteur d'avoir bloqué par la sorcellerie leurs chances de trouver un

[34] Les plus fortunés de ces pasteurs possèdent, par exemple, leurs propres chaînes de télévision, des hôtels de luxe, des équipes de football. Notons que plus de la moitié des chaînes de télévision en République démocratique du Congo sont contrôlées par les Églises pentecôtistes. Elles sont, pour eux, un puissant outil de propagande pour faire face à la concurrence sur le marché de l'Évangile. Un des pasteurs charismatiques congolais n'a pas hésité à déclarer à un journaliste français qu'il aimait beaucoup l'argent, car ça aide à bien vivre, et ce, sous les applaudissements de ses fidèles parmi lesquels certains peinent à trouver ne fût-ce qu'un croûton de chikwangue à se mettre sous la dent.

emploi, lorsqu'on retrouve sur le marché des biens [35]qu'une pasteure avait pris à ses fidèles sous prétexte que ces biens abriteraient une énergie démoniaque. C'est par de telles pratiques que se justifient l'éloignement et la haine que certaines personnes conçoivent pour l'idée du christianisme.

Jésus lui-même déplore ces pratiques en s'adressant ainsi à ceux qui croient se sauver de leurs péchés ou de leurs souffrances par le jeûne et l'abstinence : « Ce n'est pas ce qui entre dans la bouche qui souille l'âme, mais ce qui en sort ».

Le *business* religieux rendait Jésus furieux et le mettait souvent très en colère face à ses auteurs. Par exemple, il s'était mis en colère dans un temple occupé par des marchands à qui il n'avait pas hésité à s'en prendre physiquement : « Se faisant un fouet de cordes, il les chassa tous du Temple, et les brebis et les bœufs ; il répandit la monnaie des changeurs et renversa leurs tables » (Jean, 2, 15).

Quand on voit le profond détachement que Jésus avait vis-à-vis des biens matériels, voire un certain dédain à l'égard de l'argent, on peut soutenir que les prières chrétiennes ne valent rien si les actes posés par ceux qui les font ou les animent sont contraires à la pensée de Jésus-Christ.

Au Gabon, les grands maîtres *bwit*i peuvent faire tomber une branche en la montrant du doigt. Ils peuvent aussi abattre un singe sans fusil en le pointant de l'index. En RDC, dans la province de Maï-Ndombe, certains chefs Pygmées Bolia maîtrisent parfaitement une technique similaire, l'*éngétélé*. Rien qu'en pointant l'index, ils sont capables d'abattre un animal sauvage, voire un être humain. En ce qui concerne ce dernier point, il existe un antidote mis au point par les Pygmées eux-mêmes et qui s'appelle « 252 ». Il s'agit d'une poudre faite à base d'un broyat de 252 espèces animales et végétales venimeuses. Cette poudre permettrait aussi de réactiver les articulations des personnes partiellement paralysées à la suite d'un accident vasculaire cérébral. En quoi cette poudre serait-elle l'œuvre

[35] Les biens mobiliers, les équipements électroménagers, les montres de luxe, les bijoux en or, les vêtements de type « Super wax », etc.

de Satan et maléfique ? Les médicaments fabriqués à base de produits chimiques grâce au progrès de la science peuvent guérir. Ils peuvent aussi entraîner la mort. Tel est, par exemple, le cas de la morphine, lorsqu'elle est injectée en surdosage. Ce n'est pas pour autant que ces médicaments sont qualifiés de maléfiques et de sataniques.

Les Pygmées utilisent l'*éngétélé* pour tuer un animal sauvage. C'était le cas de Botwa (le pygmée) Bakindo que j'ai rencontré peu avant sa mort. Les chasseurs d'Auvergne peuvent également utiliser un calibre 12 pour tuer un sanglier. Les deux procédés sont certes différents, mais ils ont en commun d'aboutir au même résultat. Ils peuvent également servir à des fins peu élogieuses telles que la mort d'homme. De quel droit et pourquoi fustigerait-on l'*éngétélé* et épargnerait-on l'arme à feu. De plus, si l'on veut pousser le raisonnement plus loin, force est de constater que les dégâts que l'*éngétélé* est susceptible de provoquer chez l'homme sont de loin minimes par rapport à ceux d'une arme à feu. Les Pygmées ont eu l'intelligence de fabriquer aussi un antidote face à l'*éngétélé*. Jusqu'à preuve du contraire, les fabricants d'armes à feu n'ont pas encore mis au point un médicament qui protège ou soigne contre une balle qu'on aurait reçue par exemple dans la tête ou dans le thorax. Généralement, quand on en reçoit une à ces endroits, on n'a que très peu de chance de s'en sortir. Par ailleurs, certains Pygmées préfèrent utiliser des flèches empoisonnées pour la chasse, plutôt que des fusils. Ils expliquent ce choix par un argument à la fois simple, logique et profond : le coup de feu fait fuir les animaux du fait du bruit qui en sort et rend la chasse plus difficile qu'avec la flèche qui, elle, ne fait pas du tout de bruit. De ce raisonnement on peut détacher un proverbe africain qui dit : « L'arbre fait de bruit lorsqu'il tombe, tandis que la forêt est silencieuse lorsqu'elle pousse ».

Je connus un autre Pygmée, Mpiokolo, que l'on surnommait « Le maître des éléphants », parce qu'il avait la faculté de communiquer avec des éléphants. Mpiokolo usait de cette faculté pour mettre les éléphants à la merci des braconniers. Avant d'aller à la chasse aux éléphants, les braconniers faisaient un détour obligatoire chez le pygmée. En échange de quelques cadeaux et billets de banque, Mpiokolo les aidait à localiser facilement la présence de troupeau d'éléphants dans la forêt. Depuis sa hutte, le Pygmée se mettait en état de demi-inconscience, son âme était libérée de son corps pour parcourir de vastes étendues de la forêt à la recherche d'un troupeau d'éléphants. Lorsqu'il en trouvait un, son âme se matérialisait par un éléphant pour attirer de vrais éléphants à l'endroit où les braconniers pouvaient perpétrer leur massacre. Mpiokolo prenait soin d'imposer aux braconniers quelques règles pour donner à l'opération toutes ses chances de réussir. C'était lui et lui seul qui décrétait l'heure de la chasse. Les braconniers ne devaient pas avoir de rapports avec une femme pendant la semaine précédant la chasse. Ils devaient tous se rouler dans la première flaque de boue qu'ils rencontraient afin d'éliminer leur odeur humaine qui pouvait alerter les éléphants. Ils ne devaient pas non plus fumer pendant la chasse. Il leur était interdit de toucher de quelque manière que ce soit l'éléphant matérialisant l'âme du pygmée durant l'opération. Cet éléphant était reconnaissable par le fait qu'il ne broutait pas – contrairement aux vrais éléphants qui eux, broutaient dans le vacarme de leurs molaires – et qu'il était relativement en retrait par rapport au reste du troupeau.

Grâce à une telle prouesse, Mpiokolo acquit une forte notoriété dans son village et, surtout, auprès des braconniers. Mais certains des braconniers en avaient marre d'incontournables rituels et règles auxquels ils étaient soumis avant et pendant la chasse. De même, le chef du village était agacé par la notoriété du Pygmée qui lui faisait de l'ombre dans le village. Il devint l'allié objectif de ces braconniers qui décidèrent de transgresser une des règles, et non des moindres, imposées par le Pygmée. Un jour, ils allèrent à la chasse, après avoir été, comme à l'accoutumée, aiguillés par le Pygmée. Au lieu de tuer les autres éléphants, ils vidèrent tout leur chargeur sur un seul éléphant, celui qui incarnait l'âme du Pygmée. Au même moment, le Pygmée, qui était resté au village où il attendait le retour des braconniers, eut brusquement d'atroces douleurs lui transperçant tout le corps.

— Aïe, ils m'ont eu ! lança-t-il en faisant allusion aux braconniers.

Quelque temps après, un son aigu de tam-tam retentit dans tout le village pour annoncer la mort du « Maître des éléphants », Mpiokolo.

De leur côté, les braconniers meurtriers ramenèrent au chef du village la queue de l'éléphant tué qu'ils exhibèrent en guise de trophée. Ce chef du village était l'ami de mon père. Il lui fit cadeau de cette queue en signe d'amitié. Mon père me fit à son tour cadeau de cette queue en prophétisant :

— Un jour tu raconteras certainement l'histoire de cette queue d'éléphant à tes amis là-bas en France dans un livre ou un roman.

Cette histoire n'est pas réjouissante en soi, car les éléphants sont une espèce protégée de leur dépeuplement massif et rapide en Afrique, mais je la raconte ici pour souligner les pouvoirs surnaturels dont le Pygmée était investi et qui lui donnaient la capacité à prendre la forme animale sans que son corps humain et physique ne subisse la moindre métamorphose. Comme les grands maîtres « *bwiti* » du Gabon, Mpiokolo faisait également tomber des branches d'arbre en les pointant avec son index.

Mon arrière-grand-mère maternelle, Mbondo, la femme-hippopotame, était aussi capable de réaliser des exploits analogues. Lorsqu'une grande personnalité mourait dans le village, on devait lui fabriquer un cercueil spécial, le *mbangawato*, à partir du bois provenant d'un arbre sacré. On envoyait les villageois à la recherche de cet arbre aussi grand qu'un baobab dans la forêt. Quand ils l'avaient trouvé, ils revenaient au village en informer mon arrière-grand-mère. Il était interdit de couper cet arbre avec des outils adaptés tels qu'une hache ou une tronçonneuse. C'était mon arrière-grand-mère qui s'en chargeait. Avant d'aller abattre cet arbre, elle s'isolait dans un coin de la case pendant quelques minutes puis elle allait au bord du lac pour se concentrer. On nous disait qu'elle entrait en communication avec ses ancêtres *monama*. Puis elle revenait au village avant de foncer tout droit dans la forêt où l'attendait l'arbre cible. Elle se plaçait devant l'arbre et se mettait à chuchoter quelques mots de manière que personne ne l'entende. Elle tapotait l'arbre, avant de poser une amulette sous le pied de celui-ci. Après cette cérémonie, elle demandait à tous les « spectateurs » de s'éloigner le plus possible de l'arbre tout en tournant le dos à celui-ci. Ensuite, on entendait soudainement des crépitements suivis d'un énorme fracas : l'arbre était tombé. Ce qui était intrigant dans cette histoire, c'était la précision avec laquelle l'arbre était coupé. On avait l'impression qu'un outil avait été utilisé pour l'occasion.

En Afrique, le guérisseur utilise les plantes fournies par la jungle qui représente une immense pharmacie naturelle. Par transmission ou de façon innée, il dispose de certaines facultés lui permettant de connaître les vertus curatives ou thérapeutiques de certaines plantes ou racines. Il s'en sert pour guérir ou soulager certaines pathologies. Homme de l'art dans la médecine traditionnelle, le guérisseur ou celui qu'on appelle *Nganga* au Gabon ou dans les deux Congo (Kinshasa et Brazzaville), peut avoir à son actif des succès au moins aussi nets que ceux d'un psychiatre occidental. Bien que ce soit un cas rarissime, il arrive qu'il ne demande rien au retour. Il est également possible de rencontrer des guérisseurs malfaisants qui utilisent leurs pouvoirs ou leur position pour parvenir à leurs fins, généralement, au détriment des personnes qu'ils sont censés aider. Existent aussi de faux guérisseurs, qui se servent de la misère et de l'ignorance de leurs proies pour les arnaquer. On peut y ajouter les jeteurs de sorts. Cela signifie que les dérapages qu'on trouve chez certains pasteurs et prédicateurs chrétiens existent aussi chez certains guérisseurs.

Dans toutes les sociétés et depuis la nuit des temps, l'homme a toujours eu besoin de se rattacher à des croyances pour se rassurer. L'humanité est alors faite d'une diversité de croyances et de religions. Cette diversité devient malheureusement une source permanente de conflits aux conséquences parfois désastreuses. La raison en est que, de façon générale, chaque religion ou croyance tente toujours de dominer l'autre par tous les moyens possibles. Par exemple, une Église évangélique trône au milieu de mon village où elle lance des diatribes contre les quelques rares dépositaires des savoirs ancestraux qui sont taxés de sorcellerie par cette Église. Cette dernière recommande à ses fidèles qui représentent aujourd'hui près de la moitié de la population du village de se débarrasser à tout prix de ces présupposés sorciers. C'est dans ce contexte que l'homme-crocodile avait été complètement délaissé par les villageois, y compris par ses propres enfants. Ces derniers étaient devenus de fervents adeptes de cette Église évangélique.

Atteint de cécité, l'homme-crocodile ne pouvait plus travailler la terre et pratiquer la pêche pour se nourrir. Il était réduit à sa plus simple expression. Il n'était devenu que l'ombre de lui-même. Selon le pasteur du village, la cécité de l'homme-crocodile était une punition que Dieu chrétien lui aurait infligée à cause de sa sorcellerie. Tout le monde ou presque lui attribuait tous les maux du village (décès, mauvaises récoltes, divorces, maladies, etc.). Il était temps qu'il meure ! disait-on. Mais comment admettre que Dieu chrétien, qui est le foyer suprême du bien et la source inépuisable de bonté et de miséricorde, selon ses croyants, ait pu punir l'homme-crocodile en lui administrant la cécité ? Le pasteur du village fait donc injure à son Dieu puisqu'il fait de lui le bourreau de ses créatures dont fait partie l'homme-crocodile. Cela est inacceptable, indigne d'un chrétien qui croit à la bonté du Créateur, Dieu chrétien.

Peu de temps avant sa mort, et, malgré tous les mauvais traitements qu'il eut à subir de la part des siens, l'homme-crocodile fit un miracle qui restera à jamais gravé dans la mémoire collective du village de mes ancêtres. Il demanda aux villageois d'aller cueillir de la noix de palme. Chaque fois que l'on coupait un régime de palme, un autre régime mûr apparaissait au même endroit où l'on avait coupé le précédent et le même jour. Les palmes apparurent également dans les palmeraies sauvages qui n'avaient jamais jusqu'ici donné de fruits. Pendant cette période, deux semaines environ, il ne pleuvait pas. Cependant, l'homme-crocodile prédit qu'il allait abondamment pleuvoir à Paris lorsqu'il viendra m'annoncer lui-même son décès au travers de quelques signes caractéristiques de ses pouvoirs mystiques. En effet, ce jour-là, il plut beaucoup à Paris. Et pendant la nuit, je vis en rêve cinq régimes de palme et cinq énormes troncs d'arbre dans mon jardin.

À mon réveil, je compris que l'homme-crocodile n'était plus des nôtres. La nouvelle annonçant sa mort me parvint le soir même. Je décidai alors de faire un voyage au village pour me recueillir sur sa tombe, au cimetière interdit. Malheureusement, dans ses dernières volontés, il m'interdit de mettre mes pieds dans ce cimetière pour préserver ma tranquillité spirituelle. Pour autant, depuis sa tombe et comme c'est le cas pour la majorité de mes ancêtres, l'homme-crocodile me rend visite et me parle quand c'est nécessaire.

Toutes ces manifestations d'outre-tombe enlèvent à la mort le caractère lugubre et terrifiant qu'on lui a toujours prêté. Elles tordent le cou à l'idée que la mort nous éloigne de ceux qui nous ont précédés dans l'au-delà. Ces manifestations me donnent la consolation de savoir que les êtres aimés qui m'ont devancé dans l'au-delà veillent sur moi et sont souvent à mes côtés. Ils sont certes invisibles, mais prêts à m'assister dans la détresse, à me secourir dans le malheur, et cette certitude prouvée – qui est différente de la croyance qui est une certitude sans preuve – me donne le calme d'esprit et la force morale face aux épreuves de la vie sur terre.

Comme il a été précédemment souligné, l'homme-crocodile mourut misérablement. Chose qui était impensable du temps des Anciens, et, surtout, avant qu'une Église évangélique et des sectes de même obédience ne s'installent dans le village ! Ici, se développe aussi une forme d'intégrisme clérical que l'on retrouve également dans d'autres coins de la RDC. Les chrétiens que je rencontre sont farouchement opposés au dialogue interreligieux. Ils n'accordent que peu ou pas d'espace à la tolérance. Ces chrétiens évangélistes sont arrogants et n'hésitent pas à recourir à la violence contre toute personne qui ose formuler la moindre critique sur la manière dont ils pratiquent leur religion. Ils se targuent de détenir la vérité, alors même que celle-ci est trompeuse dans ce monde, car chacun l'aperçoit à sa façon. De plus, nous marchons tous entre l'ombre et la lumière : aucun homme, quelles que soient sa religion, ses croyances et sa couleur de peau, n'est ni totalement bon ni totalement mauvais. Et, c'est parce que la cruauté a un cœur humain et que la jalousie a un visage humain que Satan, le symbole du mal, est dans chacun de nous. Ainsi, on pratique du satanisme à chaque fois qu'on pose un acte qui cause du tort à autrui ou à la communauté.

Cet intégrisme est également présent dans les milieux chrétiens africains à Paris, une ville multiculturelle et cosmopolite.

Une fois, je fus sollicité par une journaliste pour participer à une émission télévisée sur les questions de santé en Afrique. Après cette émission, j'invitai la journaliste et une autre participante à l'émission à déjeuner. Pendant le déjeuner, la journaliste se transforma en prédicatrice. Elle ne pouvait pas sortir un mot de sa bouche sans citer le nom de « Seigneur Jésus », et ce, même lorsqu'elle éternuait. Sans filtres ni gants, elle me demanda directement et crûment quelle église je fréquentais à Paris. Elle aurait pu s'y prendre avec un minimum de délicatesse, par exemple, en me demandant si je fréquentais ou non une église à Paris. Oh non, Madame la journaliste avait décrété que je devais immanquablement prier dans une église parisienne. Lorsque je lui répondis que je ne fréquentais aucune église à Paris, elle s'en étonna gravement avant de me lancer d'une voix sèche :

— Ne me dites pas que vous êtes musulman !

Je rétorquai en arguant que l'on pouvait ne pas fréquenter une église sans pour autant être musulman.

— Si vous n'êtes ni chrétien ni musulman, vous êtes quoi alors ? J'ai cru comprendre que vous vous prénommiez bien Jean. Alors, vous êtes chrétien ! me reprit-elle.

— J'aurais pu me prénommer Jean-Mohamed si, par exemple, ma mère était chrétienne et mon père musulman.

Madame la journaliste explosa :

— C'est impossible, et c'est même insultant pour ma religion chrétienne.

Sur un ton relativement menaçant, elle m'interpella pour que je lui dévoile ma religion sans m'expliquer pourquoi elle tenait autant à cette problématique. Droit dans mes bottes, je lui déclarai que je n'avais pas de religion particulière si ce n'est toutes les religions qui existent dans le monde. J'ajoutai en lui suggérant de faire à l'avenir une émission sur le dialogue interconfessionnel. Ce fut une phrase que je ne devais pas faire jaillir de ma bouche. Un éclair de colère traversa les prunelles de Madame la journaliste. Elle se livra à une litanie de mots haineux proférés à l'encontre de la quasi-totalité des non-chrétiens de l'univers terrestre :

— Jamais ça ! Les musulmans sont des terroristes, les animistes croient aux arbres, le bouddhisme n'est pas une religion, les hindouistes prient les faux dieux, les athées sont des diables en personne et ils sont attendus de pied ferme en enfer, les juifs sont des traîtres et des assassins, car ils ont trahi et tué Jésus. Votre dialogue interconfessionnel est donc impossible !

Je n'hésitai point à faire remarquer à Madame la journaliste que son discours contenait des provocations et des raccourcis ignobles qui la déshonoraient au regard de son métier de journaliste et que, par ailleurs, en tant que chrétienne cultivée, elle n'était pas sans savoir que les juifs, par exemple, qu'elle pointait comme des experts en meurtre de Jésus et des spécialistes de la trahison, sont ceux-là mêmes qui ont apporté « Dieu » au christianisme et à l'islam, et que, logiquement, elle devrait leur dire merci plutôt que de les vilipender, car sans eux elle et tous ceux qui pensent comme elle n'auraient jamais eu accès à leur Dieu tout-puissant.

Pour ma part, étant chrétien par mes parents, juif, musulman, bouddhiste, hindouiste, athée, païen, agnostique par mes amis, et, enfin animiste par mes ancêtres, je préfère emprunter le boulevard du syncrétisme religieux plutôt qu'un sentier étroit du communautarisme religieux qui ne fait qu'éloigner les peuples, les monter les uns contre les autres, les enfermer dans une conception étroite et dogmatique de la religion. Mais il n'est pas trop tard pour un loup solitaire de rejoindre la meute. Cette meute, c'est-à-dire le vivre ensemble, contient des trésors inestimables pour l'humanité tout entière.

Une autre fois, j'eus l'honneur de m'entretenir avec un professeur de physique nucléaire à Paris au sujet de mon livre. Il fait partie des incrédules qui ne croient pas à la survivance de l'âme après la mort par la raison que les faits spirites ne sont pas démontrés par des lois de la matière. Il me l'avait fait comprendre par une négation polie, déguisée sous une forme moins tranchante pour éviter de heurter brutalement ce qu'il appelait les « préjugés respectables » qui seraient ancrés en moi. Il reconnut néanmoins que son avis personnel et celui des adversaires des phénomènes spirites en général ne pouvaient faire loi. Il eut ainsi envie d'avoir quelques moments d'échange avec l'auteur de « Le souffle de mes ancêtres ».

— Monsieur, en lisant votre livre, j'ai été surpris par l'aisance avec laquelle vous parlez de vos relations avec vos ancêtres et les morts en général. Vous n'avez pas peur que les gens vous regardent d'une drôle de manière ou qu'ils évitent tout simplement de vous fréquenter à cause de cela ?

— Monsieur, je suis également surpris de constater que vous n'avez pas peur de m'approcher et que vous me regardez d'une manière tout à fait normale. J'ai le plaisir de vous signaler que j'ai reçu des avis très favorables, des félicitations et des remerciements de la part des gens qui auraient trouvé des points positifs et des sources d'inspiration ou de consolation dans mon livre.

Mon interlocuteur me demanda de lui en donner quelques exemples.

Après avoir lu mon livre et m'avoir écouté à ce sujet au cours d'une émission à la radio, l'ancien directeur technique d'une chaîne de télévision française avait tenu à me rencontrer pour approfondir de vive voix certains points évoqués dans mon livre. Il en fut de même d'une femme africaine originaire de la Côte d'Ivoire qui avait manifesté le vif désir de me rencontrer pour témoigner sa satisfaction après avoir lu mon livre qui lui aurait permis de remettre sa vie sur les rails. Mon livre m'avait appelé des invitations émanant de l'étranger, le Bénin, Saint-Martin, la Martinique, la Guadeloupe, Haïti, Israël, pour ne citer que ces pays. Je m'arrête un instant sur ces deux derniers pays. En Haïti j'ai été invité par un haut responsable politique qui projetait d'organiser une conférence-débat où je devais parler de mon livre. Mais je n'ai pas pu m'y rendre pour des raisons calendaires. C'est l'intéressé lui-même qui m'a fait l'honneur de venir me rencontrer à Paris. J'ai également reçu une invitation particulièrement touchante de la part d'un rabbin vivant à Tel-Aviv. Il souhaitait me rencontrer afin que nous échangions en profondeur sur la spiritualité africaine et la spiritualité hébraïque.

Ces exemples parmi tant d'autres prouvent que mon livre ne m'a pas valu d'être mis en quarantaine ou transpercé par de mauvais regards.

Mais cela ne veut pas dire que ce livre qui parle de mes relations avec mes ancêtres et les morts en général n'ait fait l'objet d'aucun jugement défavorable. Au contraire, la loi de la critique gouverne les êtres humains et leurs œuvres. En conséquence, aucune œuvre réalisée par l'Homme ne peut échapper ni aux critiques ni aux jugements des autres.

J'ai offert à un parent ce livre tout en lui demandant de le donner à lire à ses enfants pour leur permettre de connaître un peu une partie de l'histoire de notre famille. Quelques mois après, j'ai demandé au fils aîné de ce parent s'il avait lu ou non mon livre. Il m'a répondu par la négative, car il aurait eu peur de lire ce livre qui, selon lui, raconte des choses horribles. Comment pouvait-il prétendre que mon livre racontait des choses qui font horriblement peur sans en avoir feuilleté la moindre page ? Mais ce garçon connaît par cœur la bible, où l'on parle également de morts. Les morts dont on parle dans la bible sont-ils différents de ceux dont je parle dans mon livre ? Je crains que non. Ce garçon a peur de lire le livre qui parle de ses ancêtres directs, mais il n'a pas peur de plonger dans la lecture de la bible qui relate l'histoire des ancêtres des autres. Il y a quelque chose qui cloche !

J'ai également offert mon livre à deux amis africains qui sont des hauts gradés de l'armée. L'un ne l'a jamais lu parce qu'il aurait peur de faire des cauchemars la nuit. Il a abandonné ce livre dans un coin poussiéreux de son garage. L'autre est allé d'abord demander l'avis du pasteur de son église sur mon livre, avant de décider du sort qu'il comptait réserver à celui-ci. Le pasteur l'aurait mis en garde contre le danger qu'il courrait s'il continuait de s'aboucher avec une personne aussi ténébreuse que moi, qui ose défier le Seigneur Jésus-Christ, le sauveur de l'humanité.

Certaines personnes qui ont lu mon livre ont exprimé des réserves plus ou moins denses sur certains aspects abordés dans ledit livre, d'autres auraient préféré me voir écrire quelques lignes plutôt sur l'économie que sur mes ancêtres ou des manifestations d'outre-tombe.

Mon interlocuteur semblait avoir été surpris par la réaction du fils aîné de mon parent et celle de mes deux amis africains hauts gradés de l'armée, car, pour lui, on aurait pu s'attendre à ce que ces derniers, étant Africains comme moi, dévorent mon livre avec volupté. Mais tel ne fut pas le cas.

La réaction du fils aîné de mon parent et celle de mes deux amis africains hauts gradés de l'armée ne sont pas une exception à la règle générale qui voudrait que les Africains, pour ne pas dire les Noirs tout court mentalement enchaînés par les séquelles de la traite négrière et celles de la colonisation, aient tendance à préférer la coquille à la noix ou la couverture du livre à son contenu. La traite négrière et la colonisation des Africains n'ont-elles pas conduit certains d'entre eux, pour ne pas dire la majorité d'entre eux, à développer un complexe d'infériorité à l'égard de l'ancien maître blanc, de son mode de vie, de sa culture, et surtout, à l'égard de sa religion, en l'occurrence la religion chrétienne ?

Ce complexe d'infériorité semble être une permanence historique dans la mesure où il se transmet, machinalement ou inconsciemment, de génération en génération, au point de devenir presque héréditaire. Ainsi, nos ancêtres, considérés comme des créatures de Satan, un autre personnage inventé par la religion monothéiste, sont tout simplement bannis des prières au profit de Jésus-Christ, Saint-Jean, Moïse et j'en passe. Pour preuve, l'Afrique noire est inondée d'églises, de mosquées et, dans une certaine mesure, de synagogues. Mais on n'y trouve que très rarement, voire pas du tout, des temples ou édifices modernes construits pour prier et honorer nos ancêtres et les divinités africaines, par comparaison avec un pays comme l'Inde, qui a une religion ancestrale, l'hindouisme, qui compte à elle seule des milliers de divinités à vénérer dont les trois principales sont Brahma, Vishnu et Shiva. L'Inde abrite également des temples ou lieux de culte qui sont dédiés à ses dieux, et ce, sans le moindre complexe vis-à-vis des religions monothéistes qui sont très minoritaires dans ce pays.

Nos ancêtres ne sont pas des démons sinon nous le serions également puisque nous en sommes les descendants. C'est une logique implacable. Penser le contraire consiste à avaliser finalement la supposée supériorité des religions monothéistes par rapport aux religions de nos ancêtres dont certains, disons-le, avaient des pouvoirs qui dépassaient largement ceux qu'on attribue légendairement ou réellement à Jésus-Christ. Qui d'autre, hormis les Africains eux-mêmes, est le mieux placé pour défendre les religions et la spiritualité africaines ? Arrêtons-nous un instant pour se demander pourquoi les apporteurs de la bible en Afrique nous ont obligés de couper nos liens avec nos ancêtres qui sont pourtant les premiers intermédiaires entre l'homme africain et ses dieux, si ce n'est pour nous dominer culturellement, mentalement et spirituellement. Nos ancêtres saints sont enterrés quelque part dans les terres africaines, où ils attendent désespérément que leurs descendants que nous sommes viennent leur rendre visite sous forme de pèlerinage. Mais la plupart d'entre nous préfèrent aller au Vatican, à Jérusalem ou à la Mecque pour se ressourcer spirituellement. C'est comme si le crocodile quittait son milieu naturel pour aller se ressourcer dans le désert.

Je conçois que chacun soit libre de ses choix en matière de religion, de croyance ou de spiritualité. Mais le libre arbitre dont dispose tout un chacun ne m'interdit pas d'interpeller ceux des nôtres, Africains, qui s'évertuent non seulement à renier nos ancêtres, mais aussi, et surtout, à profaner leur histoire au nom du père, du fils et du Saint-Esprit. Par exemple, si l'on enquêtait sur la question de savoir qui n'aimerait pas que sa descendance parle de lui après avoir quitté ce bas monde, que celle-ci vienne se recueillir sur sa tombe et qu'elle entretienne celle-ci, je craindrais de ne pas trouver grand monde qui accepterait d'être oublié, radié et évacué de la mémoire de sa descendance éventuelle. Comment peut-on se permettre de renier ses ancêtres, d'un côté et de l'autre, vénérer ceux des autres peuples ? De plus, selon la règle de réciprocité, pourquoi les Africains n'exigent-ils pas que les peuples qui leur ont apporté la Bible, le Coran ou la Torah honorent à leur tour leurs ancêtres saints, baptisent leurs enfants en leur donnant des noms ou prénoms africains, ceux de nos ancêtres ?

Mon interlocuteur douta fort que les Africains, habitués à pratiquer les religions monothéistes depuis des siècles, adhèrent à mon idée fondée sur la règle de réciprocité.

Oui, je peux comprendre les doutes exprimés par mon interlocuteur sur cette question de réciprocité, mais ma requête ne doit pas être assimilée à celle d'un nouveau-né qui demanderait à retourner dans le ventre de sa mère après avoir senti que le monde extérieur ne lui convenait pas. Ma requête soulève un problème d'asymétrie culturelle qui infériorise l'Homme noir vis-à-vis des autres peuples au premier rang desquels se trouve le peuple européen. Elle montre que l'Homme noir souffre d'un réel problème d'identité culturelle et spirituelle au-delà des apparences. « Le souffle de mes ancêtres » n'aurait jamais vu le jour si l'humble auteur que je suis n'avait pas ramé dans le sens contraire du courant. C'est une révolution, une sorte de lutte pour la désaliénation culturelle, mentale et spirituelle que nous devrions engager. Une fois que nous aurions fini de briser les chaînes de domination et d'aliénation mentale, spirituelle et culturelle, nous pourrions alors côtoyer d'autres peuples, leurs religions, leurs cultures et leurs traditions avec fierté, assurance et, surtout, dignité. Nos ancêtres nous suivront, nous accompagneront, nous écouteront et nous protégeront face à certaines situations.

Mon interlocuteur me confia que le titre du chapitre 11 de mon livre, « Les prophètes Ngamba et Mpongonzoli face à l'Église » avait retenu tout particulièrement son attention. Cependant, il déclara n'avoir jamais entendu parler de ces prophètes et pensa même qu'il n'était pas le seul dans ce cas.

Je ne suis pas surpris que beaucoup de gens, à commencer par les Africains eux-mêmes, n'aient jamais entendu parler de ces prophètes. L'évangélisation de l'Afrique depuis la colonisation jusqu'à nos jours continue de faire des ravages dans les cerveaux de bon nombre d'Africains, où qu'ils se trouvent et quel que soit leur niveau d'instruction, en gommant de leur mémoire toute référence aux prophètes africains évoluant en dehors de la sphère du christianisme, par exemple. Il en résulte une sorte d'amnésie historique collective. Cette dernière est aggravée par l'absence de ces prophètes dans des livres d'histoire écrits par l'ancien colonisateur et qui bénéficient du silence conspirateur des historiens africains.

— Comment expliquez-vous l'hostilité de l'Église à l'égard de ces prophètes qui étaient pourtant des pacifistes ? me demanda mon interlocuteur.

— D'après ce que j'ai lu et compris, ces prophètes n'appelaient pas la population à se révolter ni contre l'Église ni contre le colonialisme, ajouta-t-il.

Je répondis que l'Église catholique et l'administration coloniale ne pouvaient en aucun cas tolérer que les prodiges de ces prophètes fassent l'objet de publicité au sein de la population locale par peur de voir (re) naître ou émerger une foi alternative à la foi chrétienne. C'est pourquoi l'histoire de ces deux prophètes est peu ou pas connue de bon nombre de Congolais et d'Africains en général. Comme dit un proverbe africain, « Tant que les lions n'auront pas leurs propres historiens, les récits de la chasse tourneront toujours à l'avantage des chasseurs », et ce, d'autant plus que la parole du bourreau n'est jamais la même que celle de la victime. Je suis le descendant par excellence des victimes de la traite négrière et de la colonisation. Je me sens donc investi d'un devoir inaliénable et incontournable vis-à-vis de mes ancêtres. Ce devoir est, entre autres choses, celui d'écrire leur histoire, une histoire qui n'est pas celle que l'on enseigne dans des livres d'école, dans la Bible, dans le Coran ou dans la Torah.

Mon interlocuteur ajouta un nouveau maillon à sa chaîne de questions en me demandant de déclarer si je lisais ou non la bible ou le coran.

Je ne voyais pas où mon interlocuteur voulait en venir, mais j'acceptai quand même de jouer le jeu en laissant entendre que je ne me suis jamais interdit à lire ces deux livres et la Torah – qu'il n'avait pas citée – qui sont tous les trois des livres sacrés respectivement pour les chrétiens, les musulmans et les juifs. Je n'ai jamais eu à éprouver un quelconque ressentiment à l'égard de ces livres pour des raisons de convenance spirituelle. La spiritualité se distingue de la religion par le fait qu'elle est antinomique à l'enfermement et au dogmatisme. Mais je porte tout de même un intérêt particulier aux livres qui parlent de mes ancêtres et de leur histoire, car je trouve qu'il est de mon devoir et dans mon intérêt d'apprendre d'abord l'histoire de mes ancêtres avant de chercher à apprendre celle des ancêtres des autres peuples. C'est tout l'inverse de la démarche adoptée par nombre d'Africains.

— Que se passe-t-il si on refuse d'honorer ses ancêtres ? demanda mon interlocuteur avec une pointe d'ironie non déguisée.

Je ne me laissai point emporter par la manière dont cette question me fut posée. Il faut bien avoir conscience que les personnes qui se jouent de leurs ancêtres deviennent un peu comme des petits troupeaux sans berger et lesquels sont de ce fait exposés à la voracité des loups. De plus, je crains que rien ne puisse protéger contre le courroux des ancêtres lorsqu'on ne respecte pas certaines règles.

Mon interlocuteur évoqua un paragraphe de mon livre où je parle de bwitisme, une religion ancestrale pratiquée au Gabon. Il m'avoua que c'était dans mon livre qu'il avait appris pour la première fois l'existence de cette religion et il me demanda pourquoi celle-ci n'était pas connue dans le monde comme le christianisme, par exemple.

C'était agréable d'entendre de la part d'une personne aussi érudite que Monsieur le professeur de physique nucléaire que mon livre lui aurait permis de découvrir une religion dont il ignorait l'existence. Quant au piètre rayonnement de la religion *Bwiti* à l'échelle mondiale, il s'explique par les mêmes facteurs que ceux que j'ai évoqués au sujet des prophètes Ngamba et Mpongonzoli. J'ajouterais également que l'animisme est une religion qui n'a pas de vocation expansionniste. Les *bwitistes* pratiquent leur religion en toute simplicité, loin des cultes fastueux dont s'encombre l'Église catholique, par exemple, avec une hiérarchie imposante au sommet de laquelle se trouvent les papes qui se font appeler sainteté et qui se laissent encenser, au point d'oublier l'exemple de l'apôtre Pierre s'adressant au centurion Corneille, prosterné à ses pieds, en ces termes : « Lève-toi, je ne suis qu'un homme ».

Alors que nous arrivions au terme de notre entretien, Monsieur le professeur de physique nucléaire me posa une question pour le moins surprenante : celle de savoir quelle était, selon moi, la meilleure religion. Je trouvai cette question lourde de sous-entendus et éloignée de l'objet central de mon livre. De plus, comment pouvais-je y répondre sans courir le risque de me faire passer pour un donneur de leçons ?

Je fis comprendre à mon interlocuteur que je n'étais pas qualifié pour évaluer les religions. Il m'invita à son tour à comprendre que sa question était motivée par mon analyse critique du christianisme. Je lui fis remarquer que mon livre n'abritait aucune ligne consacrée à la critique du christianisme. La religion chrétienne est fondée sur les enseignements de Jésus-Christ. En revanche, sa pratique pousse au scepticisme, car elle trahit assez souvent la pensée et les enseignements de Jésus-Christ. Dans mon livre, je ne critique pas la religion chrétienne, mais je déplore la manière dont elle fut imposée aux Africains noirs alors même que ces derniers avaient leurs propres religions et dieux.

Mon interlocuteur s'entêtait pourtant à me poser cette question à laquelle il attendait une réponse claire, précise et intègre de ma part, comme s'il savait que la fréquence tenace de son interrogation finirait par payer.

En effet, je prétendis dans un premier temps qu'il n'y avait pas de religion qui soit meilleure que d'autres sur ce bas monde. Puis je précisai que l'idéal serait d'avoir affaire à une religion qui s'élève au-dessus des croyances diverses et qui n'en maudit aucune, une religion qui ne m'interdit aucunement d'invoquer les esprits de mes ancêtres et de communiquer avec eux dans la mesure des possibilités qu'ils mettent à ma disposition, une religion qui ne m'interdit pas de vivre en harmonie avec les chrétiens, les musulmans, les juifs, les bouddhistes, les agnostiques, les païens, les athées (etc.). Cette religion s'appelle « La religion de cœur ». Fort de cette modeste conception de la religion, je m'employai enfin à parier que si les prophètes Ngamba et Mpongonzoli, Simon Kimbangu[36] et Maria Nkoyi[37] rencontraient, par exemple, Samuel, Jésus, Mohamed ou Bouddha, ils ne se feraient pas la guerre, car ils auraient en commun d'avoir des bras largement ouverts à toute l'humanité.

Après lui avoir livré ma conception de la religion en réponse à sa question, Monsieur le professeur de physique nucléaire resta un instant muet comme une carpe puis glissa :

— J'ai hâte de lire votre prochain ouvrage.

---

[36] Prophète et guérisseur originaire de Bas-Congo en République démocratique du Congo.

[37] Prophétesse et guérisseuse originaire de l'Équateur en République démocratique du Congo.

Conclusion

Dans toutes les sociétés et depuis la nuit des temps, l'homme a toujours eu besoin de se rattacher à des croyances pour se rassurer face aux nombreuses épreuves qu'impose la vie sur terre. L'humanité est alors faite d'une diversité de croyances et de religions qui apportent des réponses spirituelles ou matérielles que l'homme est incapable d'obtenir par lui-même. Si la vie sur terre est le rendez-vous du donner et du recevoir, il y a en revanche une règle qui voudrait que la main qui donne se place au-dessus de celle qui reçoit. Les sociétés secrètes, les sectes, les églises, les mosquées, les synagogues apportent des réponses à leurs membres ou récipiendaires, en contrepartie de l'adhésion, sinon de la soumission, de ces derniers à leurs dogmes. La contrepartie réclamée aux Africains noirs convertis de gré ou de force au christianisme ou à l'islam implique la déconnexion totale avec leurs ancêtres.

En coupant l'arbre de ses racines, plus rien ne le retient. En coupant les liens avec nos ancêtres, nous ne sommes plus que ce que tout le monde nous dirait qui nous sommes censés être, nous donnons à d'autres peuples le droit de choisir le Dieu que nous devrions prier ainsi que la manière dont nous devrions le faire. Méconnaître son ennemi, c'est le meilleur moyen de lui rendre service. Méconnaître ou oublier nos ancêtres, c'est le meilleur moyen de rendre service à tous ceux qui ne veulent pas que l'Afrique noire se développe. Le combat pour le développement du continent africain doit également être mené sur le terrain spirituel et religieux, comme ce fut le cas dans le cadre du combat mené par les pays occidentaux pour imposer l'esclavage, la traite négrière et la colonisation à l'Afrique noire.

Contrairement à tant d'idées reçues et de poncifs circulant dans les églises, les mosquées et les synagogues, la connexion avec nos ancêtres n'est pas du tout la signature d'un pacte avec Satan et ses démons. Sont-ils des démons les esprits de nos ancêtres qui ont fondé des civilisations éblouissantes, des royaumes prestigieux, des dynasties érudites avant et après l'ère chrétienne[38] ? Sont-ils des démons les esprits de nos ancêtres qui ont échappé à la fureur du christianisme et qui ont imposé l'abolition de la traite négrière et de la colonisation par la lutte armée et des moyens mystiques[39] ? Sont-ils des démons les esprits de nos ancêtres qui président au *Ndep*, le rite le plus courant de la religion Lébou au Sénégal, rite qui permet de soigner efficacement les personnes atteintes de crises d'épilepsie, de paralysie, de paranoïa et de délires ? Sont-ils des démons les esprits de nos ancêtres de l'ethnie Fang qui ont fabriqué les masques sacrés *Ngil*[40], reconnus par tous les experts mondiaux comme des objets d'art plus rares que les œuvres de Léonard de Vinci ? Est-il un démon l'esprit du souverain prophète Mpongonzoli qui traversa le lac Maï-Ndombe en République démocratique du Congo à pied, concurremment à l'exploit attribué à Moïse dans les écrits bibliques ?

Il n'y a pas de meilleure protection pour nous, Africains noirs, que celle de nos ancêtres. Avant de nous précéder dans l'au-delà, ils se sont battus pour donner un sens à notre existence en tant que peuple, ils nous ont laissé un héritage spirituel d'une valeur inestimable, bien que ledit héritage fasse l'objet de profanation tant de la part de l'ancien envahisseur que de la part des Africains eux-mêmes.

---

[38] Hatchepsout, reine d'Égypte, au 15e siècle avant Jésus-Christ ; Les Candaces, les reines de Méroé au 3e siècle avant Jésus-Christ ; Soundjata Keïta, Roi des rois, souverain mandingue de l'Afrique de l'Ouest, au 12e siècle après Jésus-Christ ; les impératrices Helena et Sabla Wangel en Éthiopie, au 15e siècle après Jésus-Christ (etc.).

[39] La reine Nzinga du royaume de Ndongo et du royaume de Matamba dans l'actuel Angola, au 17e siècle après Jésus-Christ ; Jean-Jacques Dessalines, au 19e siècle après Jésus-Christ, en Haïti.

[40] Les masques *N'gil* font partie des objets volés en Afrique pendant la colonisation. De la main des différents maîtres Fangs (ethnie qu'on retrouve au Gabon, au Cameroun et en Guinée équatoriale), on n'en dénombre que 10 exemplaires dont un aurait été acheté par la milliardaire française Liliane Betancourt pour une coquette somme de 5,75 millions d'euros. Le *N'gil* signifie le visage du justicier. Ce masque n'est pas un objet d'art, c'est-à-dire voué à être vendu ou exhibé sur un mur ou dans une vitrine chez un particulier ou dans un musée et encore moins à l'étranger. C'est un objet sacré sur les plans religieux, spirituel, cultuel et culturel. Caché dans le plus grand secret, ce masque n'était porté que pour débusquer, juger et punir les grands bandits et les mauvais sorciers au sein de la société Fang. Il était donc un outil de régulation judiciaire au sein de la société Fang.

Nos ancêtres sont nos anges gardiens et, à ce titre, les mieux placés pour nous entendre, nous écouter, nous aider et nous protéger. Mais à la seule condition que l'on ne s'en détourne pas. Nous avons la légitimité, sinon le devoir, de les invoquer dans nos prières et lamentations parce que notre existence est la preuve même de leur propre existence. Lorsque Yoni Benhamou de Bethléem invoque dans ses prières, par exemple, Samuel, maître des prophètes juifs, selon le Talmud, il est en harmonie et en phase avec ses racines ancestrales et juives. Nous ne pourrions en dire autant pour Tabu Belanga Bile de Kinshasa. Les prières de ce dernier à l'adresse de Samuel auraient eu un écho moindre, pour ne pas dire nul, si elles s'étaient adressé, par exemple, aux prophètes Mpongonzoli, Ngamba, Simon Kimbangu ou Maria Nkoyi. Tabu Belanga Bile est, en effet, culturellement et historiquement plus proche de ces prophètes du Congo que du prophète Samuel d'Israël. En d'autres termes, Tabu Belanga Bile n'a aucun lien culturel avec ce dernier, car à chaque arbre, ses racines.

On objectera que Simon Kimbangu et Maria Nkoyi, par exemple, étaient des chrétiens et se référaient plus à Jésus qu'à leurs ancêtres dans leurs prédications. C'est un argument que l'on peut facilement balayer d'un revers de main, pour trois raisons.

D'abord, Simon Kimbangu et Maria Nkoyi furent baptisés de force par le colonisateur qui utilisait cette arme parmi tant d'autres pour mieux asservir et dominer nos ancêtres.

Deuxièmement, dans un pays où le colonialisme sous toutes ses coutures régnait en maître absolu et réprimait sévèrement la religion ancestrale, Simon Kimbangu et Maria Nkoyi n'avaient aucun intérêt à mettre leur vie et celle de leurs adeptes en danger en se référant publiquement à un autre guide spirituel que celui imposé par le colonisateur belge, Jésus-Christ. Jésus lui-même ne s'exprimait-il pas assez souvent en paraboles pour éviter de se heurter aux intérêts établis et susciter autour de lui mille obstacles, mille dangers ?

Troisièmement, Simon Kimbangu et Maria Nkoyi réussirent à apprivoiser la religion chrétienne en lui donnant sans équivoque une coloration profondément africaine. La transe, le délire et le tremblement général du corps qui les emportaient souvent sont un faisceau d'indices qui n'ont rien à voir avec la foi chrétienne et qui montrent ainsi clairement que Simon Kimbangu et Maria Nkoyi étaient en communion avec les esprits de leurs ancêtres. D'ailleurs, Maria Nkoyi était connue sous le nom de « Maria aux léopards », un nom qui ne fut pas neutre parce qu'il renvoyait directement aux esprits des ancêtres de la prophétesse qui étaient incarnés par le léopard. C'était ce côté ancestral de Maria Nkoyi qui la poussa à appeler à la révolte populaire contre le colonisateur en 1915. Ce fut une forme africaine de la théologie de libération. D'ailleurs, sur ce dernier point, je ne peux que déplorer le silence des historiens congolais et africains en général. Celui qui voit plus clair et qui trébuche est plus blâmable que l'aveugle qui tombe dans le fossé. Toutefois, il sera toujours possible que certains de ces historiens échappent au blâme s'ils confessent leur ignorance sur ce qu'ils ne savent pas.

Je conçois qu'il soit difficile de réussir dans nos divers combats sans être en harmonie avec nos ancêtres, sans pratiquer une spiritualité qui nous permet de rester connectés aux personnes qui ont été à l'origine de notre naissance et de notre civilisation, la civilisation africaine, la plus ancienne de la planète. Le vent ne peut rien contre un arbre aux racines solides.

Imprimé en Allemagne
Achevé d'imprimer en janvier 2024
Dépôt légal : janvier 2024

Pour

Le Lys Bleu Éditions
40, rue du Louvre
75001 Paris

www.ingramcontent.com/pod-product-compliance
Lightning Source LLC
Chambersburg PA
CBHW062341010826
49168CB00024B/213

* 9 7 9 1 0 4 2 2 2 1 2 3 2 *